青年的选择

QINGNIAN DE XUANZE

在传播与接受之间

邓军 著

上海人民出版社

目　录

绪　论

　　马克思主义在中国的传播是一个传播与接受的双向过程。在过往的研究当中，"接受"往往被"传播"所掩盖，并且忽略接受者是以多元的方式来诠释和接受马克思主义的。近年来，马克思主义传播领域关于"接受史"的研究逐渐兴起。通过该视角，能够更立体地理解马克思主义在不同历史时期的传播、接受和转化过程。我们能更具体地看到，传播者与接受者并非泾渭分明，随着对象的改变，传播者与接受者的身份会随之发生变化或转移；两者之间也并非简单的启蒙与被启蒙、教育与被教育的关系，而是在双方的互动中，实现传播与接受的初阶，并逐步深化与提升。同时，接受者并非被动地接受思想灌输，而是具有相当程度的主观性与创造性；在面对马克思主义的重要观念时，接受者也总是在选择性地诠释、拒绝或接受相关观点，甚至存在一定程度的误读。不仅如此，在传播与接受之中，马克思主义并非总是作为一个完整的理论系统被普遍接受，往往是其中的某个理念或观点打动了接受者，而这些又与接受者的个人体验、社会背景、阅读环境、认知框架等深刻关联。这是所有思想在传播与接受之中无法避免的，也是思想史研究中不可忽视的重要环节。

　　1919 年至 1927 年是马克思主义在中国传播的重要时期，而早期接受马克思主义并加入中共的知识分子多是马克思主义思想与组织中的"新兵"。对于他们来说，在理论上，马克思主义很多重要概念都是"旧词新意"，少有人系统研读过马克思主义著作；在实践上，无产阶级革命也是一个全新的探索试验。可以说，这些马克思主义"新兵"是边学习边传播，因此青年不仅是他们宣传和发展的重要对象，也是他们依靠与对话的对象，乃至他们期待通过青年来实践马克思主义的新观念，来帮助其自身深化对马克思主义的认识。

在这一时期中共知识分子所主办或参与的刊物当中，他们尤为重视与青年的对话、交流、引导，以及青年的实时反馈。基于此，本书以"青年面对马克思主义的抉择"为切入点，刻画传播与接受之间不断的互动与往复，并以《中国青年》（中国社会主义青年团中央机关刊物，恽代英等任主编）和《学生杂志》（商务印书馆商业刊物，杨贤江担任编辑）等为主体资料，来探讨 1919 年至 1927 年间中共知识分子的宣传重心与策略，以及青年如何根据自身关切的阶级与平等、世界与地方、农村与革命等问题来认识、转化和接受马克思主义，勾勒出"传播者—马克思主义—接受者"不断角力、共同完成传播与接受的动态过程，进而增添我们对马克思主义与青年精神世界、现实困境之间关系的理解，丰富我们对马克思主义在中国传播与接受的多向度的认知。

概念界定："接受史"

"接受史"的概念起源于 20 世纪 60 年代后期，由德国康茨坦斯大学的文艺学教授姚斯（Hans Robert Jauss）提出，属于接受美学（Perceptional Aesthetic）的一部分。接受美学的核心观点是文学作品的意义并非仅由作者创造，它需要在读者的接受和审美经验中得以实现和完成。姚斯认为应把文学看成生产和接受的辩证过程，"只有当作品的延续不再从生产主体思考，而从消费主体方面思考，即从作者与公众相联系的方面思考时，才能写出一部文学和艺术的历史"，即一个作品在读者阅读之前，只是半完成品，文学作品的历史性是由生活在历史中的读者赋予的。① 概言之，"接受史"概念的提出始于文学理论领域，强调的是文学作品与读者之间的互动关系，关注文学作品如何在不同的社会、文化背景下被接受、理解和转化，以及这些过程如何影响和塑造了作品的接受和评价。

随着其影响力的扩大，"接受史"开始被应用于其他学科。在社会科学领域，如经济学、政治学和社会学等学科，"接受史"的概念被用来分析社会科学理论的接受和应用，以及在不同文化和社会背景下其理论被接受的程度和产生的影响，并揭示不同社会结构和文化价值观对理论理解和应用的反作用。

我国学界运用"接受史"理论与方法，最早与最多的也是文学研究领域，主要聚焦于特定文学作品的接受史，如《洛阳伽蓝记》《牡丹亭》《马伯乐》、曹禺的《蜕变》、易卜生、屠格涅夫的《父与子》等。② 其次，思想和哲学的接受史领域，如《抱朴子内篇》《四本堂家礼》与

---

① ［德］H.R. 姚斯、［美］R.C. 霍拉勃：《接受美学与接受理论》，周宁、金元浦译，辽宁人民出版社 1987 年版，第 339 页。

② 林宗毛：《〈洛阳伽蓝记〉流传与接受史述略》，《许昌学院学报》2024 年第 3 期；陈麒如：《〈牡丹亭〉三妇评本的接受史研究——以臧懋循评本、〈长生殿〉吴人本为例》，《理论界》2021 年第 12 期；郑依梅：《鲁迅的易卜生接受史新论——由日文批评译介"重启"的易卜生纪念》，《中国比较文学》2024 年第 2 期；叶君：《一个时代的"怕"与"逃"——〈马伯乐〉的成书过程及形象接受史》，《海南师范大学学报》（社会科学版）2024 年第 1 期；祝贺：《曹禺〈蜕变〉接受史考论——以历史档案为依托》，《戏剧艺术》2023 年第 6 期；郭思文：《屠格涅夫小说〈父与子〉在中国的接受史研究》，《西伯利亚研究》2023 年第 5 期。

《朱子家礼》、对星象的接受、诺瓦利斯诗学等。① 再次，历史人物的接受史领域，如董仲舒、陈子昂、陆游、孙宝瑄等。② 其他相关领域还有艺术形象的接受、学术研究的接受史等，不一而足。近年来，"接受史"也开始在马克思主义在中国传播与中共党史研究领域兴起，如对唯物史观的接受、中共革命理论的阅读与接受等。③

马克思主义在中国的传播研究成果颇丰，并且"传播"必然包含了"接受"的一环，因此在未将"接受史"作为研究主体的情况下，"接受"往往是作为"传播"的过程与结果出现。本书在既有传播研究成果基础上，以"传播与接受的互动"作为马克思主义早期传播的研究重心，着重探讨早期中共知识分子与青年的互动关系，挖掘青年在认识、诠释、接受马克思主义过程中的主体性与创造性，揭示马克思主义经济基础与阶级意识、世界与地方、农民与革命三组概念，在大革命前后、大革命不同阶段当中传播侧重的变化，进而考察知识青年在不同时期对这些概念的理解与接受的变化曲线，从而使得马克思主义在中国传播的研究能

---

① 袁朗：《接受史视域下〈抱朴子内篇〉版本流变及时代特征》，《诸子学刊》2023 年第 2 期；三浦国雄、李若愚：《从〈四本堂家礼〉看琉球对〈朱子家礼〉的接受史》，《朱子学研究》2023 年第 1 期；孙伟杰：《星历、星命与星神：南北朝至五代宋初道教对七曜、九曜、十一曜的接受史考察》，《世界宗教研究》2022 年第 4 期；陆浩斌：《心灵的反讽：诺瓦利斯诗学接受史》，《今日世界文学》2023 年第 1 期。

② 吴涛：《近代思想史上董仲舒的接受史考察——以董仲舒地位的升降为中心》，《洛阳师范学院学报》2023 年第 10 期；孙微：《陈子昂的接受史——"解密陈子昂"之二》，《博览群书》2024 年第 1 期；范祥银：《孙宝瑄的西学接受史——以孙宝瑄日记为中心的考察》，《新楚文化》2023 年第 27 期；张剑：《略论袁昶对陆游的评价和接受——兼谈日记对接受史研究的启发》，《华南师范大学学报》(社会科学版) 2023 年第 5 期。

③ 王宁：《论中国早期知识分子选择优先接受唯物史观的期待视野——基于接受史的考察》，《唐山学院学报》2024 年第 2 期；金伯文：《阅读的力量：探索中共革命理论的阅读与接受史》，《党史研究与教学》2022 年第 5 期；瞿骏：《助产"主义时代"：〈中国青年〉的定位、推广与阅读（1923—1927）》，《中共党史研究》2020 年第 6 期。

够具体化、语境化与历史化。

国内马克思主义在中国早期传播的研究

学界对早期马克思主义的传播积累了丰富的研究。鉴于本书的研究时段与主题，综述将主要围绕报刊与马克思主义早期传播的研究。学者们有个共识，马克思主义在中国早期传播得益于民国初期各类报刊的宣传与介绍。① 从学界已有著述看，相关研究主要有以下四个方面：

第一，以报刊为传播媒介的研究。民国初期，《新青年》《每周评论》《共产党》月刊以及《晨报》副刊、《民国日报》副刊《觉悟》《民报》《星期评论》等报刊登载了大量介绍马克思主义的文章，成为马克思主义在中国早期传播的重要媒介。② 就早期中共而言，在其创办或主导的报刊中，既有中央报刊，也有地方报刊；既有针对青年学生读者群体的报刊，又有面向工农群众的通俗报刊，③ 皆促进马克思主义在社会不同

① 许加彪、宋静：《从"同人"到"同志"：〈新青年〉的编辑机制与媒介功能》，《山西大学学报》（哲学社会科学版）2019 年第 2 期。
② 相关研究有：邹俊娟：《〈民报〉与马克思主义在中国的早期传播》，《人文论丛》2010 年第 13 辑；周凯：《马克思主义在中国早期传播的主要特点——以〈新青年〉月刊为主的文本分析》，《中共党史研究》2013 年第 4 期；岳亮：《〈觉悟〉与社会主义在中国的早期传播》，《科学社会主义》2014 年第 6 期；田子渝：《〈新青年〉是马克思主义在中国早期传播阶段性的标志》，《中共创建史研究》2018 年第 3 辑；杨宏雨：《〈星期评论〉对马克思恩格斯及其学说的介绍》，《学术界》2019 年第 6 期；马先睿：《〈星期评论〉与马克思主义在中国的早期传播》，人民出版社 2019 年版；耿春亮：《〈晨报副刊〉与马克思主义在中国的传播》，清华大学出版社 2020 年版；焦柯楠：《〈每周评论〉与马克思主义在中国的传播》，《中共云南省委党校学报》2021 年第 5 期；梁大伟、茹亚辉：《〈共产党〉月刊对无政府主义的批判——基于马克思主义在中国早期传播的视角》，《思想教育研究》2022 年第 2 期等。
③ 相关研究有：徐信华、徐方平：《论中共早期报刊的书报广告与马克思主义大众化》，《党史研究与教学》2010 年第 6 期；赵付科、季正聚：《中共早期报刊视域下马克思主义的传播路径及启示》，《社会主义研究》2013 年第 2 期；徐立波：《中国共产党早期报刊研究的主要问题与思考》，《长白学刊》2020 年第 1 期等。

阶层中的传播。

第二，以知识分子为传播主体的研究。马克思主义在中国早期传播的绝对主体是知识分子。他们通过翻译、解读，以及有意无意地宣介，促进了马克思主义的传播。这些知识分子包括李大钊、陈独秀、毛泽东、李汉俊、恽代英、瞿秋白、陈望道等早期中共党员，也有朱执信、廖仲恺、宋教仁、蔡元培、胡适、戴季陶等变革者。① 除此之外，一些学者也尝试从知识分子群体或进步社团入手，探究马克思主义在中国早期传播的状况，如留学生群体、不同籍贯的知识分子、旅俄华侨、少年中国学会、女星社、觉悟社、社联等。②

第三，早期传播主要内容研究。马克思主义早期传播的著作文本，大致有四种类型：第一类是马克思、恩格斯、列宁的著作；第二类是海

① 相关研究有：段本洛：《知识分子与马克思主义在中国的早期传播》，《苏州大学学报》1983 年第 1 期；郭丽兰：《朱执信对马克思主义著述的翻译和传播——以〈共产党宣言〉、〈资本论〉为例》，《中共中央党校学报》2011 年第 2 期；田子渝：《李汉俊在马克思主义早期传播中的杰出贡献》，《甘肃理论学刊》2011 年第 4 期；王宪明、杨琥：《五四时期李大钊传播马克思主义的第二阵地——〈晨报副刊〉传播马克思主义的贡献与意义》，《安徽大学学报》（哲学社会科学版）2011 年第 4 期；陈孝琪：《论戴季陶对马克思主义的译介及其态度转变》，上海交通大学硕士论文，2016 年；邢科：《左翼人际传播网与马克思主义史学的扩散——以 20 世纪二三十年代的上海为中心》，《北京师范大学学报》（社会科学版）2018 年第 1 期；沈志刚：《杨匏安在马克思主义传播史上的地位再探讨》，《党史研究与教学》2018 年第 6 期等。

② 相关研究有：王奇生：《取径东洋 转道入内——留日学生与马克思主义在中国的传播》，《中共党史研究》1989 年第 6 期；易国喜：《我国早期马克思主义传播的共性和特性研究——李大钊、陈独秀、李达早期传播马克思主义之比较》，《山东社会科学》1997 年第 5 期；奉仰聪：《第一代留俄生与马克思主义在中国的传播》，湖南师范大学硕士论文，2002 年；汶生瑞：《留法群体对马克思主义的传播及中国化的探索》，《内蒙古农业大学学报》（社会科学版）2011 年第 6 期；安雅琴：《陈溥贤〈马克思的唯物史观〉与李大钊〈我的马克思主义观〉文本关系考——基于唯物史观的相关论述》，《中共党史研究》2016 年第 2 期；母丹：《云南籍早期共产主义知识分子群体的形成研究》，云南大学硕士论文，2018 年；周青青：《湘籍先进知识分子在马克思主义早期传播中的贡献（1917—1922）》，西南政法大学硕士论文，2019 年；李延华、王纳：《女星社与马克思主义在天津的早期传播》，《党史博采》2020 年第 10 期等。

外政治家、理论家、学者的马克思主义诠释本的中译本；第三类是国内政治家、理论家、学者的马克思主义诠释本；第四类是中国知识分子将马克思主义与中国国情相结合的著作。[①] 通过马克思主义著作文本的译介，传播了马克思主义唯物史观、剩余价值学说、阶级斗争理论、国家学说、民族理论等理论。[②] 除此之外，五四运动前后，国内各大报刊在重大纪念日，开设专栏和专号，集中论述马克思主义相关内容，推动列宁学说与前期马克思主义思想的合流；[③] 同时，在与无政府主义、基尔特社会主义、空想社会主义、自由主义、杜威实用主义等思潮论战过程中，廓清马克思主义的限界。[④]

第四，马克思主义在中国不同区域传播的研究。纵观马克思主义在中国的传播轨迹，可以发现经历了由点到面的三个地域传播层次。其中，北京和上海为传播的第一层次，长沙、武汉、山东、广东等构成第二层

[①] 杨荣、田子渝：《马列主义著作文本在中国的早期传播》，《马克思主义研究》2018 年第 6 期。

[②] 相关研究有：齐卫平：《唯物史观在中国的早期传播》，《探索与争鸣》1987 年第 6 期；冯天瑜：《唯物史观在中国的早期传播及其遭遇》，《中国社会科学》2008 年第 1 期；夏娟：《历史、文本与问题——再论〈资本论〉在中国的早期传播》，《马克思主义哲学论丛》2017 年第 2 期；白占群：《〈社会主义从空想到科学的发展〉一书在中国的传播》，《社会主义研究》1985 年第 6 期；张世飞：《中国早期共产党人对马克思主义民族理论的传播与运用》，《民族研究》2010 年第 6 期；田子渝：《〈共产主义的 ABC〉最初中译本的出版及历史价值》，《中共创建史研究》2021 年第 6 辑；张萍：《〈共产党宣言〉在中国的早期传播及其对马克思主义中国化的影响》，《马克思主义哲学论丛》2019 年第 1 期；黄自立：《〈反杜林论〉的汉译传播及其对中国革命的哲学治思》，中共中央党校（国家行政学院）博士论文，2019 年；何建华：《列宁文本中国阅读的三重维度——基于〈国家与革命〉早期传播的考察》，《马克思主义与现实》2020 年第 6 期等。

[③] 朱家梅、张乃什：《中国共产党成立前夕列宁学说在中国的传播论析——基于对 1917—1920 年中国主要政论报刊的研究》，《马克思主义与现实》2021 年第 1 期。

[④] 岳亮：《〈觉悟〉与社会主义在中国的早期传播》，《科学社会主义》2014 年第 6 期；梁大伟、茹亚辉：《〈共产党〉月刊对无政府主义的批判——基于马克思主义在中国早期传播的视角》，《思想教育研究》2022 年第 2 期。

次，浙江、福建、江西、河南、广西、辽宁、西安、新疆等地区构成传播第三个层次。① 这一地域性特征，是探讨马克思主义在中国早期传播不可忽视的视角。②

综上所述，从报刊层面分析马克思主义在中国早期传播，研究成果丰硕。具体而言，报刊本身、传播主体、传播方式及其内容、传播区域性等方面的研究，都已深入探讨。然而，从已有的研究中亦可以发现，其研究重心在传播，接受只是作为其结果来呈现，而对于马克思主义在传播与接受之间诸多复杂问题的研究，尚有不少值得推进之处。

马克思主义在中国早期接受史研究

在成果丰硕的马克思主义早期传播史研究领域，接受史作为其中的一部分，其研究也得到了相应的推进。总体而言，主要有三方面：

其一，关于马克思主义早期接受史的背景研究。刘岩、郑蔚认为研究马克思主义接受史需要有三个维度，即接受的发展线索、接受的阶段性特点、接受的效果评价，才能阐明马克思主义接受的历史进程，并对其接受效果进行有效评估。③ 李萍、张冠认为 20 世纪初的"社会主义论

① 沈平平：《马克思主义在中国传播的比较研究》，《史学月刊》1991 年第 6 期。
② 李爱军：《马克思主义在两湖地区的早期传播研究（1912—1927）》，武汉大学博士论文，2014 年；张金超：《〈广东群报〉与马克思主义早期传播再研究》，《红广角》2018 年第 5 期；李延华、王纳：《〈新民意报〉与天津马克思主义早期传播》，《牡丹江师范学院学报》（社会科学版）2020 年第 5 期；魏法谱：《〈少年先锋〉与马克思主义在广东的早期传播研究》，《中共创建史研究》2020 年第 5 辑；瞿骏、靳帅、武小力：《播种"主义"：上海报刊与江南红色文化的塑造与传播（1919—1927）》，上海书店出版社 2023 年版等。
③ 刘岩、郑蔚：《接受中国化马克思主义历史进程的三维透视》，《广州大学学报》（社会科学版）2016 年第 10 期。

战"促进了马克思主义理论的传播与接受。① 冯岩认为新文化运动为马克思主义的接受提供了文化土壤，同时指出马克思主义在不同阶层、在农村与工业领域存在着接受的差异。正是基于这种认识，才使得马克思主义成为农村和工人阶级的指导和动力。②

其二，马克思主义早期接受与中国传统文化的融合。史舒扬基于 H.R. 尧斯的接受理论视角，研究了马克思主义与中国传统文化的融合路径，即回归经典诠释、关注生活实践、聚焦时代发展。③ 黄茂文通过对叔本华、尼采与马克思主义悲剧理论的中国化接受比较研究，揭示了不同文化背景下理论接受的复杂性和多样性。④ 文碧方、李宝达探讨了金岳霖接受马克思主义实践观的内在理路，展示了中国传统哲学与马克思主义哲学的对话与融合。⑤ 王刚、范琳指出中国传统民本思想对马克思主义早期接受有正反两方面影响，正面表现在为知识分子理解马克思主义民主思想提供了基础；反面表现在造成知识分子对马克思主义民主等观念的误读。⑥ 王刚、范霞指出，中国传统知行观对中国早期知识分子接受马克

---

① 李萍、张冠：《早期中国共产党人接受马克思主义的历史契合点及其当代启示——20世纪初"社会主义论战"的再审视》，《北京师范大学学报》(社会科学版) 2022年第2期。
② 冯岩：《新文化运动背景下马克思主义接受与中国化过程》，延安市教育学会：《第五届创新教育与发展学术会议论文集》(三)，辽宁科技大学马克思主义学院，2023年12月。
③ 史舒扬：《马克思主义与中国优秀传统文化融合路径研究——基于 H.R. 尧斯的接受理论视角》，《黑龙江省社会主义学院学报》2019年第2期。
④ 黄茂文：《三种悲剧理论及其内涵接受刍议——叔本华、尼采与马克思主义悲剧理论的中国化接受比较研究》，《马克思主义美学研究》2021年第2期。
⑤ 文碧方、李宝达：《论金岳霖接受马克思主义实践观的内在理路》，《马克思主义哲学研究》2021年第2期。
⑥ 王刚、范琳：《正面与负面：民本思想对中国早期知识分子接受马克思主义的影响》，《马克思主义与现实》2021年第1期。

思主义起到了重要的促进作用。①

其三，马克思主义早期接受史的个案研究。邓军认为恽代英接受马克思主义是其组织困境的必然结果。②王淑梅考察了 1919—1926 年留法勤工俭学群体接受马克思主义的历史语境、主要途径与内容，指出他们对马克思主义的接受不是一蹴即至，而是通过比较鉴别、理论研究、实践思考等方式逐渐接受的。③惠科以聂荣臻为例，提出爱国精神及其爱国实践是其接受马克思主义的重要切入点。④侯庆斌在蔡和森的研究中指出，蔡和森接受阶级斗争和无产阶级专政等革命理论，与他早年的经世热情、献身精神和践履气质有关。⑤

可以看到，马克思主义在中国的早期接受是一个复杂的过程。它不仅涉及理论传播与接受的问题，还关系到理论与实践的结合、文化融合与创新以及多元传播与接受等多个方面。相关研究多以论文的形式出现，呈现分散、缺乏系统性的特点，本书将系统探讨早期传播时期青年的马克思主义传播与接受，以期推动马克思主义传播与接受这一面向的纵深发展。

国外马克思主义在中国早期传播与接受的研究

海外学者认为马克思主义能够在中国传播并被知识分子接受，主要

---

① 王刚、范霞：《论知行观对中国早期知识分子接受马克思主义的促进作用》，《马克思主义与现实》2023 年第 1 期。

② 邓军：《从"良心"到"主义"：恽代英与五四时期知识分子的社团组织困境》，《中共党史研究》2016 年第 4 期。

③ 王淑梅：《1919—1926 年留法勤工俭学群体对马克思主义的接受研究》，安徽师范大学硕士论文，2021 年。

④ 惠科：《青年聂荣臻对马克思主义的接受与实践——以聂荣臻早期史料为中心》，《安康学院学报》2022 年第 6 期。

⑤ 侯庆斌：《旅法期间蔡和森革命观的形塑与表达》，《中共党史研究》2023 年第 2 期。

有四种因素。

第一种是中国传统因素。海外中国学研究的奠基者费正清（John King Fairbank）认为，中国传统文化中的反压迫和空想学说在近代中国的复活，为中国人接受马克思主义奠定了思想基础。① 顾立雅（Herrlee Glessner Creel）系统研究儒家、道家与法家的思想，他认为孔孟荀的真精神都在于对专制王权的反抗与不妥协；他甚至认为欧洲启蒙运动亦受到儒家思想的影响，是西方民主政治的源头之一。② 从而，他认为儒家思想里暗含的现代价值，为近代中国人接受马克思主义奠定了文化心理基础。③ 田辰山（Chenshan Tian）阐述了《易经》当中的"变通"思想，这一思想贯穿中国思想始终，到近代中国危亡情况下，"变通"的思想更是推动中国知识分子寻求变革。不仅如此，"变通"不是一种单向性的因果思维，不是全盘照抄外来的思想，我们更容易理解以"变"为特点的辩证法，以及因地制宜，这些都为中国接受马克思主义建立了思想根基。④

第二种是民族主义。迈斯纳（Maurice Meisner）认为尽管"马克思把爱国主义和民族主义看作是人类崇拜和服从自己制造的偶像的方式"，但是民族主义是促使李大钊、陈独秀等早期马克思主义者响应布尔什维克革命和宣传马克思主义的主要因素。⑤ 施拉姆（Stuart R. Schram）将

① John King Fairbank, *The United States and China*, Cambridge: Harvard University Press, 1948.
② Herrlee G. Creel, *Confucius and the Chinese Way*, New York: Harper Torchbook, 1960, pp.236, 256.
③ Herrlee Glessner Creel, *Chinese Thought: From Confucius to Mao Tsê-Tung*, Chicago: University of Chicago Press, 1953.
④ Chenshan Tian, *Chinese Dialectics: From Yijing to Marxism*, Lanham, Md. : Lexington Books, 2005.
⑤ Maurice Meisner, *Li Ta-chao and the origins of Chinese Marxism*, Cambridge：Harvard University Press, 1967.

民族主义作为毛泽东早期思想的重要内容，进而他认为中国的马克思主义是中国传统文化与中国民族主义相结合的产物。[①] 魏斐德（Frederic Wakeman, Jr.）认为王阳明的心学、达尔文进化论、新康德主义、格林的意志论等，都对毛泽东产生重要影响。[②]

第三种是俄国因素。史华慈（Benjamin I. Schwartz）区分了马克思主义和列宁主义，他认为吸引中国知识分子并成立中国共产党的是列宁主义的学说，列宁主义的政党组织理论成为中国革命实践的坚实核心，从而使得中国共产党成为历史拯救性的力量。[③] 斯图尔特·施拉姆（Stuart R. Schram）认为毛泽东是"原创且独立的列宁主义思想家"，但是他与列宁的不同在于他仰赖农民的力量，并肯定民族主义的作用。[④]

第四种是西方与日本思想的促进。史华慈和石川祯浩（Ishikawa Yoshihiro）分别强调西方思想与日本思想对中国人认识和接受马克思主义产生的重要影响。[⑤] 尤其是石川祯浩，用扎实的史料，考证了中国共产党成立时的马克思主义传播路径。其中，日本的影响分析尤为翔实。这几类研究，涵盖了中共早期最重要的人物，如李大钊、陈独秀、毛泽东、瞿秋白、施存统等。

[①] Stuart R. Schram, *The Thought of Mao Tse-Tung*, Cambridge: Cambridge University Press, 1989.

[②] Frederic Wakeman, Jr., *History and Will: Philosophical Perspectives of Mao Tse-Tung's Thought*, Berkeley: University of California Press, 1973.

[③] Benjamin I. Schwartz, *Chinese Communism and the Rise of Mao*, Cambridge: Harvard University Press, 1951.

[④] Stuart R. Schram, *The Political Thought of Mao Tse-tung*, New York and London: Frederick A. Praeger, 1963.

[⑤] Benjamin I. Schwartz, *Chinese Communism and the Rise of Mao*, Cambridge: Harvard University Press, 1951；［日］石川祯浩：《中国共产党成立史》，岩波书店 2001 年版。

国内外研究述评

总体而言，国外对马克思主义在中国早期传播的研究主要关注思想基础和精英人物，而对于一般的青年如何认识和接受马克思主义尚不够充分。国内马克思主义传播的研究非常深入，"接受"研究也逐渐引起学界兴趣，但主要着眼于接受的内容、方式、主体和路径等方面的研究，形式主要是单篇论文。因此，马克思主义在中国早期传播与接受研究，还可以在如下方面进一步深入：

第一，探讨不同社会群体或某群体内部对马克思主义接受程度的差异性，以及对马克思主义具体内容解读与接受的多样性。第二，在丰富而扎实的史料支撑下，挖掘"传播与接受之间"的历史细节，揭示马克思主义的传播与接受这一动态过程的互动性、反复性与多元性。第三，在方法论层面，推进"传播"与"接受"方法的互补。

本书将以《中国青年》与《学生杂志》作为主体史料，兼顾20世纪20年代前后的其他期刊、回忆录、日记等史料，集中探讨青年如何根据自身的经验与实践，选择性地理解与接受马克思主义；在充分肯定青年的主体性和可塑性的基础上，来看马克思主义对青年以及近代中国社会思想的重塑。

第一章 唤醒青年:《中国青年》与《学生杂志》

本书以《中国青年》与《学生杂志》为主体史料,这两份刊物的主要读者皆为青年。它们既是理解 20 世纪 20 年代青年精神世界的重要渠道,也是映射该时代政治氛围与思想趋势的重要镜像。本章旨在通过对这两份杂志的创办历程、办刊宗旨及内容特色的分析,剖析其背后的政治倾向与价值取向,从而有助于我们了解 20 世纪 20 年代青年在思想传播与接受的动态过程中,究竟受到了何种思想启蒙的影响,进而把握该时代青年思想变迁的脉络与特征。

一、《中国青年》的革命共同体取向

1923 年 10 月 20 日,《中国青年》周刊在上海创刊,作为中国社会主义青年团机关刊物。《中国青年》百期之前平均版幅为每期 16 页,百期之后扩版。该刊曾于 1926 年 5 月转移至广州,1927 年 4 月又辗转至武汉,1927 年 7 月返回上海,1927 年 10 月第一次停刊。四年左右时间内,共发行 170 期,"最初发行量为 3000 份,后来达到 12000 份,发行量最

高时曾达到 30000 份左右"。① 恽代英、萧楚女、林育南、李求实等人曾
先后担任杂志主编，恽代英、刘仁静、邓中夏、萧楚女等中共早期领导
人亦是杂志的主要供稿人。

作为大革命时期持续时间最长的团中央刊物，《中国青年》深度介入
青年运动。为达此目标，刊物开设"通讯""新刊批评""寸铁"等栏目，
了解青年群体之心声，并为青年群体推荐阅读书单；在内容编排上，刊
登如小说译作、诗歌、游记、剧本等体裁的作品，满足各类青年群体的
需求；报道各地学运、工运、农运信息，让青年群体了解社会运动的动
态。为了兼顾青年群体知识水平的差异，编辑们尽量保持刊物文章文字
的流畅性与平实性，让其内容能够有效传达至青年。

1.《中国青年》创刊过程

在《中国青年》周刊创立之前，中国社会主义青年团已将《先驱》
半月刊（1922 年 1 月 15 创办）作为团中央机关刊物。《先驱》以"努力
唤醒国民自觉，打破因袭、奴性、偷惰和依赖的习惯而代之以反抗的创
造的精神"为宗旨，并以"介绍各国社会主义运动的成绩和失败之点"
作为主要内容，以"努力研究中国的客观实际情形，而求得一最合宜实
际的解决中国问题的方案"为主要任务。②《先驱》杂志创刊时，正处中

---

① 王鹏程：《〈中国青年〉周刊研究（1923—1927）》，人民出版社 2013 年版，第 14 页。
② 《发刊词》，《先驱》第 1 号，1922 年 1 月 15 日。

国社会主义青年团重建初期，① 不久因为政府查禁刊物从北京迁往上海出版，是社会主义青年团早期宣传中的一个过渡性刊物。

1923 年 6 月，中共三大通过了《青年运动决议案》，将青年运动视为重要工作之一，要求"社会主义青年团应极力加以组织上指导上之援助"，② 并指出："社会主义青年团应以组织及教育青年工人为其重要工作，在出版物上应注意与一般青年实际生活状况及其要求。社会主义青年团应开始从事农民运动的宣传及调查。"③ 在中共三大决议的指导下，1923 年 8 月，中国社会主义青年团第二次代表大会在南京召开，会议通过的《教育及宣传决议案》将以共产主义的原则和革命理论教育青年工人、农民、学生群体，作为社会主义青年团的重大责任。④

不论是中共三大还是团二大，均对教育青年工作极为重视。中共三大特别强调出版物对青年运动的重要性，而《先驱》杂志内容偏理论、政论与社会运动，对青年群体的痛点与困境较少关注，导致其在青年中的影响不足。此外，《先驱》杂志为半月刊，从时效性角度来看也受到限制，加之遭到军阀的查禁，《先驱》杂志于 1923 年 8 月 15 日停刊。为更好地承担"教育者"的角色，完成相应工作，团中央决定以更为贴近青年群体的"中国青年"为名，创办《中国青年》杂志。在恽代英和邓中夏等人的筹划下，1923 年 10 月 20 日《中国青年》在上海创刊。

---

① 在此之前为"上海社会主义青年团"，经历了内部思想复杂、党团关系混乱的阶段，1921 年 11 月张太雷在上海针对青年团进行了整顿和恢复工作。
② 中共中央党史研究室、中央档案馆编：《中国共产党第三次全国代表大会档案文献选编》，中共党史出版社 2014 年版，第 14 页。
③ 同上。
④ 共青团中央办公厅编写：《共青团基本知识问答》，中国青年出版社 1979 年版，第 4 页。

2.《中国青年》之办刊宗旨

《中国青年》的发刊词确切表达其宗旨。《发刊辞》在一开始，便指出中国社会整体性的黑暗与沉沦，"政治太黑暗了，教育太腐败了，衰老沉寂的中国像是不可救药了"。① 然而，这一揭露与批判不是为了厌弃，而是为了奋斗。

自晚清梁启超提出"少年中国"以来，知识分子就把中国社会变革的希望寄托在青年身上，乃至于出现"青年崇拜"的现象。②《中国青年》在这一社会风气影响下，自然将拯救社会黑暗的希望放在青年身上。然而，编辑们清楚地知道青年的两面性，一方面青年身上蕴含着朴素的、拯救社会的潜能，"我们常听见青年界的呼喊，常看见青年界的活动，许多人都相信中国的惟一希望，便要靠这些还勃勃有生气的青年"。但是很多时候青年是无意识、无自觉、无组织的。另一方面青年是脆弱的，易受环境的影响。在小环境中，受"志行薄弱的父兄，脑筋昏乱的师友"的误导；在大环境中，"风习的熏染太利害了，魔魂的诱惑太有力量了"。因之，导致青年"不能保持他自己的纯洁、为万恶社会所同化"。③

《中国青年》要做的便是"指导他们纠正他们"，进而教会他们"应当怎样做事"。除了激发青年使命感、帮助青年走出困境以外，编辑们希望通过介绍一些方法、分享一些活动经验，"引导一般青年群体到活动的路上"来。刊登在《中国青年》第 140 期中的《敬答读者》一文，更为

---

① 《发刊辞》，《中国青年》第 1 期，1923 年 10 月 20 日。
② 徐鹏：《变迁社会中的"青年崇拜"：近代中国一种社会风气的反思（1895—1925）》，华东师范大学历史系硕士论文，2012 年。
③ 《发刊辞》，《中国青年》第 1 期，1923 年 10 月 20 日。

系统地总结了其办刊宗旨，即"他的职任是有系统的供给青年以革命人生观，革命理论，革命战术，革命经验，从思想言行各方面指出青年的应由之路"[1]。

3. 主要编辑

《中国青年》编辑群体人数众多，各编辑在杂志中发表文章的数量也不均衡，但是恽代英、邓中夏两人无疑最具代表性。其主要原因有二，其一，是因为二者代表了两类编辑群体，即以恽代英为代表的专注于为各类运动鼓动与宣传的类型，以及以邓中夏为代表的兼顾理论宣传与运动实践的群体；其二，经统计，恽代英在《中国青年》杂志发表了200篇左右的文章与通讯（不含署名不清），是在该杂志发表文章数量最多，与青年群体通信对话最为频繁的编辑；邓中夏在该杂志发表文章共计20余篇，虽然数量不多，但其文章内容与本书所涉及的问题相关性较强。

"引路人"恽代英

恽代英，祖籍江苏武进，1895年8月12日出生于湖北武昌一个书香门第、官宦之家。其祖父恽元复是光绪年间的举人，后应湖广总督张之洞之邀担任其高级幕僚，父亲恽爵三排行老二，母亲陈葆云是湖北利川县知事陈寿椿的女儿。恽代英六岁入读家塾，在本家塾师以及祖父、父母等教导和启蒙下，恽代英度过了童年时光。1905年，恽代英考入了武昌北路高等小学。

---

[1] 《敬答读者》，《中国青年》第140期，1926年11月8日。

四年之后,由于父亲工作调动,本该升入中学的恽代英,随父母来到了老河口。由于此地没有新式学堂,恽代英开始了以"自省、自学、自律"为宗旨的自学生涯。在此期间,他在母亲的督促下养成了写修身日记的习惯。值得一提的是,恽代英的日记并非隐私,而是允许父母、兄弟、朋友传阅的公共读物,这一习惯直到投入地下斗争之后,才不得不搁置。在老河口自修的日子里,恽代英拜当地邮政局局长罗衡甫为师学习英语,并借邮局之便,大量邮购并阅读各地报刊和书籍,接触各类知识与思潮。

1913 年,父亲失业,全家迁回武昌,恽代英考入私立武昌中华大学预科班。在进入学校的第二年,年仅十九岁的恽代英便在商务印书馆的名刊《东方杂志》上发表文章,引起了全校的关注。大学时期的恽代英学习成绩优异,热衷社团组织活动,是学校的风云人物。1917 年 10 月 8 日,恽代英与黄负生、冼震、梁绍文等人建立了互助社,以自助、助人为宗旨,并想要用良心作见证来凝聚小团体,进而改造社会。[1]1918 年,恽代英大学毕业,担任中华大学附中教务主任一职。[2]

1919 年 5 月 7 日,恽代英通过黄绍谷从北京寄来的信件,了解到

---

[1] 恽代英:《恽代英日记》,中共中央党校出版社 1981 年版,第 159 页。

[2] 恽代英希望通过教育培养学生活泼、勇敢、劳动、向上的活动能力;纯洁、精密、谦和、切实的思想作风。可这一进程并不顺利,冼震称之"求治之心过切,力又不胜,所以就出毛病了"。恽代英曾在日记中写下这样一段文字:"一个才疏志大的女孩儿,生长在蓬门荜户中,长大了嫁与一个小户人家,进门便要当家。……这一来,可要难死他了。当家便难,当小户人家的家更难,又何况他这个人多嘴杂的场合呢?命里定了如此,亦没有办法,只有抖擞精神,早晨打水煮饭,下午洗衣治家。虽然他的心,他的力量,似乎一家还都有几成相信得过,只是老的要扶伺,同辈要周旋,少的要督责,一点不周到,少不了几多绵里针的诮讽,再加这孩儿又不免自己多心,看他真是鞠躬尽瘁,还不知将来成就怎样?"恽代英:《恽代英日记》,第 511 页。

五四运动的情况。①5月至6月间，恽代英接连作《呜呼青岛》《四年五月七日之事》两篇传单，发表《武汉学生联合会宣言书》《武汉学生联合会提出对于全国学生联合会意见书》等文章以及《卖国贼免职以后的新闻》《新闻家应注意的事》等数则通讯，积极参与武汉地区的学生运动，多次向参加游行的学生队伍发表演说，并组织学生上街游行集会。一时间，恽代英和互助社成员成为了武汉学生运动的领导者。

1919年12月，在教师难寻、经费困难、教育制度败象百出的困境下，恽代英作出了辞去教职、迎接"新生活"的打算。②1920年2月，恽代英与互助社、仁社等社团同仁共同创立了利群书社，建立了一个集商业与传播新文化、新思想于一体的团体，一起劳动、学习、求进步，并在认识生活与认识世界中服务社会。不久，利群书社成为了武昌地区影响力最大的社团，萧楚女、邓中夏、毛泽东等人都相继造访。1920年3月，恽代英到达北京，本希望到这个"工读互助"实践的中心获取经验，可见到的却是北京工读互助小组因团员理念不一致而走向分裂的场景。工读互助组的失败，使恽代英陷入了痛苦的反思，加之互助社内部也出现了分化现象，他感到仅凭"良心"的驱使无法让组织走得长远，只有通过"主义"才能为组织提供一个信仰保障。③经历了在各类"主义"之间徘徊不定的迷惘后，最终恽代英选择了马克思主义，并在1921年7月至1922年2月间加入中国共产党。

---

① 恽代英：《恽代英日记》，第537页。
② 恽代英曾在日记里对"新生活"进行了描绘，如创办《市民旬刊》、在武汉开展市民文化运动，甚至为这种新生活拟了一副对联，上联是"日出而作，日落而息"，下联为"各尽其能，各取所需"。恽代英：《恽代英日记》，第674—675页。
③ 邓军：《从"良心"到"主义"：恽代英与五四时期知识分子的社团组织困境》，《中共党史研究》2016年第4期。

1923 年 8 月，恽代英被选为中国社会主义青年团中央执行委员与宣传部长。10 月，与邓中夏等人一起创办《中国青年》杂志，并担任主编。1923 年至 1927 年之间，恽代英在《中国青年》杂志上发表了 100 多篇文章，这些文章既反映了他对马克思主义的理解，也吸引了一大批青年的追随与喜爱。① 沈葆英曾将这份喜爱描述为："它像一块磁铁吸引了我。"② 他耐心倾听青年人心中的疑惑并予以解答，像极了青年的心灵导师。③ 对于青年群体而言，恽代英并非高高在上的"布道者"，而是其成长过程中的"引路人"与"同路人"。

工运践行者邓中夏

邓中夏，湖南宜章邓家湾村人，1894 年出生于一个官宦家庭。父亲邓典谟为晚清举人，相继在清政府、北洋政府与南京国民政府任职。④1901 年，邓中夏被送进本村私塾六年，之后进入新式樟桥小学就读。1911 年春，考入宜章县立高等小学，此处教学条件要好得多，除各门课程之外，还有图书报刊供学生阅读。在此就读期间，邓中夏开始关心国家大事，并接触革命思想。1912 年，邓中夏以"最优等第一名"的成绩毕业。⑤ 值得一提的是，少年时期的邓中夏，受到继母的苛待，与长工住在

---

① 郭沫若曾回忆说："在大革命前后的青年学生，凡是稍有些进步思想的，不知道恽代英，没有受过他的影响的人，可以说没有。"郭沫若：《纪念人民英雄恽代英》，载《回忆恽代英》，人民出版社 1982 年版，第 199—120 页。
② 恽代英：《恽代英日记》，第 5 页。
③ 沈葆英曾回忆："我向他提出各种问题，小到象'剩余价值'这样的名词，大到'怎样求解放'这样的疑问。无论多忙，代英都给我回信，都能圆满地回答我提出的问题，讲的浅显易懂，又富于说服力。"恽代英：《恽代英日记》，第 5 页。
④ 姜平：《邓中夏的一生》，南京大学出版社 1986 年版，第 2 页。
⑤ 见《邓氏族谱》，转引自姜平：《邓中夏的一生》，南京大学出版社 1986 年版，第 5 页。

一起，每逢假期就跟随长工一起干活。[①] 这一经历虽不至由此便让邓中夏对农民产生多么深刻的理解，但也使他与工农群体不完全隔膜，并且愿意去和他们打交道，这一点为其后能快速投入工人运动提供一定帮助。

1913 年，邓中夏考入郴县联合中学。其间，他对郴县另一所教会中学，有颇多不满："读教会学校，似乎很新鲜，但这种奴化教育，是为洋人服务的，有什么好？"[②] 这既体现邓中夏朴素的民族情怀，也更反映他已具有一定的政治批判意识。1915 年，邓中夏中断了郴县中学的学业，进入湖南高等师范主修文史。在此期间，他常利用周末与蔡和森一起到杨昌济家中，听其讲解新知识，对于改造国家与社会有了进一步的认识。

1917 年 6 月底，邓中夏从湖南高等师范毕业，同年考入了北京大学。进入北大后，他的阅读世界发生更大改变，逐渐开始舍弃《庄子解集》之类的古书，[③] 加入了由蔡元培发起的"哲学研究会"，涉猎新知识。其后，在李大钊的影响下，邓中夏开始关注十月革命，并多方搜集资料，研究十月革命。[④] 在李大钊等师长的启发下，经过几个月的反复思忖，邓中夏开始接受马克思主义。

1919 年暑假，邓中夏在曦园对马克思主义学说进行了认真的研究。[⑤]

[①] 冯资荣、何培香编：《邓中夏年谱》，中国文史出版社 2014 年版，第 8 页。

[②] 姜平：《邓中夏的一生》，南京大学出版社 1986 年版，第 5 页。

[③] 有一次，湖南旧同学从长沙给他带来一部王先谦的《庄子集解》，邓中夏却把它撕毁。马非百：《邓中夏同志在北大》，《红旗飘飘》第一集，中国青年出版社 1957 年版，第 100 页。

[④] 见许宝驹：《关于邓中夏同志的回忆》（1953 年 3 月 4 日，未刊稿）转引自姜平：《邓中夏的一生》，南京大学出版社 1986 年版，第 16 页。

[⑤] 1919 年暑假邓中夏邀约罗章龙、马非百等十几位同学在北京东黄城根达教胡同租了一个大院，他给这处院子起名为"曦园"。在此处一年时间，邓中夏一面研究中外历史，一面认真阅读马克思主义书刊。据杨东莼回忆，邓中夏在曦园这段时间里，只要各类刊物中登载马克思主义学说和俄国革命后的情况，他都精心阅读，重要的还摘录或者剪贴在笔记本上，分别归类。见杨东莼：《回忆邓中夏同志》，《光明日报》1959 年 5 月 9 日。

除了理论研究，邓中夏更热心于实际工作。在 1918 年 5 月反对《中日共同防敌军事协定》及之后爆发的五四运动中，他都在学生中起到了组织和领导的作用，并担任北京大学平民教育演讲团的负责人。1920 年夏，邓中夏从北京大学国文系毕业，他放弃了出国留学的机会，也放弃了父亲介绍的工作，选择到北大哲学系继续学习，但大部分时间都投入主持少年中国学会，筹建北京共产党早期组织以及其他革命工作上。[①]1920 年秋，邓中夏等人以提倡平民教育为名，到长辛店的工厂开办工人补习学校，建立工人俱乐部，在工人群体中宣传马克思主义。工人阶级"风寒雪冷，衣没有的穿，饭没有的食，屋没有的住"的生活惨状，引起邓中夏"痛苦的同情"。[②]

邓中夏在 1926 年填写的《少年中国学会改组委员会调查表》里，表明他早在 1921 年就立志成为职业革命家，[③]其离开校园后的活动也充分体现了其对职业革命家身份的自觉。自 1921 年 8 月起，邓中夏先后担任社会主义青年团北京地方执行委员会书记、中国劳动组合书记部北方分部主任、主任等职务。在两年多的时间里，先后组织和参与了长辛店铁路工人大罢工、京奉铁路工人大罢工、开滦煤矿大罢工、粤汉铁路工人大罢工等，积累了一定的工人运动经验。

1923 年 4 月，邓中夏在李大钊推荐下，出任上海大学总务长一职，

---

① 林分份：《求为"有学问的实行家"——"五四"时期邓中夏的文化选择及其历史意义》，《东南学术》2010 年第 3 期。
② 心美（邓中夏）：《长辛店旅行一日记》，《晨报》1920 年 12 月 21 日。
③ 邓中夏在《少年中国学会改组委员会调查表》中关于抱何种主义一栏写道，"久已抱定马克思共产主义。依历史进程认定现在中国应进行国民革命，国民革命只是世界革命的一部分，故反对狭义的国家主义"。《少年中国学会改组委员会调查表》，载张允侯等编：《五四时期的社团》（一），生活·读书·新知三联书店 1979 年版，第 510 页。

负责上海大学的改造和上海地区工人运动的组织。自此，在上海从事了近两年的革命工作。1923 年 10 月，他与恽代英等人一起创办《中国青年》杂志，通过杂志给青年群体以理论和行动上的指导。正如他在召开于 1921 年 7 月的少年中国学会大会上所说，"必须求为有学问的实行家，能实行的学问家"。① 邓中夏力图做到这点，并成为中共早期为数不多的集理论研究与实践运动于一身的、有学问的实行家。②

二、《学生杂志》的知识共同体定位

《学生杂志》是商务印书馆创办的十大杂志之一。③1914 年 7 月刊行第 1 卷第 1 号，最初杂志名为《学生》，从 1923 年第 10 卷第 1 号始称为《学生杂志》（为方便计，杂志名改变前后皆统称《学生杂志》），至 1947 年 8 月终刊。其间，杂志经历两次停刊，1931 年 11 月杂志出至第 18 卷第 11 号后第一次停刊，12 月又在香港出完该年度的最后一号。时隔七年，于 1938 年 12 月出复刊号，卷期续前。1941 年，因日军劫持，商务印书馆旗下许多杂志被迫停刊，《学生杂志》在这一年的 11 月出至第 21 卷第 11 号后第二次停刊。后于 1944 年 12 月在重庆复刊，卷期续前。抗日战争结束后，于 1946 年迁回上海，并于次年 8 月终刊，共出 24 卷。

---

① 《少年中国学会南京大会记略》，《少年中国》第 3 卷第 2 期，1927 年 8 月 15 日。
② 林分份认为邓中夏在"有学问的实行家"与"能实行的学问家"之间，更偏向于"实行家"的角色。林分份：《求为"有学问的实行家"——"五四"时期邓中夏的文化选择及其历史意义》，《东南学术》2010 年第 3 期。
③ 商务印书馆创办的十大杂志包括：《东方杂志》《教育杂志》《小说月报》《少年杂志》《学生杂志》《妇女杂志》《英语杂志》《儿童杂志》《儿童画报》《自然界》。

《学生杂志》创停刊时间

| 1914年7月 | 1923年1月 | 1931年11月 | 1938年12月 | 1941年11月第 | 1944年12月 | 1947年8月 |

1914年7月《学生》创刊　1923年1月改名为《学生杂志》　1931年11月第一次停刊（12月在香港出完12号）　1938年12月复刊　1941年11月第二次停刊　1944年12月复刊　1947年8月终刊

　　《学生杂志》前后存续长达三十余年，前期由朱元善担任主编，1917年9月茅盾奉调协助编辑《学生杂志》；1921年2月，商务印书馆聘请杨贤江担任编辑，至1927年1月，共任职6年。杨贤江接手杂志后，顺应新文化运动潮流，对报纸进行了改革，开辟"通讯""答问"等专栏。其间，杨贤江为杂志撰写了大量社评与教育专论，在青年学生群体中影响甚大，使杂志被誉为青年人"最好的读物"，"学生界定期刊物中思想最高尚、最纯洁、最切实、最缜密、最普遍、而又是富于革新精神的杂志"。①

　　1.《学生杂志》宗旨

　　1911年以降，随着近代教育的推进，学校规模不断扩大，学生数量也大幅度增加。学生群体人数的增多，以及由此产生的知识与情感需求无疑为近代学生类杂志的孕育发展，提供了相应的读者基础和社会条件。于是，以教育产业为中心支柱、与江苏省教育会关系密切的商务印书馆，②在1909年创办以联系学校教职员为主旨的《教育杂志》后，又于1914年创刊《学生》杂志。顾名思义，该杂志以学生尤其是中等学历学

① 高尔松、高尔柏：《我们对于学生杂志的贡献》，《学生杂志》第10卷第1号，1923年1月。

② 徐佳贵：《"民"以群分——五四后江苏省教育会的文教革新实践》，《史林》2023年第2期。

生为主要服务对象，杂志封面的名称下特标示有"专供全国中等学生阅的月刊"一行。从某种程度上可以说，作为承载和传播新思想、新文化、新知识的有效媒介，《学生杂志》反映了一个时代，特别"中下层知识群体的一般思想状况"，[①] 而这些思想无疑包含着"社会内容和历史脉动"，[②] 折射出特定历史语境下的社会、政治、文化底色。与此同时，杂志本身又受到这些底色的影响而不断改革发展。对于这一点，王飞仙指出为了销量和营利，商务的期刊也不得不配合社会文化风向的改变而改变。[③] 因此，具体分析该刊物创立以后至 20 世纪 20 年代的宗旨和栏目，或许可以进一步了解《学生杂志》的发展概况。

纵观初期发行的《学生杂志》，并未有专门的发刊词，但是从其创刊号（1914 年第 1 卷第 1 号）中的广告和首篇论说中，或许可以将刊物的宗旨定位为"全国学生界互相联络之机关"，并将"辅助学业，交换智识"视为其旨趣。[④] 这与商务印书馆"昌明教育，开启明智"的主旨一脉相承。也因如此，《学生杂志》刊登了当时众多学生的稿件，"惟本志材料，除本社社员撰著外，全采各校学生投稿，以期各抒所长，籍获互相观摩之益"。[⑤] 着实成为学生"共同发表思想、讨论问题，和相互切磋学业、砥砺德行的机会"。[⑥] 此外，作为商务旗下的期刊，营利性也是《学

① 刘宗灵：《早期〈学生杂志〉与学生自我意识的呈现——以"论说"栏为中心的讨论》，《江苏社会科学》2009 年第 3 期。

② 方卫平：《媒介中的课艺：一个变革时代的文化现象及其历史解读——以早期〈学生杂志〉(1914—1918) 为例》，《浙江社会科学》2008 年第 6 期。

③ 王飞仙：《期刊、出版与社会文化变迁——五四前后的商务印书馆与〈学生杂志〉》，台湾政治大学历史学系，2004 年，第 50 页。

④ 《新编学生杂志广告》，《学生》第 1 卷第 1 号，1914 年 7 月。

⑤ 《征集文字图片简章》，《学生》第 1 卷第 3 号，1914 年 9 月。

⑥ 朱文叔：《我希望学生杂志》，《学生杂志》第 10 卷第 1 号，1923 年 1 月。

生杂志》隐而未发的宗旨。① 简单说，《学生杂志》是一本为全国中等学校学生量身定制的、专注课外辅导的商业刊物。

由于辅助学生学业的办刊理念，使得刊物的重心放在学术课艺上。五四运动后，学生对此需求不再满足，因不谈政治只讲学术课艺而与社会脱节，缺乏深刻的社会思想和政治洞见。② 对于这类批评，《学生杂志》并不回避，而且作出变革的表态，"改良这两个字，实在是和时间并进的，是无有尽止的……这正是人类进化的作用，所以改良的手段，是要常常用着的"，今后杂志的创办将始终以"益人"和"悟他"为方针，"向着良的方面努力做就是了"。③

1920 年第 7 卷第 1 号《学生杂志》开篇刊登了一篇《宣言》，进一步调整杂志的定位并明确宗旨："本志编辑宗旨，一向就想对着学生尽点学术上辅导的责任，就是这层意思。但是学术的进步，也是追逐时势的，没有穷尽的，须得大家努力，才能蒸蒸日上。现在正值更新的机会，本社同人，极望全国学生界诸君，都能谅解这意，就自己研究所得的，感想所及的，发抒宏论，投刊本志，供给各地方学生的参考讨论，使学生生活上，得有极好的影响。"④《学生杂志》时隔五年重新发表宣言，表明其旨在辅助学生学业的同时，也将致力于引导学生共同注意与自身密切相关的社会变动，尽力帮助学生应对五四学潮以来思想界的变化趋势，

---

① 王飞仙：《期刊、出版与社会文化变迁——五四前后的商务印书馆与〈学生杂志〉》，台湾政治大学历史学系，2004 年，第 50 页。
② 倪文宙：《过去时现在时〈学生杂志〉所提倡的及所应提倡的》，《学生杂志》第 10 卷第 1 号，1923 年 1 月。
③ 见范尧生《本志今后方针之研究》一文后相关的记者案语，《学生》第 6 卷第 7 号，1919 年 7 月。
④ 《宣言》，《学生》第 7 卷第 1 号，1920 年 1 月。

以"明了的见识和眼光去理会他批评他"。① 此《宣言》发表的第二年,《学生杂志》便在杨贤江的带领下迎来了进一步的革新。②

2.《学生杂志》栏目

《学生杂志》前期的栏目设置主要有"论说""学艺""修养""文苑""小说""记载""英文"等,内容基本无外乎与课堂学习密切相关的心得、随笔以及文学、游记、摄影等。在这些栏目中,大部分的稿件又来自全国各地的学生,尤其是中等学校学生。正如茅盾回忆《学生杂志》时提道:"当时要我审阅的投稿,就是这些来自全国各地的中学校、初级师范学校或者甲种蚕桑、甲种工业学校(程度和现在的中专相近)的学生们的投稿。"③ 由此,也难怪《学生》杂志被时人视为典型的课艺杂志了。

20世纪20年代,商务印书馆在张元济的主持下进行全面革新,并启用了一大批新人,旗下的各类期刊如《教育杂志》《小说月报》《妇女杂志》《学生杂志》等纷纷更换了编辑。改组后的《学生杂志》自1921年至1926年则主要由杨贤江负责。改版后的杂志在保留原有一些栏目的基础上又增添了一些新的栏目,尤其是诸如"时事""调查""通讯""社评"等,在一定程度上展现其与时代社会接轨的努力。④ 同时,当学生的反馈

① 《宣言》,《学生》第7卷第1号,1920年1月。
② "本志同人,看了时代流转、思潮变迁的形势,常恐不能适应全国学生情意上、理智上热诚的要求,所以常常在这边设法改良,使得可以随时俱进,做个学生界最要好的朋友。现在想就能力所及,定于本年七月号,再加刷新,除登载关于增进理智的文字外,更当多收发扬情意的材料。务使读者既能得着切实的知识,又能涵养活泼的趣味,因以完成个人美满的生活。"《本志刷新预告》,《学生》第8卷第5号,1921年5月。
③ 茅盾:《商务印书馆编译所生活之二》,载孙中田、查国华编:《茅盾研究资料》(上),知识产权出版社2010年版,第158页。
④ 这些栏目中时常出现讨论个人与社会关系的相关文章,如《个人心与社会心》(第9卷第3号,1922年1月)、《学生的社会活动》(第10卷第2号,1923年2月)、《我们应该先求了解现实生活》(第11卷第5号,1924年5月)、《学生与社会》(第11卷第7号,1924年7月)、《青年学生应该怎样去服务社会?》(第11卷第8号,(转下页)

在得到及时回应后，则更加激发他们的参与热情。如此一来，既保证了杂志供稿来源，又增加了杂志的订阅，无形之中扩大了刊物的宣传和传播，亦满足其商业营利的需求。

1922 年 8 月，《学生杂志》设置"学生世界语"栏目，专门刊登世界语的相关内容，直至 1931 年 12 月停止，为青年学子持续了解、学习世界语提供机会和平台。此举既是新文化运动时期语言革新思潮的具体投射，并将世界语作为挑战语言霸权、建构新文化语系的重要选项；同时更折射出五四前后知识界对于重塑国民精神与世界关系的深层思考。本书第四章即以《学生杂志》"学生世界语"作为材料，来分析 20 世纪 20 年代青年对于世界的想象、挫折与转换。

诚然，在五四运动至大革命时期，随着国内局势日趋紧张，杂志的政治意味也更加浓厚，[①] 特别是一批具有初步共产主义思想的知识分子

（接上页）1924 年 8 月）、《课外活动与实际生活》（第 11 卷第 12 号，1924 年 12 月）、《到民间去的一个桥梁》（第 12 卷第 2 号，1925 年 2 月）、《我们要注意时事》（第 12 卷第 8 号，1925 年 8 月）、《求学与做事》（第 13 卷第 2 号，1926 年 2 月）、《个人与社会》（第 13 卷第 5 号，1926 年 5 月）、《社会化与化社会》（第 13 卷第 7 号，1926 年 7 月）、《青年对于时势态度之———参考》（第 13 卷第 8 号，1926 年 8 月）等。

① 从 1921—1926 年《学生杂志》各号来看，这类文章有：《学生运动之意义》（第 8 卷第 11 号，1921 年 11 月）、《试行自治应有的了解》（第 9 卷第 1 号，1922 年 1 月）、《一个学生界第新组织》（第 9 卷第 3 号，1922 年 3 月）、《复活五四的精神》（第 9 卷第 5 号，1922 年 5 月）、《从救国运动到社会运动》（第 9 卷第 6 号，1922 年 6 月）、《学生对于学生自治应有的觉悟》（第 9 卷第 10 号，1922 年 10 月）、《团结力怎样养成？》（第 10 卷第 3 号，1923 年 3 月）、《欧战与运动—运动与中国》（第 10 卷第 4 号，1923 年 4 月）、《学生与政治》《学生与民权运动》（第 10 卷第 5 号，1923 年 5 月）、《中国的学生运动与青年运动》（第 10 卷第 8 号，1923 年 8 月）、《团体纪律与个人自由》（第 10 卷第 9 号，1923 年 9 月）、《团体之意义与价值》（第 10 卷第 12 号，1923 年 12 月）、《我们为什么要合作》《没有信仰的中国青年》（第 11 卷第 2 号，1924 年 2 月）、《求学与救国》（第 11 卷第 4 号，1924 年 4 月）、《青年学生救国的途径》《略论团体训练》（第 11 卷第 5 号，1924 年 5 月）、《学校中的阶级》（第 11 卷第 9 号，1924 年 9 月）、《阶级》（第 11 卷第 9 号，1924 年 9 月）、《青年学生对于国民会议的要求》（第 12 卷第 1 号，1925 年 1 月）、《打破校中阶级的两法》（第 12 卷第 2 号，1925 年 2 月）、（转下页）

借助商务印书馆传播马克思主义，并助力中共早期组织的建立，① 但没有完全改变杂志致力于为学生传播知识、辅助课业、提升道德修养的总基调，从期间刊出的各类专号亦可看出，如"学生生活研究号""体育研究号""学习法专号""国文研究法专号""青年与恋爱号""青年生活态度号""升学问题讨论号""学风问题号""择业问题号"等。

综上所述，《学生杂志》是近代教育变革的产物，并依托商务印书馆雄厚的资金与声望不断进行革新，成为知识青年，尤其是中等学历学生能够持续发声的"公共言论空间"。在新文化运动潮流的助推下，《学生杂志》不得不作出变革，尤其是在杨贤江接手杂志后，进行了一系列改革。杂志的办刊方针在原来辅助学生学业和提升学生道德修养的基础上，更加注重课外实践和时事政治，在助力学生求学的同时鼓励他们参与社会活动、培养团体意识。通过《学生杂志》，可以窥见 20 世纪 20 年代前后一般知识青年的精神世界与现实境遇，及其与时代脉动互相呼应的复杂状况。

3. 主要编辑

提起《学生杂志》，绕不开的便是杨贤江。虽然他并不是以主编的身份负责杂志的运行，但是几乎所有提及《学生杂志》的回忆文字中，大多与杨贤江挂钩。因此，杨贤江作为该杂志的编辑群体代表人物，是毋

（接上页）《今日学生应有之十大精神》（第 12 卷第 3 号，1925 年 3 月）、《我国青年亟应自动自治的一种团体》《说团体》《如何组织一个好的团体？》（第 12 卷第 4 号，1925 年 4 月）、《释自治》《中学生应该怎样办团体事业》（第 12 卷第 9 号，1925 年 9 月）、《青年求学与救国运动》（第 13 卷第 1 号，1926 年 1 月）、《现代青年与信仰》（第 13 卷第 3 号，1926 年 3 月）、《青年团体组织之要点》第 13 卷第 4 号，1926 年 4 月）、《邪教和恶政治》（第 13 卷第 10 号，1926 年 10 月）等。

① 周武：《商务印书馆与共产主义思潮的早期传播》，《档案春秋》2016 年第 8、9 期。

庸置疑的。此外，在杨贤江负责《学生杂志》之前，主要由沈雁冰协助完成《学生杂志》1917—1919 年的编辑工作。同时，沈雁冰也常为该杂志撰写文章、翻译科学小说。因此，考察《学生杂志》的编辑群体，沈雁冰无疑也不可或缺。

笃信青年力量的杨贤江

杨贤江，字英甫（英父），1895 年出生于浙江省余姚县一个成衣匠家庭。虽然家境清寒，但父母对其寄予厚望，全力支持其读书成才。1903 年，进入村中私塾就读；4 年后，至郑巷溪山初级小学学习；1909 年，杨贤江转入了泗门诚意高级小学，于 1912 年毕业。毕业后，其父希望他做一名小学教师，彼时其就读过的诚意高级小学也愿为他破例提供一个教职。但是，杨贤江并不满足于此，在说服父亲后，于 1912 年秋考入浙江省立第一师范学校。

杨贤江在浙一师求学期间，除了阅读哲学、历史、伦理学、教育学、心理学等方面的著作，开始向杂志投稿。1915 年 5 月，杨贤江在《学生杂志》发表《学生自动之必要及其事业》，实现了从读者到作者的第一次身份转变。[①] 同年 6 月，《学生杂志》又刊登了他的文章《我生之一学期》；8 月，杨贤江还以《我之学校生活》一文获得《学生杂志》的"特别征文"。这些经历，为杨贤江日后与《学生杂志》的深度结缘埋下伏笔。1917 年，杨贤江从浙一师毕业后，进入南京高等师范学校任学监处事务员，同时旁听大学课程。

---

① 杨贤江：《学生自动之必要及其事业》，《学生》第 2 卷第 5 号，1915 年 5 月。

　　五四运动爆发后，杨贤江对此表示了极大的同情和支持，尤其是在亲历的南京学生大规模"五九"国耻纪念活动中。① 正是从学生运动中，杨贤江看到了青年身上所具的强大力量。"青年的热血沸腾了！青年的革命精神爆发了！天下最无敌的，就是这种青年之力的表现！我们幸无忘自身固有的力量！中国的前途，世界的前途，都靠我们的力量来开辟来创造呢！"② 在南京高师工作期间，杨贤江与恽代英结识，并引为知己。1919 年，在邓中夏的介绍下，杨贤江加入少年中国学会。在学会活动中，杨贤江又结识了一批对社会主义兴趣浓烈的知识分子，如李大钊、张闻天等人。在他们的影响下，他开始接触社会主义思想。

　　1920 年 9 月，为了检验所学、锻炼自我，同时考察文物风情、增长阅历，并为未来出国留学积累资金，杨贤江预备赴广东省肇庆高要县国民师范补习所任教，但终因粤桂军阀混战而搁置。在来往上海与广东的途中以及被困广东期间，杨贤江目睹了普通民众的苦难生活，引发其关于中国社会问题的深入思考。③ 可以说，1920 年是杨贤江的思想发生重大变化的一年，按他自己的话，便是"把自己革了命"。④ 广东之行未果，前途未卜之时，恰好收到《学生杂志》主编朱元善的邀请。

　　1921 年初，杨贤江开始担任《学生杂志》的编辑，实现从作者到编

---

① 杨贤江写道："北京学生发难于前，各地学生响应于后，即所称谓'五四运动'、'六五运动'者是也。……则以此次运动为学生直接所参与，为学生空前之事业，足为吾学生界生色，为新中国增光者也。"杨贤江：《新教训》，《学生》第 6 卷第 7 号，1919 年 7 月。

② 杨贤江：《十年来的学生活动情况》，《学生杂志》第 10 卷第 1 号，1923 年 1 月。

③ 杨贤江认识到"现代金钱社会的种种不公平不合理"，因此立志："我的理想，在把全人类的生活，要都能够有幸福，故不满意于现代的财产制度。"杨贤江：《"告同志"附白》，《学生》第 8 卷第 5 号，1921 年 5 月。

④ 《我不谈静坐的理由》，《学生杂志》第 11 卷第 8 号，1924 年 8 月。

辑的身份转换。商务印书馆是当时上海共产党早期组织开展活动的场所之一，杨贤江在此结识了沈雁冰（即茅盾）等中共早期成员，并逐步成为马克思主义者。第二年，杨贤江在沈雁冰、董亦湘的介绍下加入了中国共产党，并在编辑《学生杂志》的工作中，有意识地向社会青年宣传马克思主义学说，激发他们的革命精神。[①] 在编辑《学生杂志》期间，杨贤江对杂志进行了改革，为杂志赢得了更多青年读者。作为一名青年马克思主义者，杨贤江以对青年困境深刻的了解，点拨处于社会边缘的苦闷青年，让马克思主义激活困境中的青年，促进马克思主义在中国的早期传播。

青年同路者沈雁冰

沈雁冰，原名沈德鸿，笔名茅盾，1896 年生于浙江省桐乡县乌镇。沈雁冰的曾祖父创下家业，祖父和父亲都是清末秀才，且其父是一个"维新派"，崇尚实业救国。外祖父是当地颇负盛名的中医，晚年编著《内经素问校注新诠》一书，母亲通文理、有远识。父亲非常注重新学，让沈雁冰在家塾中学习其自选的新教材。即使在其父生病后，也坚持让沈雁冰继续接受新式教育。

沈雁冰在中学时一共转过两次学，就读三所学校。这三所中学的磨砺让他认识到自己的兴趣和所长，因此在报考北京大学预科班时选择了属于文法商科的第一类。在北大预科求学期间，恰逢其表叔卢鉴泉在北京财政部任职，沈雁冰在每个寒假便会前往卢表叔家借阅书籍。[②] 正是这

---

① 杨贤江：《学生新生活》，《学生》第 8 卷第 1 号，1921 年 5 月。
② 茅盾、韦韬：《茅盾回忆录》（上），华文出版社 2013 年版，第 86 页。

位看着沈雁冰长大并对其关爱有加的表叔，在三年后推荐沈雁冰进入商务印书馆工作。

沈雁冰初入商务印书馆时，在编译所英文部的"英文函授学校"（杨贤江就职南京高等师范学校后，也参加了商务印书馆附设函授部英文科学习）工作，主要负责修改函授生寄来的课卷。后来因为一次大胆敢言，被总经理张元济看中，并调到国文部，正式开始编译工作，沈雁冰人生中正式署名出版的第一本书便是合作翻译的《衣》。在国文部不到半年，沈雁冰便翻译了两本半书。①

沈雁冰的勤奋和能力，令馆内一些"老资格"前来挖人，其中便有当时同时负责编辑《教育杂志》、《学生杂志》和《少年杂志》的朱元善。朱元善在正式提出调沈雁冰去协助自己编杂志之前，授意他翻译科学小说。②朱元善颇为满意，提出调沈雁冰为助手的请求，但是国文部不肯放人，最后决定把沈雁冰的时间一分为二，即半天协助朱元善审阅《学生杂志》，半天仍在国文部编写《中国寓言续编》。于是，沈雁冰便在1917年9月开始担任《学生杂志》助编，直到1919年12月编完该年度最后一号。

对于沈雁冰而言，助编《学生杂志》的两年零三个月，是其从事杂志编辑的开始，为其日后编辑工作积累了相当的经验。对于杂志而言，则是顺应新文化运动的社会潮流，尤其是沈雁冰尝试联系社会时事和学生实际来撰写评论，向青年学生传播科学知识，以及从国外文学家和哲

---

① 可以说，沈雁冰每天几乎除了工作就是看书，乃至"在上海快一年了，除了宝山路附近，从没到别处去过"。茅盾、韦韬：《茅盾回忆录》（上），第105页。

② 雁冰：《三百年后孵化之卵》，《学生》第4卷第1、2、4号，1917年1月5日、2月5日、4月5日。

学家入手抨击旧思想旧道德，以促进学生思想解放，助推了杂志的改革创新。值得一提的是，助编《学生杂志》的时期，也是沈雁冰逐渐接触社会主义，认识俄国革命的思想转变期，他自身的思想转变表明《学生杂志》的编辑不是高高在上的启蒙者，而是与所有青年读者一起找寻中国变革方向的探路者。

三、小结

在 20 世纪 20 年代，《中国青年》是一本年轻的杂志，其读者都是年轻人，其编辑也都是中共早期青年活动家。《中国青年》一经创办，便成为中国社会主义青年团机关刊物，其目的就是将革命理论、信念与道路，展现给青年，并引导他们如何在思想与行动上，成为一个革命青年和马克思主义者。以恽代英和邓中夏为代表的编辑，他们是一边在学习，使自己成为更具理论性和实践性的马克思主义者的同时，一边在教育青年。他们与他们的青年读者具有极高的共同成长的特点，因此我们不能单纯地将《中国青年》的编辑视之为单向的灌输者，而应该将他们视为与青年一起探索中国之路的同行者。

相较于《中国青年》，《学生杂志》是一本资历更老的杂志，凭借商务印书馆的加持，以及与当时最具影响力的江苏教育会关系密切，它在业界占有极大的市场优势。与商务印书馆"昌明教育，开启民智"的主旨一脉相承，《学生杂志》以作为全国青年学生的联络平台，辅助学业，交换看法为己任。尽管在中共建党过程中，商务印书馆在人员、宣传与组织等方面，起到特殊作用，但是其出版总体依然持相对中立立场，与现实政治保持一定距离。因此，杨贤江在编辑《学生杂志》期间，基本上能在中立立场与马克思主义立场之间保持平衡，立论比较持中温和，关心青年的利益，将其作为培养革命青年的土壤。

可以说，《中国青年》和《学生杂志》的主要编辑虽然都是马克思主义者，但是因着杂志性质的不同，它们在马克思主义传播上起到的作用亦有不同，前者是站在前线开宗明义，宣传革命；后者则以学生利益为出发点，以相对温和的文字培育青年的革命倾向。它们彼此作用，共同推动 20 世纪 20 年代马克思主义在青年当中的传播与接受。

第二章　热潮与烦闷：五四运动后的 青年与社会

五四运动以后，中国社会进入了一个新旧交替、思想激荡的新时期。一方面研究和宣传社会主义逐渐成为思想界的"顶流"；另一方面，在社会运动高潮逐渐落幕的情况下，青年无法迅速地重塑思想、进入社会实践，从而陷入一种普遍性的烦闷当中。这两方面构成了一种内在的矛盾和紧张，为革命的兴起与马克思主义在青年中进一步的传播和接受，提供了契机。为了更好地理解这一复杂的思想与社会面向，有必要对此一时期的思想与状况作一个概览。

一、五四运动后的社会主义热潮

自晚清至辛亥革命，中国进行了一系列社会变革的尝试。然而，每一次变革，都使得既有秩序陷入进一步的崩溃，正如托克维尔所言，"对于一个坏政府来说，最危险的时刻，通常就是它开始改革的时候"。① 辛亥革命虽然终结了帝制传统，然而民国初年的政治实践不但未推进政治

---

① ［法］托克维尔：《旧制度与大革命》，冯棠译，商务印书馆 1992 年版，第 210 页。

变革的正常化，反而陷入政治分裂的乱象当中，民族危机与社会危机并未得到缓解。带着对于现实政治的失望，以及对于"仅靠政治变革便能改变中国"这一幼稚思想的反思，知识分子开始寄希望于思想与文化的改造，来达到更新社会、救亡图存的目标。[①] 他们提出一系列新口号与新概念，批判孔学与旧道德，使得对传统的信仰发生进一步松动，为其后接受"新的"马克思主义作了松土的准备。

1917 年，俄国爆发十月革命，建立了人类历史上第一个苏维埃政权。李大钊成为中国最早一批马列主义接受者，在引介马克思主义理论的同一时刻，开始考虑如何将其在中国变为现实。当时不少中国知识分子仍然对西方抱有期待。然而，巴黎和会的外交挫败引发了知识群体对资本主义体制集体性失望，并导致五四运动的爆发。它第一次真正地发动群众，使市民、工商人士等阶层参与到斗争当中，令想要改变中国的社会群体进一步扩大。

五四运动后，以知识分子为主体的社会群体，更加急迫地想解决"中国向何处去"的问题。在此背景下，社会主义思潮再次抓住中国知识分子的"注意力"，而这又与"一战"期间西欧社会主义热潮密切相关。在"一战"期间，战争暴露了资本主义制度的一系列弊病，社会主义思潮再次在西欧兴起，除了马克思主义，还包括工团主义、伯恩斯坦与考茨基的社会主义、和平主义等。不仅如此，一些社会主义政党或组织也相继建立，如德国共产党、波兰共产主义工人党、荷兰共产党、希腊社

---

① ［美］周策纵：《五四运动史：现代中国的知识革命》，陈永明、张静译，四川人民出版社 2019 年版。

会主义工人党等。在巴黎和会前后，梁启超作为非正式顾问前往巴黎并游历欧洲各国，其间特别关心欧洲社会主义思潮发展现状，他发现欧洲社会主义之所以兴起，源于欧洲工业革命带来的贫富阶级不可调和的矛盾；肯定了俄国革命的意义，"从前多数人嘲笑的空理想却已结结实实成为一种制度。将来历史价值，最少也不在法国大革命之下"；尽管欧洲社会主义有不同的流派，但皆要求对现行经济组织不公进行根本改造，并表示"社会革命恐怕是 20 世纪史唯一的特色，没有一国能免，不过争早晚罢了"。[①] 在"一战"所引发的对西欧资本主义道路质疑的情况下，中国知识界也开始认为社会主义是最先进的社会变革思想，一时间，社会主义成为当时最为流行的思潮。

然而，此时中国思想界中的社会主义思潮极为混杂，在西欧盛行的各种社会主义也基本上都有登场，如马克思主义、布尔什维克主义、无政府主义、基尔特社会主义、伯恩斯坦"社会主义的社会主义"和考茨基"社会民主主义"等。同时，自称社会主义者甚众，新人旧人无出其外，包括我们今日熟悉的、晚清启蒙者梁启超，三民主义的提出者孙中山，三民主义理论家戴季陶等人，在此时都认为自己是社会主义者。梁启超在巴黎和会期间及其后，对社会主义皆有一番研究，可见《欧游心影录》；孙中山更是认为自己的"民生主义"就是社会主义，"故民生主义就是社会主义，又名共产主义，即是大同主义"；[②] 陈独秀认为戴季陶对"马克思主义信仰甚笃，而且有过相当的研究"，戴季陶翻译了考茨基的《商品生产的性质》和《马克思资本论

---

① 梁启超：《欧游心影录》，商务印书馆 2014 年版，第 12、26、13 页。
② 孙中山：《三民主义》，广东人民出版社 2012 年版，第 194 页。

解说》，①同时陈独秀给陈望道翻译《共产党宣言》的日文底本，也是戴季陶提供的。当时，有人认为社会主义就是无政府主义；有人认为布尔什维克主义就是克鲁泡特金的"无政府共产主义"；也有部分人认为布尔什维克主义就是马克思、克鲁泡特金和托尔斯泰的融合；还有人认为"马克斯主义不是真共产主义，蒲鲁东、巴古宁所主张的才是真共产主义"。②

当时的知识界陷入一种社会主义思潮的亢奋当中，但是又无法将这些社会主义思潮加以区分。1920 年 3 月 14 日，身处此境的毛泽东写信给朋友，表达了对社会主义兴奋中的苦恼：

> 现在我于种种主义，种种学说，都还没有得到一个比较明了的概念，想从译本及时贤所作的报章杂志，将中外古今的学说刺取精华，使他们各构成一个明了的概念。③

可以看出，无政府主义在所有思潮当中最占优势，且有与社会主义混为一谈的取向。同时，我们也应该看到，此时社会主义更多代表的是关注社会正义，以社会运动的方式改造社会，与意识形态的马克思主义或布尔什维克主义不完全等同。瞿秋白生动地表述了这一情况：

> 社会主义的讨论，常常引起我们无限的兴味。然而究竟如俄国

---

① 考茨基：《商品生产的性质》，戴季陶译，《民国日报·觉悟》1919 年 11 月 2—7 日；考茨基：《马克思资本论解说》，戴季陶译，《建设》1 卷 4 号—3 卷 1 号，1919 年 11 月—1920 年 12 月。
② 孙中山：《三民主义》，广东人民出版社 2012 年版，第 58 页。
③ 《致周世钊信》，载《毛泽东早期文稿 1912.6—1920.11》，湖南出版社 1990 年版，第 474 页。

十九世纪四十年代的青年思想似的，模糊影响，隔着纱窗看晓雾，社会主义流派，社会主义意义都是纷乱，不十分清晰的。正如久壅的水闸，一旦开放，旁流杂出，虽是喷沫鸣溅，究不曾自定出流的方向。其时一般的社会思想大半都是如此。①

五四运动前后，作为社会主义思潮一部分的马克思主义得到一定传播。李大钊作为早期的传播马克思主义者，已发表《战后之妇人问题》（1919 年 2 月 15 日）、《"五一" May Day 运动史》（1919 年 5 月 1 日）、《我的马克思主义观》（1919 年 5 月、11 月）和《物质变动与道德变动》（1919 年 12 月）等文章。然而，五四前后能够将马克思主义和一般的社会主义区别开来的知识分子还是极少数，因此厘清马克思主义与其他社会主义的关系成为此时的关键。

如前文所讲，俄国爆发十月革命之后，仅有李大钊等少数知识分子注意到。处境极为困难的苏维埃政府于 1919 年 7 月对中国发表致中国人民及中国南北两政府的宣言，表示要把沙俄从中国掠夺的权益无条件归还给中国，但是这份宣言并未及时传入中国。当时中国人的重心都放在巴黎和会引发的一系列事件，继而投入五四运动当中。直到运动逐渐平息下来，1920 年 3 月前后，苏俄对中国宣言也恰好传回中国，对西方国家失望的中国人开始对俄国革命热情起来。苏俄以一个布尔什维克政党在极短的时间里推翻了旧制度，建立了新政权，这对于处于不知道该走哪条路的中国人来说，无疑具有巨大的吸引力。更为重要的是，通过比

---

① 瞿秋白：《饿乡纪程》，载《瞿秋白文集》第 1 卷，人民文学出版社 1953 年版，第 23—24 页。

较，越来越多的人开始认识到马列主义不仅与其他社会主义不太一样，而且其是否在中国有效，只有实践才能得到验证。正如毛泽东后来的总结，恰当地概括了这一时期的特点，即马列主义在中国产生需求之前，已经存在；但只有在中国发生内在需要的时候，才能被我们注意到。

> 马克思列宁主义来到中国之所以发生这样大的作用，是因为中国的社会条件有了这种需要，是因为同中国人民革命的实践发生了联系，是因为被中国人民所掌握了。任何思想，如果不和客观的实际的事物相联系，如果没有客观存在的需要，如果不为人民群众所掌握，即使是最好的东西，即使是马克思列宁主义，也是不起作用的。①

可以看到，五四运动后的社会主义热潮是在中国社会对政治变革失望、对西方制度怀疑以及俄国十月革命影响下兴起的，为处于"向何处去"困境中的中国提供了一个社会变革新的可能性。

二、五四运动后青年的社会理想

五四运动后，青年们走向街头，他们迫切地希望能够尽快改变社会。这既是五四运动对新文化运动的延续，也是对其内涵的扭转，即五四以后，青年经历了从思想觉醒到社会革命的转变，而且他们比任何时候都渴望建立一个新社会。

---

① 毛泽东：《唯心历史观的破产》，《毛泽东选集》第4卷，人民出版社2009年版，第1515页。

我们处在中国现在的社会里头, 觉着四围的种种环境, 层层空气, 没有一样不是黑暗、浑浊、悲观、厌烦, 如同掉在九幽十八地狱里似的。如果常常如此不加改革, 那么还成一种人类的社会吗? 所以我们不安于现在的生活, 想着另创一种新生活, 不满于现在的社会, 想着另创一种新社会。①

而且, 他们所期待的新社会应该是这个样子:

我们理想的新时代新社会, 是诚实的, 进步的, 积极的, 自由的, 平等的, 创造的, 美的, 善的, 和平的, 相爱互助的, 劳动而愉快的, 全社会幸福的。希望那虚伪的, 保守的, 消极的, 束缚的, 阶级的, 因袭的, 丑的, 恶的, 战争的, 轧轹不安的, 懒惰而烦闷的, 少数幸福的现象, 渐渐减少, 至于消灭。②

然而, 美好的社会憧憬却与现实发生了冲突。首先他们在思想市场上, 分不清这些思想的区别, 找不到思想的重心, 无法判断哪种思想真正有助于中国。"人人各新其所新, 各旧其所旧。……国事且不论, 即吾个人安身立命之所, 亦不能不有所归宿。"③毛泽东也曾回忆:"在这个时候, 我的思想是自由主义、民主改良主义、空想社会主义等思想的大杂烩。"④

其次, 青年们逐渐发现自己不仅不"新", 而且带有很强的局限性。

① 《宣言》, 《曙光》第 1 卷第 1 号, 1919 年 11 月 1 日。
② 《本志宣言》, 《新青年》第 7 卷第 1 号, 1919 年 12 月 1 日。
③ 王叔潜:《新旧问题》, 《青年杂志》第 1 卷第 1 号, 1915 年 9 月 15 日。
④ [美] 埃德加·斯诺:《西行漫记》, 董乐山译, 生活·读书·新知三联书店 2005 年版, 第 140 页。

我们自以为是有新思想的人，别人也说我们有新思想。我以为惭愧得很。我们生理上，心理上，驮着二三千年来的历史。……我们只可说是知道新思想可贵的人，并不是彻底的把新思想代替了旧思想的人。①

这种自以为是新人的乐观，很快就被击破。他们在追求新思想的同时，却难以完全摆脱传统文化的内在影响，即他们的思想虽新，但根基未稳。因此，他们只能算作"知道"新思想的人，而非"彻底把新思想代替了旧思想的人"。这种自省使得青年们在看向未来之时，充满了迷茫与挣扎。青年们在众多的"主义"中，想找到一个终南捷径，能够将自己完全刷新为一个"新人"。那又该选择哪种主义呢？梁启超对"一战"后西欧的观察，在五四后的青年中也变成了现实。

却是那大原理且不消说，敢是各科的小原理也是日新月异。今日认为真理，明日已成谬见。新权威到底树立不来，旧权威却是不要恢复了。所以全社会人心，都陷入怀疑沉闷畏惧之中，好像失了罗针的海船遇着风遇着雾，不知前途怎生是好。②

在这中间，青年发现自己是孤立的，与群众脱节。

兄弟自阅读贵刊以来，心中非常感佩……贵刊里边"女子人格

---

① 孟真（傅斯年）：《中国狗和中国人》，《新青年》第 6 卷第 6 号，1919 年 11 月 1 日。
② 梁启超：《欧游心影录》，第 17 页。

问题"、"对于旧家庭的感想"、"万恶之原"……这其中受苦的人，倘使他并不知道什么家庭改制、人生观、女子人格等新鲜名词……看《新潮》的人，一天少似一天。①

这不仅是对青年群体知识水平的描述，更是对青年与社会大众之间信息不对等、观念差异的现实反映。青年们所倡导的新思想、新文化，在乡村和城镇中往往难以生根发芽，这种脱节让青年们感到孤独与无力。他们开始意识到，仅仅依靠少数人的觉醒，难以推动整个社会的变革，而自身又无能为力，这种认识无疑加深了他们的内心矛盾与烦闷。

最后，五四运动把学生的政治热情都激发出来，他们在运动中的作用得到社会普遍性认可。

> 一年以来，因为学生有了这种运动，各界人士也都渐渐知道注意国家的重要问题，这个影响实在不小。学生界除了对于政治的表示以外，对于社会也有根本的觉悟。他们知道政治问题的后面，还有较重要的社会问题，所以他们努力实行社会服务，如平民学校平民讲演，都一天比一天发达。这些事业，实在是救济中国的一种要着。②

五四运动之后，如何将这股激情转化为持久的社会变革力量，成为摆在青年们面前的一大难题。对于老师们来说，五四运动落幕，学生应该回归学业，"依我看来，学生对于政治的运动，只是唤醒国民意识……

---

① 杨钟健：《给记者》，《新潮》第 1 卷第 5 号，1919 年 5 月。
② 蔡元培：《去年五月四日以来的回顾与今后的希望》，《新教育》第 2 卷第 5 期，1920 年。

现在学生方面最要紧的是专心研究学问。"① 对于学生来说，突然陷入一种彷徨当中，学校学业与社会运动似乎成为一种矛盾的存在，如果无法兼顾，便要在这两者之间进行取舍，这又是一重难题。

由此可见，这一时期的青年们，在经历了思想觉醒、社会革命的洗礼后，更加渴望找到一条彻底解决个人与社会问题的道路。然而，思想市场的混乱、自身思想的局限性、与群众的脱节，以及身份选择的焦虑，使得他们对未来充满了困惑与迷茫。社会主义的引入，虽然为他们提供了一种新的理论和实践路径，但如何在复杂多变的社会环境中，将理论与实践相结合，仍是一个亟待解决的问题。

三、五四运动外青年的现实苦闷

在这些青年群体当中，占最大多数的是中等生（即中等学校的学生，包括中学生、师范生和实业学校的学生）。根据学者刘宗灵的统计，1915年全国中学校（除师范和实业学校）有 493 所，学生数达 59835 人；1916年到 1917 年，全国中学校人数达 60037 人；1918 年，全国中学校学生达117740 人。到 1922 年，全国共有中学校 547 所，学生数 103385 人；师范学校 275 所，学生数 38277 人；甲种实业学校 164 所，学生数 20360人；② 乙种实业学校 439 所，学生数 20467 人。③

① 蔡元培：《去年五月四日以来的回顾与今后的希望》，《新教育》第 2 卷第 5 期，1920 年。
② 1913 年 8 月，教育部颁布《实业学校令》和《实业学校规程令》，规定实业学校分为甲乙两种：甲种实业学校实施完全之普通实业教育，与中等学校同等，四年毕业；乙种实业学校实施简易之普通实业教育，与高等小学堂同等，三年毕业。甲种以省立为原则，乙种以县立为原则。《教育部公布实业学校令》（1913 年 8 月 4 日部令第 33号），《教育杂志》第 5 卷第 6 号，1913 年 9 月；《教育部公布实业学校规程》（1913 年 8 月 4 日部令第 35 号），璩鑫圭、唐良炎编：《中国近代教育史资料汇编 学制演变》，上海教育出版社 1991 年版，第 722—730 页。
③ 刘宗灵：《媒介与学生：思想、文化与社会变迁中的〈学生杂志〉（1914—1931）》，复旦大学历史系博士论文，2011 年，第 22—23 页；《民国十一年度之几种全国教育统计表》，《教育杂志》第 15 卷第 10 号，1923 年 10 月 20 日。

中等生群体在 20 世纪 10 年代的逐步增长，使得他们作为一个群体引起媒介的注意。商务印书馆的《学生杂志》便以这些中等生作为其主要读者群。从 1914 年创刊至 1920 年，有将近五分之一的中等生是《学生杂志》的读者。[①] 新文化运动以后，随其影响的扩大，商务印书馆于 1920 年要求旗下的各期刊进行改版，与新文化接轨。[②] 这些改变使得杂志与读者之间的关系更为紧密，有读者将《学生杂志》看成是"仁慈的保姆"[③]，有读者将其看成"学生界的明星"[④]，也有读者将其看成"青年的药石"[⑤]。杨贤江在通讯当中，更是称读者为兄弟姐妹。[⑥] 正是因着这种读者与编辑之间逐渐建立起来的信任，读者在通信当中坦诚地将他们的心声呈现出来，"苦学生"的叙述在所有通讯当中占有很大的一部分。

鉴于《学生杂志》有诸多学生自称苦学生，高尔松专门写了一篇界定何谓"苦学生"的文章。他概括苦学生有五类，第一类是因经济贫困无法继续就学；第二类是家里能负担但家人不允许继续求学；第三类是家里有钱但观念落后不允许继续求学；第四类是家里有钱也允许求学，但如有违背家人，便以断绝经济作为威胁；第五类是家庭经济尚可但不足以支持继续就学。[⑦] 总结下来，这五类的中心其实就是"经济"问题，以及诸多与经济交缠的各种苦。

---

① 刘宗灵：《早期〈学生杂志〉与学生自我意识的呈现——以"论说"栏为中心的讨论》，《江苏社会科学》2009 年第 3 期。
② 王飞仙：《期刊、出版与社会文化变迁——五四运动的商务印书馆与〈学生杂志〉》，台湾政治大学历史系，2004 年，第 15 页。
③ 叶工哲：《叶工哲致杨贤江》，《学生杂志》第 10 卷第 5 号，1923 年 5 月。
④ 吴守复：《通信》，《学生杂志》第 10 卷第 11 号，1923 年 11 月。
⑤ 楼建南：《楼建南致杨贤江》，《学生杂志》第 10 卷第 12 号，1923 年 12 月。
⑥ 杨贤江：《致宓汝卓》，《学生》第 9 卷第 6 号，1922 年 6 月。
⑦ 高尔松：《苦学生生活》，《学生杂志》第 10 卷第 5 号，1923 年 5 月。

第一种是地域之苦。按照 1912—1913 年的壬子癸丑学制，初等小学堂设于乡村和城镇，高等小学堂设于县城，① 中学校、师范学校和实业学校主要设于各县城。② 这些中等生大多在县城就读，这使得他们居于乡村与城市之间，也处于开放与闭塞之间。当他们看到一些来自北京、上海等书报的时候，他们对知识有更大的渴望，便开始对自在之地的闭塞感到不满。他们频繁地用"不幸"来表达这种痛苦。

> 我处在这僻居西陲的陕西省，已不幸极了！尤其在这孤陋寡闻的华县成林中学校，既少师友指导，又乏新书参阅，实是不幸中的不幸啊！所以我平时的对象，充满了孤哀生活、忧郁生活、枯燥而庸碌的生活！③
>
> 我处在这腹居内地的江西省，已不幸极了！尤其在这孤陋寡闻的吉安吉州中校，既少师友指导，又乏新书参阅，实是不幸中的不幸啊！所以我平时的对象，充满了孤哀生活、忧郁生活、枯燥而机械的生活！④

这两封信从格式到用词，如出一辙，很明显是模仿之作。但是，这种对"不幸"的感受却是真实的。他们也愈发意识到中国教育的"都市化"所带来的知识的不平衡性。

---

① 《教育部公布小学校令》（1912 年 9 月 28 日部令第 12 号），《教育杂志》第 4 卷第 8 号，1912 年 12 月。
② 璩鑫圭、唐良炎编：《中国近代教育史资料汇编·学制演变》，第 659—661 页。
③ 张秉仁：《张秉仁致杨贤江》，《学生杂志》第 10 卷第 10 号，1923 年 10 月。
④ C.H.：《C.H. 致杨贤江》，《学生杂志》第 12 卷第 1 号，1925 年 1 月。

　　我于七月间由广东来到北京，感觉各方面的环境，益信我国的教育是"都市化"和"贵族化"的。因为我还在梅县的时候，读了胡适和梁启超两位先生介绍研究国学的书目，当时我就想读几本他们所介绍的书。但这些志愿，不过画饼充饥，因没图书馆可去，又没钱买书，是在轮船火车不通的地方，有钱都难买书咧。①

　　与"都市化"并举的是教育的"贵族化"，这给他们带来第二种苦，即自卑之苦。中等生的学识只能是基础教育，谈不上什么学问。北京、上海的知识精英是他们仰慕的对象，然而在向他们求教的过程中，却被轻视了，这让他们的内心受到了伤害。一位学生匿名写信给杨贤江，他多次写信给某刊物请教问题，但是"主笔先生"摆架子，对他置之不理。②

　　钱穆也有类似的经历。当钱穆还是一个小学老师的时候，写了一篇文章投给《时事新报》副刊《学灯》，时任主编的李石岑认为这篇文章一定是位宿儒所写，甚为赏识，用大一号字登在《学灯》的重要位置上。后来，李石岑得知钱穆只是个小学老师，便用小一号字登在青年论坛中。据学者瞿骏考证，这是钱穆的误记，此时《学灯》大一号字体已因篇幅问题调成小一号了。③然而，钱穆的误记不正说明无名之辈的自卑。几十年后，钱穆回忆道：

　　我没有机会进大学，从 18 岁起，即已抗颜为人师，更无人来作

---

① 文方：《文方致杨贤江》，《学生杂志》第 11 卷第 3 号，1924 年 3 月。
② 佚名：《通信》，《学生杂志》第 10 卷第 7 号，1923 年 7 月。
③ 瞿骏：《钱穆与〈学灯〉》，《读书》2018 年第 10 期。

我师，在我旁指点领导。正如驾一叶舟，浮沉茫茫学海中，四无边际，亦无方针。何处可以进港，何处可以到岸，何处是我归宿，我实茫茫然不知。但既无人为我作指导，亦无人对我有拘束。我只是一路摸黑，在摸黑中渐逢光明。所谓光明，只是我心自感到一点喜悦处。①

钱穆的口吻与这些中等生的感受几乎没有区别。如果去掉钱穆的名字，这便是《学生杂志》上随时可见的"苦学生"的心声。"以资格论人才品学"，② 即使是那些号称新文化先锋的精英亦不能免于此等偏见。

第三种是前途之苦。中等生的出路一般是继续升学或就业。从升学来看，在近代新教育成本不断升高的压力下，能够继续升学的中等生只能算是少数。1924 年，《学生杂志》做过一个调查，中学毕业生升学率只有 20%。③ 他们不断给《学生杂志》写信，询问继续升学的费用。上海读大学年约 200 元，北京读大学年约 150 元，④ 江苏省立医校年需 200 余元，上海同济医科年需 400 元，⑤ 上海南洋大学年需 300 元，⑥ 留学日本每年国币 600、700 元，⑦ 更不必说欧美了。

可以看到，中等学生如果想要升学的话，将面临每年 200 到 400 元

---

① 钱穆：《从认识自己到回归自己》，《历史与文化论丛》，九州出版社 2012 年版，第 408 页。
② 刘巍：《刘巍致杨贤江》，《学生杂志》第 11 卷第 8 号，1924 年 8 月。
③ 陈东原：《十三年度中学毕业生升学调查》，《学生杂志》第 12 卷第 6 号，1925 年 6 月。
④ 杨贤江：《答成都温光熹君》，《学生杂志》第 13 卷第 9 号，1926 年 9 月。
⑤ 杨贤江：《答梅东巫君》，《学生杂志》第 13 卷第 7 号，1926 年 7 月。
⑥ 杨贤江：《答徐师鲁君》，《学生杂志》第 13 卷第 7 号，1926 年 7 月。
⑦ 杨贤江：《答胡献美君》，《学生杂志》第 13 卷第 6 号，1926 年 6 月。

的花费。据统计，1923 年到 1939 年，三分之二的城市工人家庭每年总收入介于 200 到 400 元之间。① 这类城市家庭基本难以负担大学的费用，那些出身农村和县城的人也不例外。然而，这些上了中等学校的学生，他们进了县城或省城读书，便不再是没见过世面的人，不再是对外面的世界没有想象的人，不再是对学问没有概念的人。他们渴望继续升学，但是经济的困窘让他们对未来感到彷徨。来自湖南江华县里高小的周继福觉得如此窘迫的境况，倒不如死了来的清净。②

湖北郧山中校的刘光照说得更令人心酸，他说自己在中学读书吃尽了经济上的苦，现在要毕业了，连吃着苦学的苦都没有机会了。"唉！人生连苦学者的苦还不能吃到底，你说痛心不痛心呢！"③ 他们希望《学生杂志》的编辑能为他们指一条明路。四川叙永县的中学生郭熙卿即将从中学毕业，他看到许多中学生毕业后，因为经济问题，不能继续升学，只能去做自己不想做的事情。为了避免自己"流落"的像他们一样，他迫切地向编辑求救，"在这未毕业的时候，请你开一条路走罢"。④ 在这些求助者面前，杨贤江向来十分冷静，他认为如果经济上完全没有可能继续升学，就不如放弃升学的打算，谋个职业，兼以自学。

谋职业是中等生的另一条出路。可是中等学校毕业后，能谋得什么职业呢？从学识上来讲，他们所学到的东西都是一点皮毛而已。杨贤江的回答，冷峻得让人绝望。他说，"普通中学毕业生除学校已有职业训练

---

① 张东刚：《总需求的变动趋势与近代中国经济发展》，高等教育出版社 1997 年版，第 30—31 页。
② 周继福：《周继福致杨贤江》，《学生杂志》第 11 卷第 3 号，1924 年 3 月。
③ 刘光照：《刘光照致杨贤江》，《学生杂志》第 11 卷第 3 号，1924 年 3 月。
④ 郭熙卿：《郭熙卿致杨贤江》，《学生杂志》第 11 卷第 3 号，1924 年 3 月。

者外，以升学为原则。否则，无论做什么事，都不甚相宜；即做小学教员，若非受过相当时期的师范训练，也是不配的"。① "不配"二字，既是现实，亦是羞辱。除了师范生和实业学校的学生受过专业训练之外，中学校毕业的学生可谓"文不文、武不武"。② 然而，对于师范生来说，谋得一个小学老师的教职是非常困难的。叶文心曾经以浙江为例，发现 20 世纪 10 年代中期以后，浙西各级学校教职员之缺基本填满。③ 这种情况，在其他省也差不多。福建第三师范的学生 K. C. L. 写到，像他这种无产阶级出身的子弟，要获得一个小学教员的职位，基本上是难如登天。④ 只有靠着金钱的活动，才能谋得一个好职业；只有丢掉道德底线，谄媚作态，才能谋得一个好工作。⑤ 现实的困境还要搭上自我的堕落，让他们年轻的心变得更加黑暗。

对于能找到小学教员职业的毕业生，他们仍然是苦。京兆安次的孟质轩托人好不容易谋得一个小学的教职，却常常遭到乡民的嘲笑，认为他们乳臭未干，认为他们是洋奴。他把自己描述成一个"错走路的青年"。⑥ 而更多是不安于做一个乡村小学老师，这也佐证了历史学者丛小平关于师范毕业生不愿下乡的结论。⑦

他们处在小学教员的位置，已经看到自己不断堕落的未来。我们也

① 杨贤江：《答四川城都绮黎痕昧》，《学生杂志》第 11 卷第 8 号，1924 年 8 月。
② 郭熙卿：《郭熙卿致杨贤江》，《学生杂志》第 11 卷第 3 号，1924 年 3 月。
③ ［美］叶文心：《保守与激进——试论五四运动在杭州》，载汪熙、［美］魏斐德主编：《中国现代化问题——一个多方位的历史探索》，复旦大学出版社 1994 年版，第 203 页。
④ K. C. L.：《K. C. L. 致杨贤江》，《学生杂志》第 11 卷第 8 号，1924 年 8 月。
⑤ 刘巍：《刘巍致杨贤江》，《学生杂志》第 11 卷第 8 号，1924 年 8 月。
⑥ 孟质轩：《孟质轩致杨贤江》，《学生杂志》第 11 卷第 12 号，1924 年 12 月。
⑦ ［美］丛小平：《师范学校与中国的现代化：民族国家的形成与社会转型 1897—1937》，商务印书馆 2014 年版，第 148 页。

许可以质疑他们为何不愿用自己的知识改造乡村教育，但对他们来说，他们也是等待救拔的人，他们连自己的命运都无法掌握，更不要说去改变别人。也正是他们学识和经历的有限，对乡村社会的不满，他们才会幼稚地将"大都会"描绘成一个无限美好的世界。我们也许可以说这些中等生都是无名之人，才会有如此想法。事实并非如此。从浙江省立第一师范毕业的柔石，受聘于慈溪普迪小学，他的日记里充满了小学"浅薄""无聊"的哀叹，"小学老师，我真似吞石般的苦楚而难下咽了"！① 即使是毕业于浙江省立第一师范、现任《学生杂志》的编辑杨贤江，当年也是视小学教员如畏途，其目标则是希望有一天能到大学任教。②

可以看到，在民国的教育体系当中，中等学校的青年居于一个中间位置。在一般人看来，他们或进入高等教育，或进入中等职业，应该可以安于现状。然而，我们通过《学生杂志》可以看到，接受过中等教育的他们渴望挣破地域、阶层、经济等界限，避免落入"下流"，获得进入"上流"的机会。在这个意义上，中等生不仅仅是一个教育的区分，也是一种阶层的意象。一方面，青年们陷入"意义虚无"的"烦闷"当中；另一方面他们要冲破阶层，寻求一个平等的世界。

四、小结

对于青年来说，五四运动前后是一个凝聚着希望与失望的矛盾时刻。在五四运动中，他们走向街头，与社会各阶层一起，反抗世界的不公与

---

① 赵帝江、姚锡佩编：《柔石日记》，陕西教育出版社 1998 年版，第 95、97 页。
② 杨贤江：《杨贤江日记》，《杨贤江全集》第四卷，河南教育出版社 1995 年版，第 110、262、270 页。

中国政府的无能。在五四运动后，青年们对社会变革的关注达到了前所未有的高度，也更加迫切地希望能迅速变革中国。在此背景下，社会主义思潮一时成为社会变革思想的"顶流"，认为它是目前世界最先进的社会变革方案。在此热潮之下，西欧的各种社会主义思潮皆获登场，青年们面对这种纷繁复杂的新思潮与新名词感到无所适从，无法分辨，陷入到一种兴奋的混乱当中。同时，他们亦觉察到自身的局限性，自身能力不足、思想半新半旧、前途渺茫、无法走出地方空间、与民众脱节等。个人的有限性，在当下社会变革的急切需求与对美好社会理想憧憬的对照下，青年们愈发感到彷徨与烦闷。①

可以说，五四运动后的社会主义热潮与青年的普遍性烦闷构成了中国近代史上一个看似矛盾而又有其内在逻辑的历史现象。这一时期的青年们在社会运动的刺激之下，经历了从思想觉醒到社会革命的转变，他们渴望建立一个新社会，但却又面临着思想市场的混乱与自身的局限性等问题，这使得他们渴望在混乱的思想中寻找解决个人与社会问题的确定性方案。可以认为，正是希望与失望、热望与烦闷的交织，才促使部分青年在 20 世纪 20 年代迅速成长，并逐渐将马克思主义作为社会改造的一个"强"选项。

---

① 王汎森：《"烦闷"的本质是什么——"主义"与中国近代私人领域的政治化》，载许纪霖、刘擎主编：《新天下主义》（"知识分子论丛"第 13 辑），上海人民出版社 2015年版，第 263—304 页。

第三章 走向平等：社会阶级意识的觉醒

"阶级"在中文里是一个古老的概念，然而马克思主义意义上的"阶级"与"阶级斗争"却是一个全新的概念。马克思主义在中国的早期传播过程中，如何让知识分子和一般青年接受"阶级"与"阶级斗争"，是一个极具挑战性的问题。本章将探讨"阶级"概念传入中国与早期知识分子对阶级概念的多元理解，进而揭示 20 世纪 20 年代特别是在大革命背景下，中共早期知识分子向青年传播阶级观念，青年的阶级意识被激发以及接受或半接受阶级观念的双向过程。

一、马列主义的阶级论述

在马克思主义之前，中西方都有"阶级"这个概念与范畴。1852 年，马克思在给魏德迈的信中写道："无论是发现现代社会中有阶级存在或发现各阶级间的斗争，都不是我的功劳。在我以前很久，资产阶级历史编纂学家就已经叙述过阶级斗争的历史发展，资产阶级经济学家也已经对各个阶级作过经济上的分析。我所加上的新内容就是证明了下列几点：（1）阶级的存在仅仅同生产发展的一定历史阶段相联系；（2）阶级斗争必然导致无产阶级专政；（3）这个专政不过是达到消灭一切阶级和进入无阶级社会的过渡……"①

可以看到，阶级理论并非马克思的独创，马克思与恩格斯也未给"阶级"下一个明确的定义，但是他们共同创建了一套新的阶级理论学说，成为马克思主义唯物史观的重要组成部分。他们以阶级来理解社会分层，而不是简单地依据社会既有的等级予以划分。马克思与恩格斯最大的突破在于把对阶级关系的理解，建立在对生产方式与交换关系的理解之上，"数百万家庭的经济生活条件使他们的生活方式、利益和教育程度与其他阶级的生活方式、利益和教育程度各不相同并互相敌对，就这一点而言，他们是一个阶级"。②这虽不是马克思对阶级的明确定义，但是他所说的阶级是建立在一定的经济条件之上，但仅有经济条件又不足够，还必须拥有共同的生活方式、利益和教育程度。

以此为依据，马克思和恩格斯划分出两个最重要的对立阶级——资产阶级和无产阶级。在《共产党宣言》的英文版中，恩格斯加了一个注，对资产阶级和无产阶级作了进一步界定："资产阶级是指占有社会生产资料并使用雇佣劳动的现代资本家阶级。无产阶级是指没有自己的生产资料、因而不得不靠出卖劳动力来维持生活的现代雇佣工人阶级"。③正是因着对生产资料占有与否与劳动的性质，使得资产阶级必然与无产阶级对立，而这恰恰是资本主义的发展导致的。可以说，是资本主义的发展促使这两个对立阶级的形成，并且资产阶级的剥削与压迫促使社会日益分化为这两极的对立与斗争。

---

① 马克思：《马克思致约瑟夫·魏德迈》，《马克思恩格斯选集》第4卷，人民出版社2012年版，第425—426页。
② 马克思：《路易·波拿巴的雾月十八日》，《马克思恩格斯选集》第1卷，第762页。
③ 马克思、恩格斯：《共产党宣言》，《马克思恩格斯选集》第1卷，第400页。

　　当然，马克思和恩格斯并不认为这是资本主义阶段独有的现象，"阶级"和"阶级斗争"贯穿整个人类历史。这依然是基于经济的分析，"每一历史时代的经济生产以及必然由此产生的社会结构，是该时代政治的和精神的历史的基础；因此（从原始土地公有制解体以来）全部历史都是阶级斗争的历史，即社会发展各个阶段上被剥削阶级和剥削阶级之间、被统治阶级和统治阶级之间斗争的历史"。① 马克思恩格斯关于阶级斗争的基本思想在《共产党宣言》② 里表达得很清晰："至今一切社会的历史都是阶级斗争的历史。"③ 古希腊时期自由民与奴隶，古罗马时期的贵族与平民，中世纪领主与农奴、行会师傅与帮工，都构成了压迫与被压迫的关系，它们之间的斗争贯穿整个历史。基于此，马克思和恩格斯进一步将阶级斗争看成人类社会历史发展的直接动力，是推动社会变革的巨大杠杆。④ 因此，阶级斗争是驱动社会进步的重要武器。

　　在马克思与恩格斯的基础之上，列宁给出了"阶级"的经典定义："所谓阶级，就是这样一些大的集团，这些集团在历史上一定的社会生产体系中所处的地位不同，同生产资料的关系（这种关系大部分是在法律上明文规定了的）不同，在社会劳动组织中所起的作用不同，因而取得

---

① 恩格斯：《〈共产党宣言〉1883 年德文版序言》，《马克思恩格斯选集》第 1 卷，第 380 页。

② 据统计，《共产党宣言》使用"阶级争斗"14 次、"阶级冲突"1 次。高放：《从〈共产党宣言〉到〈中国共产党宣言〉——兼考证〈中国共产党宣言〉的作者和译者》，《中国人民大学学报》2011 年第 3 期。

③ 马克思、恩格斯：《共产党宣言》，《马克思恩格斯选集》第 1 卷，第 400 页。

④ 原文是："将近 40 年来，我们一贯强调阶级斗争，认为它是历史的直接动力，特别是一贯强调资产阶级和无产阶级之间的阶级斗争，认为它是现代社会变革的巨大杠杆；所以我们决不能和那些想把这个阶级斗争从运动中勾销的人们一道走。"马克思、恩格斯：《给奥·倍倍尔、威·李卜克内西、威·白拉克等人的通告信》，《马克思恩格斯选集》第 3 卷，第 739 页。

归自己支配的那份社会财富的方式和多寡也不同。所谓阶级，就是这样一些集团，由于它们在一定社会经济结构中所处的地位不同，其中一个集团能够占有另一个集团的劳动。"① 列宁进一步把生产关系作为划分阶级的根本性标准。

列宁高度肯定和接受了马克思的阶级斗争理论，他认为马克思关于历史最为天才的结论就"阶级斗争"学说。② 列宁相信，只有通过阶级斗争，全世界的无产阶级才能得到解放，他从美洲、日本、瑞典、南非等世界各地的无产阶级斗争中，获得更大的信心。在列宁看来，阶级斗争不仅给工人阶级一种战斗武器，而且给了工人阶级一个认识工具，让无产阶级在阶级斗争的过程中，摆脱资本主义社会的精神奴役，并不断锻炼自己，结成更为强大的无产阶级同盟，这是世界历史发展的趋势。③

1917 年 9 月，十月革命前夕，列宁指出要进行政治分析的首要问题就是阶级问题，即"是哪个阶级的革命？是哪个阶级的反革命？"④ 十月革命胜利后，1918 年 12 月，列宁在勃列斯尼亚区工人代表会议上，批评有些幼稚的社会主义者妄想资本家自己放弃权力，因为整个人类历史当中，都从未出现过不斗争就自动下台的统治阶级。⑤ 这一经验不仅适用于俄国，所有被压迫民族与殖民地国家都应该放弃幻想，投入反帝反压迫

① 列宁：《伟大的创举》，《列宁选集》第 4 卷，人民出版社 2012 年版，第 11 页。
② 列宁：《马克思主义的三个来源和三个组成部分》，《列宁选集》第 2 卷，第 314 页。
③ 同上。
④ 这句话令人想到毛泽东在《中国社会各阶级的分析》的第一句话，"谁是我们的敌人？谁是我们的朋友？这个问题是革命的首要问题"。他们皆将"阶级力量"视为革命/政治的首要问题。列宁：《只见树木不见森林》，《列宁全集》第 34 卷，人民出版社 2017 年版，第 79 页。
⑤ 列宁：《在勃列斯尼亚区工人代表会议上的演说》，《列宁全集》第 35 卷，第 371 页。

的阶级斗争当中，建立无产阶级专政。列宁虽论证了无产阶级夺取政权，并不意味着资产阶级立刻被消灭，而是意味着无产阶级与资产阶级之间的斗争比过往更加地剧烈，直至资产阶级退出历史舞台。

1919 年 3 月，共产国际成立，成为世界各国共产党的领导组织。布尔什维克党运用马克思主义理论，结合俄国的社会现实，推翻了沙俄帝制，其后建立无产阶级政权。他们认为这一理论与实践的适用范围不仅限于落后国家，而且包括整个帝国主义时代的世界一切国家。[①] 如斯大林所说："列宁主义是帝国主义和无产阶级革命时代的马克思主义。确切些说，列宁主义是无产阶级革命的理论和策略，特别是无产阶级专政的理论和策略"。[②]

马列主义关于阶级、阶级斗争与无产阶级专政等理念与实践，通过苏俄、日本、法国等途径传入中国，又在共产国际组织性的促进下，在中国得到进一步传播，并给中国革命提供了一个新方案。中国有自身的文化与思想传统，马列主义传入中国将面临与自身传统碰撞的问题，这是无法回避的挑战。

二、中国近代对于阶级理解的分歧

马克思主义以经济利益为基础的阶级斗争与阶级对立，对于近代中国人而言，是一个全新的概念。然而，"Class"与"Class Struggle"的翻译却借用了中国传统就有的"阶级"二字。"阶级"一词最早见于东汉王

---

① 高放：《列宁主义再认识》，《探索》2008 年第 4 期。
② 斯大林：《论列宁主义基础》，《斯大林选集》上卷，人民出版社 1979 年版，第 185 页。

符《潜夫论·班禄》的"上下大小，贵贱亲疏，皆有等威，阶级衰杀"，[①] 指尊卑等级，与"Class"相似，但背后内涵又不同。这样，近代"阶级"概念存在着一个从中国传统"阶级"概念向马克思主义"阶级"理论转变的过程，知识分子的思想也因此经历了一次重塑。

传统的"阶级"内涵

"阶级"在中国传统有四种意思。[②] 一是台阶。如唐代陆龟蒙《野庙碑》"升阶级，坐堂筵，耳弦匏，口粱肉，载车马，拥徒隶者，皆是也"。[③] 二是尊卑上下的等级。可见于汉代王符《潜夫论·班禄》的"上下大小，贵贱亲疏，皆有等威，阶级衰杀"，[④] 以及《三国志·吴志·顾谭传》的"臣闻有国有家者，必明嫡庶之端，异尊卑之礼，使高下有差，阶级逾邈"。[⑤] 三是官品、等级。如《旧唐书·高宗纪上》记"佐命功臣子孙及大将军府僚佐已下今见存者，赐阶级有差，量才处分"。四是段落。如《朱子语类》"然为学自有许多阶级，不可不知也"。[⑥]

其中，第二种与马克思主义的"Class"稍为接近，但是它指的更多是"差异"，即儒家所说的等差，揭示这种差异不是鼓励它们之间的对立和斗争，而是说明差异是一种普遍存在，为了建构有序的社会，有阶级

① （汉）王符：《潜夫论》，载郭超主编：《四库全书精华·子部》第 2 卷，中国文史出版社 1998 年版，第 1199 页。
② 《汉语大词典》第八卷下，上海辞书出版社 2008 年版，第 1059—1060 页。
③ （唐）陆龟蒙：《野庙碑》，王育颐等编撰：《中国古代文学词典》第 4 卷，广西教育出版社 1989 年版，第 121 页。
④ （汉）王符：《潜夫论》，载郭超主编：《四库全书精华·子部》第 2 卷，第 1199 页。
⑤ （晋）陈寿撰，（宋）裴松之注：《三国志》下，岳麓书社 1995 年版，第 973 页。
⑥ （宋）朱熹：《朱子语类》第 7 册，崇文书局 2018 年版，第 1972 页。

差异的不同群体应该各司其职、各得其所、各思其义、各守其分。①可见，其内涵与马克思主义的社会分层理论存在本质的差异，后者揭示的是一种不可调和的阶级对立与矛盾。

最早将"Class"翻译成"阶级"的是明治维新时期的日本人，他们在"脱亚入欧"的过程中，翻译了大量的西方人文社会科学著作，他们从中文里选择"阶级"来翻译西方的"Class"。戊戌变法失败后，梁启超等人流亡日本。甲午战败后，国内掀起了留学日本的第一波高潮。在这一个过程中，中国人首先通过日文来学习西方社会科学理论。②最早将"阶级"翻译介绍入中国的是梁启超，1899 年他在《论强权》一文中以经济的观点分析"阶级"：

> 故资本家与男子之强权，视劳力者与妇人尚甚远焉。故他日尚必有不可避之二事，曰资生革命（日本所谓经济革命），曰女权革命，经此二革命，然后人人皆有强权。斯为强权发达之极，是之谓太平。③

然而，这并不意味着梁启超接受了社会主义的观点，他更多还是一种儒家的理想，如何达到太平世。不可否认的是，以经济观察阶级这个重要的视角，已经逐渐进入到梁启超的视野当中。1901—1902 年，康有为在《大同书》里提出要破除"九界"，其中便包括"级界"和"产界"，

---

① 黄冬娅：《对阶级理论传入中国的历史考察》，《二十一世纪》（香港）2003 年 6 月号。
② 于光远主编：《经济大辞典》，上海辞书出版社 1992 年版，第 954 页。
③ 梁启超：《梁启超全集》，北京出版社 1999 年版，第 354 页。

前者是消灭等级，后者是消灭私有制。在他看来，"阶级之制，不尽涤荡而汛除之，是下级人之苦恼无穷，而人道终无由至极乐也"。①康有为基于佛教与儒家的思想，揭示出普遍存在的地位与经济的不平等，而且暗含着阶级对立，这已经冲破了此前传统的阶级合作的内涵，更加趋向马克思主义的阶级意蕴。

1903 年，马君武在一篇介绍社会主义的文章里，比较了马克思与达尔文。在他看来，马克思的阶级竞争与达尔文的物竞天择从推动历史发展的角度看是异曲同工。

> 马氏尝谓阶级竞争为历史之钥，马氏之徒，遂谓是实与达尔文言物竞之合。……达氏以为物种竞争最宜者存，社会党以为人群当共同和亲，利益共享。②

马君武指出阶级竞争是历史发展动力，是马克思的重要思想，这一点把握是准确的；认为其与进化论相关，也是部分准确的，但是对社会主义的阶级对立却存在误解。他认为达尔文的物竞天择是一种斗争式生存，而马克思是希望不同阶级的人能够利益共享、和谐共处。可以看到，他对马克思的阶级概念的分析更近于无政府主义的互助论，而非马克思。

中国是否有阶级？

1904 年，梁启超在一篇分析中国的社会主义的文章指出，如果社会

---

① 康有为：《大同书》，上海古籍出版社 2019 年版，第 50 页。
② 君武：《社会主义与进化论比较》，《译书汇编》第 2 年第 11 号，1903 年 2 月 15 日。

主义是以贫富作为区分的标准，那么中国自古有之。

> 社会主义者，近百年来世界之特产物也。概括其最要之义，不过曰土地归公，资本归公，专以劳力为百物价值之原泉。麦喀士曰："现今之经济社会，实少数人掠夺多数人之土地而组成之者也。"……此等言论，颇耸听闻。……中国古代井田制度，正与近世之社会主义同一立脚点。①

通过康有为、梁启超可以看出，当他们在日本接触到西方的社会主义及马克思的相关理论时，他们更多倾向于从中国传统来理解这些理论，而且往往会得出一个结论，即中国古已有之。这表明社会主义与马克思的理论在某种程度上，能够与中国传统社会的分层相契合，这便不难理解晚清知识分子何以对与社会主义相近的思潮颇感亲切。

相较于社会主义，无政府主义才是晚清民初思潮的真正"顶流"。20 世纪初，旅法的吴稚晖、张静江、李石曾、褚民谊等人和旅日的刘师培、张继、章太炎等人，认为无政府主义契合了他们追求大同、平等、自由的社会目标，开始倡导无政府主义。这些人都执清末民初思想界之牛耳，在他们的鼓动影响下，我们所熟知的毛泽东、周恩来、恽代英、瞿秋白、施存统、李汉俊、高君宇、何孟雄、邓中夏、彭湃、陈延年、李维汉等人都曾信仰过无政府主义。

这些无政府主义者恰恰也是早期社会主义的传播者，他们认为无政

---

① 《饮冰室读书录·中国之社会主义》，《新民丛报》1903 年 12 月 29 日。

府主义与社会主义共享很多社会理想。1908 年，无政府主义的代表人物刘师培为《共产党宣言》写的序言中道：

> 观此宣言所叙述，于欧洲社会变迁纤悉靡遗，而其要归，则在万国劳民团结，以行阶级斗争，固不易之说也。……欲明欧洲资本制之发达，不可不研究斯编；复以古今社会变更均由阶级之相竞，则对于史学发明之功甚巨，讨论史编，亦不得不奉为圭臬。①

这代表了无政府主义者对马克思的基本看法，既认识到阶级斗争是马克思主义的基本特点，同时也认可阶级竞争是历史发展的基本动力，这意味可以用阶级竞争分析中国的历史与现实。

学者金观涛与刘青峰根据"中国近现代思想史专业数据库（1830—1930）"统计，1905 年前，"阶级"主要指的是政治上的等级；1900—1915 年，"阶级"的范围扩大，指的是政治和经济地位所形成的不同集团。②十月革命后，尤其是 1919 年 3 月共产国际成立和五四运动以后，马克思主义意义上的"阶级"逐渐成为主流的理解。

在这种情况下，阶级的社会分析法越来越多地被知识分子运用。然而，亦有部分知识分子认为中国并不存在阶级。其中，以儒家为思想基础的钱穆和梁漱溟为这一思想的代表。钱穆认为中国社会有流品，无阶级。

---

① 申叔（刘师培）：《〈共产党宣言〉序》，原载《大义》1908 年 3 月，载葛懋春，蒋俊等：《无政府主义思想资料选》，北京大学出版社 1984 年版，第 137—138 页。

② 见"阶级"条目。金观涛、刘青峰：《观念史研究：中国现代重要政治术语的形成》，法律出版社 2009 年版，第 607 页。

西方社会有阶级，无流品。中国社会则有流品，无阶级。这也是双方社会一大区别。直到今天，流品观念在中国人脑里还很深。……行业与行业之间，却显分清浊高下，这便是流品观念在作祟。又譬如文官武官，一样是个官，官阶品位尽相等，但在流品观念下，则文官武官又显然有分别。这是中国社会独特的传统，西方人不易理解此分别的。①

钱穆首先是承认西方社会有"阶级"，可见阶级分析法对当时知识群体的影响。但是，他认为中国社会是以行业分流品，流品也即社会地位。具而言之，中国传统社会是"士农工商"四民社会，便是基本的行业划分，并形成社会地位的差异，如"士"作为知识精英，而拥有较高的社会地位，其划分更多依据的是文化传统，而非经济基础。

同时，钱穆认为传统中国与西方中世纪有巨大的区别。西方中世纪是贵族制度，是封建继承制，形成了封建贵族与平民之间的阶级对立。此后，工业革命的发展，逐渐形成资产阶级与无产阶级的对立，这是其自身的历史逻辑发展的结果。然而，中国在唐宋之后贵族制度基本被消灭，而随着科举制度的推行，不问门第，不问贫富，但问成绩，造成一个相对开放的、公平的、上下流动的社会，每个寒门子弟都有向上流动的可能性。它使中国成为一个流动的社会，一般平民可以借助科举考试进入上层社会，从而导致宋以后的中国未形成一个固化、世袭的社会阶级。

① 钱穆：《中国历代政治得失》，生活·读书·新知三联出版社 2001 年版，第 124 页。

> 论中国古今社会之变，最要在宋代。……宋以下，始是纯粹的平民社会。除蒙古满洲异族入主，为特权阶级外，其升入政治上层者，皆由白衣秀才平地拔起，更无古代封建贵族及门第传统的遗存。故就宋代而言之，政治经济，社会人生，较之前代，莫不有变。①

同样，以佛教与儒家立身的梁漱溟也认为中国无阶级对立，只有职业分途。

> 假如西洋可以称为阶级对立的社会，那么，中国便是职业分途的社会。……何谓阶级？……从宽泛说，人间贵贱贫富万般不齐，未尝不可都叫做阶级。但阶级之为阶级，要当于经济政治之对立争衡的形势求之。这里既特指西洋中古近代为例，而论证像那样"阶级对立"的阶级非中国所有。②

这些认识并非特例，有相当一部分的知识分子持此想法。这就意味着马克思主义的"阶级斗争"这样一个全新的理念，进入中国时面临着中国传统思想的挑战，这成为近代中国接受马克思主义的一个需要跨越的思想障碍。

三、中共早期对阶级理论的疑虑与接受

20 世纪 20 年代以后，马克思主义的阶级观才逐渐被主流思想界接

---

① 钱穆：《理学与艺术》，《宋史研究集》（七），中华丛书编审委员会 1974 年版，第 2 页。
② 梁漱溟：《中国文化要义》，上海人民出版社 2005 年版，第 124 页。

受。这与十月革命逐渐被中国重视，以及巴黎和会的挫败密切相关。想为中国寻求出路的知识分子热切地学习与阅读俄国革命与马克思主义的著作，并且逐渐能够将马克思主义与当时内涵极为混杂的社会主义区分开来，并接受以阶级斗争与暴力革命为特征的苏俄模式作为重建中国的一条道路。

十月革命逐渐被重视

在巴黎和会之前，知识分子仍然是以西方政治作为模仿的对象。其中，法国与美国模式占有主导地位。陈独秀 1915 年创办的《新青年》，其选择的同名外语便是法语 La Jeunesse，表明了他们对法国模式的推崇。但是随着第一次世界大战的爆发，欧洲社会内部自我反省与批判的声音不断，最具代表性的便是斯宾格勒的《西方的没落》，认为西方文明已经在没落与灭亡的阶段当中。这样没落的西方文化，还值得中国去效仿吗？近代中国觉醒与探索的过程，其实亦是一个不断寻找效仿对象的过程。"一战"结束前后，美国在中国的影响进至顶峰。巴黎和会，一度让中国人处于一种乐观当中，[①] 他们期待中国在巴黎和会当中可以将丧失的利权争取回来，并获得和他国相同的平等地位。然后，巴黎和会的挫折不仅促使国内呼求进一步的变革，而且使中国人对西方政治模式产生怀疑。然而，西方政治模式如果被抛弃，那么中国该走哪条道路，这是巴黎和会之后中国面临的重要问题。

1917 年 11 月，俄国爆发十月革命之后，并没有得到中国的即刻关

---

① 罗志田：《"六个月乐观"的幻灭——"五四"前夕士人心态与政治》，《历史研究》2006 年第 4 期。

注。同时，中国也没有真正被纳入到苏俄的发展战略当中。1918 年 3 月 3 日，苏俄退出第一次世界大战，这让协约国陷入被动，此时美国尚未正式对德宣战。同时苏俄已成为一个信奉共产主义的国家，这是欧洲各国绝不允许的。3 日后，英法美日等协约国开始实施报复，对苏俄进行武装干涉，准备一鼓作气扼杀新生的苏俄政权。英法等国军队从北线进攻苏俄，其后美国与日本从东线进攻苏俄的远东地区。被东西方国家围剿的苏俄意识到，必须立刻在东方寻找盟友，建立反帝反日联盟。1919 年 3 月 2 日，世界共产党组织共产国际（第三国际）在莫斯科成立，欲帮助各国组建和扩大共产党，附属于共产国际，按照苏维埃俄国经验来发动和领导世界革命。

"一战"结束后，1919 年 3 月 1 日，朝鲜爆发独立运动，反对日本的殖民统治；1919 年 5 月 4 日，中国爆发五四运动，反对巴黎和会对中国利益的漠视。这两场运动坚定了共产国际在东方寻找盟友的信心，尤其是在中国。1919 年 7 月 25 日，苏俄政府发表"苏俄第一次对华宣言"，即《俄罗斯苏维埃联邦社会主义共和国政府对中国人民和中国南北政府的宣言》，表示无条件地将沙俄从中国非法获取的权益归还给中国，与中国建立平等的外交关系。然而，中国在巴黎和会所遭遇的一系列挫折，在国内引起一拨又一拨的社会反抗浪潮。1919 年 6 月 28 日，巴黎和会落幕，中国外交代表团未出席《凡尔赛和约》签字仪式，进一步引发国内运动热潮以及外交抗拒，因此并未留意苏俄的对华宣言。1920 年初，苏俄打败白军，占领双城子和海参崴后，更加急切地扩大"第一次对华宣言"在中国的影响。2 月 16 日，北京《晨报》率先报道《俄新党对华之宣言》，表示俄国要将一切不平等权益交还中国。4 月 3 日，《晨报》发表《劳农政府讲和通牒原文》。《民国日报》、湖南《大公报》、《申报》纷纷转载。①

可以看到，自 1917 年十月革命爆发以后，直到 1920 年 3、4 月，十月革命才在中国引起热烈的回应。其中的缘由在于巴黎和会上，英法等大国漠视中国利益，而中国期待最大、亦是中国最大支持者的美国，在利益权衡之下，也最终选择搁置中国利益。② 相形之下，苏俄却对中国展现了西方国家从未有过的善意。更重要的是，苏俄以一个布尔什维克政党在极短的时间里推翻了旧制度，建立了新政权，这对于处于不知道该走哪条路的中国人来说，无疑具有巨大的吸引力。

就在这个时刻，中国需要新榜样，苏俄需要新盟友，中俄之间的化学反应开始起作用。1920 年 4 月底，苏俄代表维经斯基等人来到中国，他们的任务主要是了解中国社会与工人运动的基本情况，弄清中国存在哪些进步力量，考察能否在中国建立一个共产国际的办事处。1920 年 4 月底，他在上海见到了陈独秀，提出帮助中国组建共产党、中共加入共产国际并提供经费等问题。1920 年 5 月，共产国际东亚书记处在上海成立。③ 这些都大大加快了中国建党的步伐。

更为重要的是，在这个过程当中，越来越多的人开始认识到马列主义与当时传播的其他社会主义不太一样。马列主义的核心是以阶级斗争与暴力革命的方式推翻旧制度，建立无产阶级专政。

① 周月峰：《"列宁时刻"：苏俄第一次对华宣言的传入与五四后思想界的转变》，《清华大学学报》（哲学社会科学版）2017 年第 5 期。
② ［加］玛格丽特·麦克米伦：《缔造和平：1919 巴黎和会及其开启的战后世界》，邓峰译，中信出版社 2018 年版，第 460—469 页。
③ 余伟民：《十月革命后共产国际的东方战略及东方革命的展开》，《俄罗斯研究》2021年第 1 期；张玉菡：《从组织推动到亮相共产国际舞台——苏俄、共产国际远东工作与中国共产党的创建》，《上海师范大学学报》（哲学社会科学版）2021 年第 2 期。

对阶级斗争与暴力的疑虑

中国知识分子一方面对苏俄的道路感到欣喜，另一方面是面临新的问题，即一是阶级并非中国所固有的概念；二是对已经历长期暴力的近代中国来说，是否还能承受更长久的暴力。我们过往更多强调信仰的坚定，苏俄道路的正确，而忽略早期倾向马列主义的知识分子对阶级与暴力的疑惧。实际上，经过犹疑的信仰，才更为坚定。在此，以中共早期领导人李大钊与恽代英为例，来更好地认识中共早期知识分子接受马克思主义是经过深思熟虑的结果。

十月革命之后，李大钊是马克思主义早期传播最重要的传播者。然而，从辛亥革命后到十月革命前，李大钊都是一个非暴力的改革者，他一贯认为"善良之政治，非可以暴力求也"。[①]1917 年 10 月 15 日，十月革命爆发前夕，李大钊在《暴力与政治》一文保持一贯的观点，暴力必然导致革命，而革命不一定能产生良好政治，"革命恒为暴力之结果，暴力实为革命之造因；革命虽不必尽为暴力之反响，而暴力之反响则必为革命；革命固不能产出良政治，而恶政之结果则必召革命"。[②]直到一年半后的 1919 年 5 月 10 日，李大钊才在《我的马克思主义观》里接受阶级斗争。[③]再半年后，1920 年，李大钊在《由纵的组织向横的组织》与《"五一"May Day 运动史》中才开始倡导暴力革命。[④]1921 年 3 月，李大钊在《俄罗斯革命之过去、现在及将来》一文指出，苏俄的革命方法

---

① 李守常：《政治对抗力之养成》，《中华杂志》第 1 卷第 11 期，1914 年 11 月 1 日。
② 守常：《暴力与政治》，《太平洋》第 1 卷第 7 期，1917 年 10 月 15 日。
③ 李大钊：《我的马克思主义观》，《新青年》第 6 卷第 5 期，1919 年 5 月 10 日。
④ 守常：《由纵的组织向横的组织》，《解放与改造》第 2 卷第 2 期，1920 年 1 月 15 日；李大钊：《"五一"May Day 运动史》，《新青年》第 7 卷第 6 期，1920 年 5 月 1 日。

并非最理想、但是必须的手段，因为"自由的花是经过革命的血染，才能发生的"。① 这是退一步的说法，跳开现实，李大钊心目中最理想的方式当然是不通过暴力而达成理想社会。可以看到，李大钊对于阶级斗争与暴力革命的接受并非同步，而且在两者之间，他对暴力革命的接受更为谨慎。其间，他经历了疑虑与思考，但恰恰是这种犹疑反映出他选择马克思主义不是出于一时的冲动，而是经过非常审慎的思考，通过反复比较与考察才最终选择接受。

恽代英也经历了类似的转变。1920 年 2 月，陈独秀到武汉演讲，与恽代英进行了会面。不久，恽代英受陈独秀之托，开始翻译考茨基的《阶级争斗》，该书于 1921 年 1 月由青年社作为新青年丛书第 8 种在上海出版。该书的出版对于当时的知识分子认识与接受阶级斗争，并对中共早期的阶级分析产生重要影响。毛泽东接受斯诺的采访时也提到该书对他的影响。② 后世的学者也多倾向于认为恽代英因翻译《阶级争斗》提高了政治觉悟，转向阶级斗争的分析。③ 从总体趋势上来说，这一判断没有问题，但是恽代英恰恰在翻译的过程中，对阶级斗争与流血革命产生疑虑。

第一重疑虑是阶级斗争。翻译与一般的阅读不同，需要吃透作者的意图。根据学者刘辉的研究，恽代英的翻译存在着一些不准确和时代局

---

① 李大钊：《俄罗斯革命之过去现在及将来》，《民国日报·觉悟》1921 年 3 月 21 日。
② 毛泽东回忆，1920 年第一次看到考茨基的《阶级争斗》和陈望道翻译的《共产党宣言》，才知道阶级斗争，从此以后"老老实实地来开始研究实际的阶级斗争"。[美]埃德加·斯诺：《西行漫记》，董乐山译，东方出版社 2005 年版，第 147 页。
③ 李良明：《恽代英独立探索建党的理论与实践》，载张黎明编：《中共创建史研究》第 1 辑，上海人民出版社 2016 年版，第 52 页；刘辉：《恽代英与中国共产党阶级分析的兴起》，《人文杂志》2018 年第 6 期。

限的地方，但是关于阶级斗争的翻译却比较完整而忠实地传达了考茨基的原意。[①] 然而，正是翻译与理解的过程，让恽代英对阶级斗争产生了疑问。

第一个疑问是中国到底更需要联合还是竞争？ 1920 年 11 月，恽代英在《论社会主义》一文对阶级斗争颇有疑惑。

> 现在所通行的阶级革命学说，都只注意唤起劳动阶级与资本阶级的嫌怨，使劳动阶级为他个体的利益，联合，抗拒，奋斗。[②]

换言之，恽代英认为阶级斗争只是唤起劳动者与资本家的矛盾，使社会进一步的分散与对立。同时，劳动阶级的斗争，也只是为其群体的利益，并不比别的阶级更高尚。说到底，劳动阶级与资本家一样，都是为了自己的幸福，追求的并非是全人类的幸福。在这点上，恽代英更加认同无政府主义"合作比竞争更有益"的观念。

第二个疑问是俄国革命真是劳动阶级的革命吗？ 1920 年 12 月 21 日，已赴安徽宣城第四师范任教的恽代英，写信给已成为马克思主义者的刘仁静，反问如果中国发生社会革命，"真个会比俄国好么"？他进而提出，俄国革命并非劳动阶级的自觉，而是"非劳动阶级"利用革命贯彻布尔什维克的主张。[③] 从根本上来说，他并不相信劳动阶级可以自我觉醒，而

---

① 刘辉：《〈爱尔福特纲领〉及考茨基的"解说"在华早期传播与中共的关系》，《中共党史研究》2015 年第 10 期。
② 恽代英：《论社会主义》，《少年中国》第 2 卷第 5 期，1920 年 11 月 15 日。
③ 书信写于 1920 年底，发表于 1921 年 3 月。见恽代英：《致刘仁静》，《少年中国》第 2 卷第 9 期，1921 年 3 月。

且认为其觉醒的前提是"非劳动阶级"的指导与引领，这是儒家"使先觉觉后觉"和民国初年部分知识分子将民众视为"乌合之众"的典型看法。可以看到，在翻译出版考茨基《阶级争斗》的同时，恽代英不断以无政府主义与其相比较，反而更加认同无政府主义"联合"与"协作"的意义。

第二重疑虑是流血革命。在恽代英的思想里，革命意味着流血与恐怖。他的判断是中国需要的是建设，而非破坏。1920 年辛亥革命九周年纪念日，恽代英在《革命的价值》一文里，一再表达革命有其意义，但是建设比革命更重要。尽管他自嘲式表达，"我是一个胆怯的人，亦十分不愿意看见流血的事"，但其真实的想法是，当时的中国不缺革命的机会与革命的人，不缺"血气之勇"，缺少的是切实建设的人。①

1920 年 10 月前后，恽代英与刘仁静长时间地争论中国是否应该进行流血革命。刘仁静笃信流血，他认为"中国的问题是根本改造，进行社会革命，流血一途是无疑的"。②但恽代英希望能够避免，而且退一步讲，如果一定要流血，也只能作为最后的手段。恽代英认为流血革命总是要破坏，而建设比革命更紧迫。他在《论社会主义》一文，特别批评了暗杀式的社会主义。③

　　　　我为革命的事，与仁静在北京争论经月，他笃信流血，我总想避免他。……我信我并非决不参加流血事业，总只认他是最后手段，

<hr />

① 恽代英：《革命的价值》，《时事新报·学灯》1920 年 10 月 10 日。
② 恽代英：《致胡业裕》，《互助》第 1 期，1920 年 10 月。
③ 恽代英：《论社会主义》，《少年中国》第 2 卷第 5 期，1920 年 11 月 15 日。

亦只认他是利害参半的手段。我亦并不怕同志走这条路，因各人选他最愿走的路，尽量努力，比不彻底、不圆融的合力协作还好。①

可见，到 1920 年底，恽代英在了解武汉地区的早期党组织、翻译完《阶级争斗》、与早期马克思主义者刘仁静多番争论的情况下，仍未放弃无政府主义的理想，并期望以新村运动的方式进行再试验。同时，也透露出恽代英的权衡，即并非绝不参加暴力革命，但这必须是最后的手段。经过一系列的调查与实践、彷徨与思考，恽代英才逐渐认识到中国依靠温和的改革是无法达成变革的。1922 年前后，恽代英最终认为中国必须走革命暴力与阶级斗争这条道路。这一犹豫与转变思路与李大钊几乎如出一辙。

正是李大钊、恽代英等知识分子冲破对与阶级斗争暴力的疑惧，认识到工人阶级政治意识觉醒的意义，才审慎地接受马克思主义，并将其作为改造中国的药方。自此，中国才开始有了明确的马克思主义者，自觉地将马列主义与其他社会主义区分开来，并愿意尝试以苏俄的道路与组织方式，重建中国。

接纳阶级斗争与暴力革命的桥梁

五四之后最早接受马克思主义的一批知识分子，在面对马列主义的核心观念时，接受度是存在差异的。已经逐渐在知识界或学界站稳脚跟的（准）知识精英群体，对阶级斗争与暴力革命的疑虑相对要更深，而

---

① 恽代英：《致胡业裕》，《互助》第 1 期，1920 年 10 月。

家境中等、求学之路困难的知识青年，对阶级斗争与暴力革命则有更强的亲和性。

1901 年，清政府下令设立新式学堂。1904 年，仿照日本学制颁布癸卯学制，初步建立"初等教育—中等教育—高等教育"的现代教育体系。1905 年，正式废除科举制。然而，新学制的就学成本立即成为突出问题，"学堂就学之费多于科举"。[①] 辛亥革命后，中华民国建立。1912—1913 年，民国延续晚清的教育改革，颁布壬子癸丑学制。但是就学成本问题不但未得到解决，反而进一步凸显教育因社会阶层而导致的分化，寒门子弟愈来愈无法向上接受教育，尤其是高等教育。

毛泽东回忆，1910 年，他在家乡读完初等小学。为了接受更高的教育，在他的乞求之下，他的父亲才同意他离乡背井，去湘乡县立东山高等小学就读。

> 我缴纳一千四百个铜元，作为五个月的膳宿费和学杂费。……我发现这所学堂招收各地学生。……他们大多数是地主子弟，穿着讲究；很少农民供得起子弟上这样的学堂。我的穿着比别人都寒酸。……人家不喜欢我也因为我不是湘乡人。……我精神上感到很压抑。[②]

离家就读新学，产生了一系列的费用：膳宿费、学杂费。科举时代，都是在乡就学，膳宿成本较低；学习的内容以《四书》为主，书籍相对

---

① 《论科举废除后补救之法》，《中外日报》1905 年 9 月 11 日。
② ［美］斯诺：《西行漫记》，第 126 页。

较少，但是新学不同科目、不同年级，都会产生新的费用。这使得很多人对是否送孩子进一步求学，求学是否会有一个好的前途，皆产生怀疑。

> 民国的书房，真是讨厌！娃们念的书，今年这样，明年那样，换的真热闹，也不见念成一个。看人家前清时候，书房里念的书，不只是哥哥念了兄弟还能念，就是爹爹念了儿还能念，爷爷念了孙子还能念哩。书老不换，人家还进秀才，中举人；现在书倒换的勤，也不见念成一个呀！①

根据学者汪一驹的研究，20 世纪 30 年代的华中地区农村，家有良田 15 亩，才能供给一个子弟入初等小学；家有良田 50 亩，才能供给一个子弟进城读高等小学；家有良田 200 亩以上，才能供给一个子弟读中学。② 汪一驹的研究虽然讲的是 20 世纪 30 年代，但是民国初年的求学成本大致如此。可以说，在民国时期，能够供孩子上中学的家庭，已经是中产之上了。如果要读大学，即使是中产，也有点捉襟见肘。

20 世纪 20 年代很多中等学历的青年想要继续升学，他们写信给商务印书馆的《学生杂志》询问大学升学率，得到的回答是 20%。③ 其中，最为关键的问题便是经济问题。为着相同的问题，这些中等学历的青年写信询问《学生杂志》的编辑，到各省会去读大学，需要多少钱，《学生杂志》的编辑杨贤江一一回应。统计下来，20 世纪 20 年代读大学一年的

---

① 马儒行：《述吾乡之小学教育及民众教育》，《乡治》第 2 卷第 2 期，1931 年 6 月 18 日。
② ［美］汪一驹：《中国知识分子与西方》，台湾枫城出版社 1978 年版，第 156—157 页。
③ 陈东原：《十三年度中学毕业生升学调查》，《学生杂志》第 12 卷第 6 期，1925 年 6 月 5 日。

费用大概是 220 元—400 元不等。[①] 根据民国时期社会调查，当时北京一般工薪阶层的每个月收入在 20 元以下，北京三分之二的人口每年总收入少于 300 元。调查进一步显示，北平的家庭收入与支出的比例：食物支出占全部生活费的 54.6%—71.6%，衣服支出占 1%—17.1%，房租占 3.2%—9.1%，而用于文化教育、社会交往、医疗等费用仅仅平均占 5%。[②] 换言之，当时城市工薪阶层的收入根本无法供给孩子读中学，更不要说高中了。

毛泽东从湘乡县立东山高等小学毕业后，想要继续读中学，无论如何请求都未得到父亲的经济支持。

> 那时候我没有钱，家里不肯供养我，除非我进学校读书。……我也在认真地考虑自己的"前途"，我差不多已经作出结论，我最适合于教书，我又开始留意广告了。这时候湖南师范学校的一则动听的广告，引起我的注意，我津津有味地读着它的优点：不收学费，膳宿费低廉。[③]

这些青年学生在高等小学毕业时，便遭受到经济困顿的障碍，也让毛泽东等青年体会到经济对自身的压迫以及前途的渺茫。因此，大量受经济压迫的青年进入到各省的师范院校就读，因免膳宿费。学者丛小平

① 本书第二章"前途之苦"提供杨贤江回复的数据，即"上海读大学年约 200 元，北京读大学年约 150 元，江苏省立医校年需 200 余元，上海同济医科年需 400 元，上海南洋大学年需 300 元，留学日本每年国币 600、700 元"。

② Sidney D. Gamble, *How Chinese Families Live in Peking*, New York: Funk and Wagnalls Company, 1933, pp.245—257.

③ ［美］斯诺：《西行漫记》，第 135 页。

的《师范学校与中国的现代化：民族国家的形成与社会转型1897—1937》一书，便提出了一个有趣且观察深刻的观点，即中国共产革命中，师范生特别多。参加中共一大的许多青年，都是中学生或师范生，如毛泽东、何叔衡、王尽美、邓恩铭、包惠僧等。

从师范院校毕业后，想要读大学基本上是不可能了，他们最可能的就是做小学老师。可是，小学老师很快就饱和，要找到教职非常困难。前文已经提到，20世纪10年代中期以后，各地各级学校教职员的缺额基本填满。① 因此，很多中学生和师范生一毕业就面临着失业。1917年，参加过中共一大的包惠僧从湖北省立第一师范毕业，他生动地描绘了自己以及武昌相当一批青年，毕业后生业无着的生存状况。

> 我也是一个迷途的羔羊，想奔赴光明，但不知哪里有光明……国家不管我们，社会不管我们，我们为了要活下去只好自己干起来，你们干吧！……我对于这个世界气闷极了，我真想找一个终南捷径，来一个一拳打碎黄鹤楼，两足踢翻鹦鹉洲，象孙悟空大闹天宫那样来把这个世界改变一下，越快越好。②

1918年，胡适从美国留学归国，并获得北京大学的教职。他非常敏感地观察到"如今中学堂毕业的人才，高又高不得，低又低不得，竟成了一种无能的游民"。③ 胡适在北京大学的学生傅斯年也对新学提出了批

---

① ［美］叶文心：《保守与激进——试论五四运动在杭州》，载汪熙、［美］魏斐德主编：《中国现代化问题——一个多方位的历史探索》，第203页。
② 包惠僧：《包惠僧回忆录》，人民出版社1983年版，第44—45页。
③ 胡适：《归国杂感》，《新青年》第4卷第1期，1918年1月。

评，他认为当时"学校越多，游民越多"，① 即中等学校培养出来的学生，社会根本吸纳不了，他们日益边缘化，成为社会潜在的革命力量。

罗友枝（Evelyn Rawski）有一项颇负盛名的研究，认为科举废除前中国识字率约 20%；② 而民国的识字率比科举时代要低。③1924 年，《学生杂志》统计中学的升学率也仅有 20%。这两项数字背后的共因皆在经济。这表明新学成本的增加，导致底层读书人的数量日益减少，平均识字率逐渐降低，只有具有一定社会经济基础的人，才能供孩子继续求学、升学。新学制的实行，并未达成普及教育的初衷，反而走向它的反面，将教育推向精英化。这些边缘知识青年身在这一教育体系当中，深切地感受到教育所揭示的经济基础与中国社会分化及阶级对立，这也为青年们理解与接受马克思主义的"阶级斗争"与"暴力革命"奠定了现实基础。

四、中共早期对阶级理论的宣传

1921 年 7 月，中国共产党的第一个纲领里就明确本党是无产阶级政党，要推翻资产阶级的政权，建立无产阶级专政。④ 自此以后，中共早期知识分子开始以马克思主义宣传作为工作重心，尤其是其阶级斗争的理念。为了帮助青年人认识阶级、厘清阶级概念，并接受阶级斗争，他们用阶级来分析中国社会，并用现实的阶级斗争来激励青年人。

---

① 傅斯年：《中国学校制度之批评》，《傅斯年全集》第 5 卷，湖南教育出版社 2003 年版，第 211 页。

② Evelyn S. Rawski, *Education and Popular Literacy in Ch'ing China*. Ann Arbor: University of Michigan Press, 1979, p.23.

③ 比较有代表性的有：张朋园：《劳著"清代教育及大众识字能力"》，《近史所集刊》1980 年第 9 期；何怀宏：《1905 年废除科举的社会涵义》，《东方》1996 年第 5 期。

④ 《中国共产党第一个纲领》，载《建党以来重要文献选编（1921—1949）》第 1 册，中央文献出版社 2011 年版，第 1 页。

中国社会各阶级的分析

接受马克思主义，也就意味着接受中国在马克思主义的阶级分析范畴之内，那么就需要按照马克思主义的阶级标准来划分中国的阶级，并区分出它们在中国革命中的地位。中国共产党成立后，在 1922 年确立了民主革命纲领，以及建立革命统一战线的政策。因此，在国共第一次合作破裂前，中国共产党关于社会各阶级的分析往往是基于大革命的考量。在毛泽东的《中国社会各阶级的分析》发表之前，更早对这个问题予以阐发的是陈独秀。

1923 年 4 月 25 日，陈独秀发表《资产阶级的革命与革命的资产阶级》一文。他在该文中指出，人类社会的历史处于资产阶级的时代，而未来将是无产阶级的时代，进而分析中国社会的性质。他认为辛亥革命是资产阶级的民主革命，但是这个阶级并不纯粹，因此他根据与军阀、帝国主义关系、资本的多寡，将中国的资产阶级革命分成三部分：革命的资产阶级、反革命的资产阶级和非革命的资产阶级。第一类主要是民族资产阶级，第二类主要是官僚资产阶级，第三类主要是小资产阶级。他认为在民主革命阶段，国民党应该容纳革命的资产阶级，提携中立的小资产阶级，引导他们走上革命道路；对于反革命的官僚资产阶级，则决不能和他们妥协。中国当前的经济发展进程，"资产阶级与无产阶级的分化，尚未到截然分离的程度"，因此无产阶级要和革命的资产阶级建立联合的革命统一战线。①

陈独秀这篇文章将中国小资产阶级划分为非革命的资产阶级，并不

---

① 独秀：《资产阶级的革命与革命的资产阶级》，《向导》第 22 期，1923 年 4 月 25 日。

妥帖。但是，他对中国民族资产阶级以及官僚资产阶级的分析，对后来中国共产党的社会阶级分析影响甚大。

1923 年 12 月 1 日，陈独秀发表《中国国民革命与社会各阶级》一文，将社会阶级的分析进一步扩大，阐述了资产阶级、知识分子、农民和工人以及它们与国民革命的关系。首先，他将资产阶级划分为工商业资产阶级和官僚资产阶级，前者因受到军阀和帝国的压迫，因而倾向于革命，而且他们的力量比农民集中，比工人雄厚，因此在国民运动当中是一个很重要的力量，官僚资产阶级则完全是国民革命的阻碍者。其次，他还特别分出一个小资产阶级的知识阶级，认为他们是间接促成革命的动力。再次，他认为农民是国民革命的伟大势力，需要符合实际地动员农民参与国民革命。最后，他分析工人阶级是革命的急先锋，是国民革命中最重要的力量，但同时他又认为工人阶级还很幼稚，还未形成一个独立的革命势力。他的结论就是需要各阶级的合作，才能完成国民革命。①

随着大革命的推进，1925 年 12 月 1 日，毛泽东发表《中国社会各阶级的分析》，扬弃了陈独秀的社会各阶级的分析，使其更适应中国革命的发展。毛泽东在文章一开始就交代要区分阶级的原因，乃在于分清楚敌人与朋友，从而更好的团结朋友，打击敌人。② 他将中国社会阶级分为五大部分：大资产阶级、中产阶级、小资产阶级、半无产阶级和无产阶级。毛泽东所指的大资产阶级比陈独秀所说的官僚资产阶级范围进一步

① 独秀：《中国国民革命与社会各阶级》，《前锋》第 2 期，1923 年 12 月 1 日。
② 这篇文章初版并没有"这个问题是革命的首要问题"，这句话是新中国成立后修订时加入的。关于这篇文章的版本，可以参考沙鹤闻：《关于〈中国社会各阶级的分析〉的最初版本》，《党的文献》1989 年第 1 期。

扩大化和具体化，包含买办、大地主、官僚、军阀、反动知识分子；中产阶级包含陈独秀所说的工商资产阶级外，还包括小地主、高级知识分子；小资产阶级则包含自耕农、小商人、手工业主、小知识阶级；半无产阶级则包括半自耕农、半益农、贫农、手工业工人、店员和小贩；无产阶级包括工业无产阶级、都市苦力、农业无产阶级、游民无产阶级。[①]可以看到，毛泽东的阶级划分真正做到涵盖"社会各阶级"，并且皆依据每一群体的经济基础，来划分他们所属阶级。最后他得出结论，中国的大资产阶级是我们的敌人，小资产阶级、半无产阶级、无产阶级是我们的朋友，中产阶级的右翼是我们的敌人，左翼是我们的朋友。这篇文章最先在国民革命军第二军司令部主办的《革命》半月刊上发表，其后又在国民党中央农民部主办的《中国农民》（1926年2月1日）和中国共产主义青年团机关刊物《中国青年》（1926年3月）上发表，[②]从而使得这篇文章在青年当中产生了更大的回响。

青年们在阅读了这些文章之后，往往会对照其中的划分标准，来界定自己的阶级，并建立自己的认同。不仅如此，青年们更渴望通过阶级形成一个向上流动的团体，共同奋斗，带领他们走出孤立、彷徨的境况。

知识阶级与无产阶级

在现实当中，对一般青年产生影响的仍然是知识分子，而不是无产阶级。更重要的是，要澄清一个问题，同为知识阶层的知识青年能够在共产主义革命中扮演什么角色，他们和无产阶级是什么关系。

---

① 毛泽东：《中国社会各阶级的分析》，《革命》第4期，1925年12月1日。
② 沙鹤闻：《关于〈中国社会各阶级的分析〉的最初版本》，《党的文献》1989年第1期。

在这个问题上，李大钊论述得很清楚。1920 年 1 月 25 日，李大钊在《知识阶级的胜利》一文，指出：

> 知识阶级的运动层出不已。到了现在，知识阶级的胜利已经渐渐证实了。我们很盼望知识阶级作民众的先驱，民众作知识阶级的后盾。知识阶级的意义，就是一部分忠于民众作民众运动的先驱者。[1]

李大钊实际上指出马克思主义的一个重要特点，即它作为一个思想理论体系，需要首先被知识分子掌握，才能用来发动工农群众，因此知识分子充当了传播马克思主义的先驱者的角色。同时，李大钊也指出，知识分子不是一个孤立的阶级，其背靠广大民众。没有民众，知识阶级不能完成革命任务。

为什么知识阶级不能完成革命任务？如果知识阶级不行，那么民众中的什么力量可以？ 1924 年 4 月 20 日，恽代英在《中国革命的基本势力》一文中指出知识阶级的两面性：

> 智识阶级中间，虽然有些人的想象力比较发达，所以同情心比较旺盛；然而他们的欲望是大的，虚荣心亦比较利害。因此，他们虽然有时候特别肯为国家与国民的利益努力，然而他们是很容易被诱惑，很容易被收买的。他们自己没有经济上的地位；虽然他们在

---

[1] 孤松（李大钊）：《知识阶级的胜利》，《新生活》第 23 期，1920 年 1 月 25 日。

恶劣的政治经济中间，亦要受许多窘迫，然而他们并不一定与统治阶级的利害相冲突。他们有时受了军阀或外国势力所豢养，亦会变成他们忠顺的奴隶。①

他继而指出，只有农工才能完成这一任务，理由在于"真正与一切统治阶级利害完全相反的，只有农人与工人……他们的生活，永远是濒于破产危殆之境，他们没有与统治阶级的利益妥协调和的余地"。② 同时，恽代英还指出："对于士、商、绅、吏各阶级，应当注意在他们中间找可以做革命领袖的分子，引导他们到农人、工人中间去"。可见，即使恽代英批评了各阶级，特别是知识阶级，但是并不否认知识分子可以作为马克思主义传播的先驱者。

对于知识分子来说，理论是一回事，真正接受是另一回事。只有在现实的社会实践当中，他们看到民众的力量，他们才能够真正去承认这种力量的存在。中共成立以后，主要的工作是建立工会，发展工人运动，不断掀起工人运动的高潮，正是这些群众运动才逐渐让知识分子以及各阶层都看到民众的力量。

自1921年7月以后的一年半时间里，在中共的支持下，相继建立16个分工会。在此时机下，中国共产党决定于1923年2月1日建立总工会，却遭到围剿。为了抗议这一行为，以郑州京汉铁路总工会为中心爆发了京汉铁路大罢工。直系军阀吴佩孚对工人运动展开镇压，制造了"二七惨案"，"52人英勇牺牲，300余人负伤，断手断脚数十人，40多人

---

① 恽代英：《中国革命的基本势力》，《新建设》第1卷第5期，1924年4月20日。
② 同上。

被捕，1000 多人被开除"。① 一般来看，都会认为京汉铁路工人大罢工失败了，但是恽代英指出："谁曾对于军阀的压迫有过这样大而有力的反抗运动呢？若是没有'二七'的例证，谁曾梦想过工人阶级会有这样伟大的组织、良好的纪律！与夫这样坚决的决心，能够使军阀至今都还是对于他们不敢正视呢？"② 不仅如此，它还鼓舞工人进一步组织起来。两年后的 2 月 7 日，全国铁路总工会成立就是最好的证明。他引用《京汉工人流血记》里的话：

> 我们平常在社会上，并不是没有听到些不平的议论，也有人主张革命，也有人主张牺牲，也有人主张用鲜红的血去洗尽社会罪恶的迹；只是谈的多，做的少，听到的多，看见的少。……所以二月七日的事，一方面证明无产阶级有担当今后革命事业的伟大资质，破除资产阶级的傲慢和成见；他方面更给予旧社会中怯懦无耻的人们一个深刻的暗示，仿佛告诉人们说："革命是要求壮烈的牺牲，无论谈怎样高妙的调子，都不过滑稽罢了"。③

恽代英通过工人运动的失败与重建告诉知识青年，工人通过实践展现了力量。知识阶级不仅应该正视这点，更应该积极加入到这场运动当中，"做"比"谈""听""想"更重要。

不久，1925 年 5 月，上海、青岛的日本纱厂先后发生工人罢工，遭

---

① 郑州市二七区地方史志编纂委员会编：《郑州市二七区志（1991—2000）》，中州古籍出版社 2013 年版，第 66 页。
② F. M.（恽代英）：《中国劳动阶级斗争第一幕》，《中国青年》第 65 期，1925 年 2 月 7 日。
③ 同上。

到日本与北洋军阀的镇压，其后制造了"五卅惨案"，这促使工人运动在全国范围的展开。在这种形势下，萧楚女在《中国青年》里告知青年，这次工人运动是一个"超国界"的、世界性的阶级斗争。工人是这场运动的主力，生活无着倍感制度不平等的学生、不满买办阶级的商界联合会、受资本主义压迫的店员都已经加入到这场运动当中。不仅如此，第三国际、莫斯科赤色职工国际、印度革命党、朝鲜500多个团体，都声援了中国的"五卅运动"。萧楚女认为这场运动将中国一切被压迫的阶级团结起来，建立了大革命的联合战线。他更是强调，如果没有全国30多万工人的参与，这场运动不会取得如此巨大的影响；如果没有工人的参与，阶级斗争便无法成为现实。①

他们一再地表达，工人运动在发展初期，不能以成败论其价值。更重要的是从中看到，工人在不断参与到现实的斗争当中，他们的阶级意识不断觉醒，并成为一个真正的阶级，而且必将以阶级斗争推翻剥削。同时，工人的力量与阶级的觉醒亦促使知识群体正视工人阶级的力量，并思考自身与这一阶级的关系。

正是基于此，1926年2月，担任黄埔军校政治主任教官的恽代英在黄埔军校的刊物《黄埔潮》上发表《为什么产业无产阶级最富于革命性》一文，向黄埔军校的师生说明国民革命要取得胜利，必须要与产业无产阶级联合。他再次以京汉铁路工人罢工为例，这些工人仅接受了8个月的动员，便发生全路大罢工。相比之下，教育青年学生几年，都无法达此效果，更不要说手工业者、农民和商人了。他并未止步于此，而是进

---

① 楚女：《反抗五卅惨杀运动中所见的阶级斗争》，《中国青年》第86期，1925年8月1日。

一步概括五点来说明为什么产业无产阶级最革命：

> （第一）他们是一般穷光蛋。……（第二）他们是直接受军阀
> （或中外资本家）压迫。……（第三）所受政治、经济的压迫是一致
> 的，因为所受压迫是一致的。……（第四）他们的工作与居处是集
> 中的。……（第五）他们在铁路（或工厂、矿山）上做工，占交通
> （或生产）事业的重要地位。①

换言之，他们宣传的基本逻辑是，首先，肯定全国的一般青年，包括黄埔军校的青年，都是追求进步的青年。其次，便是告知中国革命的现状，即现在国之大势便是取得国民革命的胜利，而无产阶级已经在 20 世纪 20 年代不断上升的工人运动当中展现出自己的力量。最后，动员青年作为革命的一员，去充分认识社会各阶级的正反面力量，争取通过阶级斗争赢得国民革命的胜利。

五、青年对阶级观念的多元认识

以李大钊、陈独秀、恽代英等为代表的知识分子在接受马克思主义，尤其是苏俄的革命道路后，他们开始向青年宣传马克思主义。对于很多的青年而言，马克思主义不是一套系统的理论，而是由许多充满冲击的关键词构成，其中，"阶级"与"阶级斗争"等阶级观念是其核心概念。这些青年对所宣传、所阅读、所感知的"阶级"如何理解，是马克思主

---

① 恽代英：《为什么产业无产阶级最富于革命性》,《黄埔潮》第 34 期, 1926 年 2 月
　 6 日。

义早期传播与接受的一个观察窗口。

学校里的"阶级"

马克思主义划分阶级的标准在于生产关系和交换关系所决定的社会地位，不完全以财富数量的多寡来计算。以此为依据，中共将中国社会划分成不同的阶级。青年在阅读关于阶级文章时，往往会对照自身的处境，将自己归属于某个阶级。客观上讲，阅读《中国青年》和《学生杂志》的青年大多有中等学历或是中等学校的在校生，他们的家庭都算是有产阶层，具体属于哪个阶级不一而足。然而，当时的《中国青年》和《学生杂志》都收到不少来自全国各地的学生来信或文章，反映各自学校中存在着"阶级"问题。

1924 年 9 月，一位叫王国章的同学反映了学校存在"阶级问题"，主要就是高年级学生霸凌低年级学生。可以看到，这位学生在文章一开始就将"阶级"与"年级对立"画为等号。他分析学校之所以会有"阶级"存在，原因有四：

> a.高年级学生欠修养，这是最大的原因。……b.教职员待遇高低年级同学之不平。……c.高级学生同在一齐相处久些，交情比较深了。……d.低级生自馁，也是造成阶级原因之一。①

王国章同学的阶级分析与马克思主义的阶级相去甚远，而对"阶级"

---

① 王国章：《学校中的阶级：一个应改革的弊端》，《学生杂志》第 11 卷第 9 号，1924 年 9 月 5 日。

存在的最大成因也仅归结为道德修养。1924 年 10 月，一位来自广西贵州的中学生罗烈表示，"现在社会上分有了阶级，那人人都知道，不必多说"。① 这句话表明，至少这位青年认为用阶级来划分中国社会是合理的，而且他认为这已经成为共识。放到 20 世纪 20 年代，用阶级来理解社会肯定没有达到普遍接受的程度，但我们至少可以说在知识阶层，对阶级这个概念并不陌生。然而，他也指出，广西相对闭塞，阶级这样的"新思潮"不容易流行。可以看出，罗烈同学认为阶级代表了当时的最新思潮、最新观念，他对阶级概念无法在广西地方社会流行，而深感焦虑。

在接受社会存在阶级之后，罗烈同学开始将阶级分析法，运用到他最熟悉的学校当中。他言在报刊上获知"上海有些中等以及中等以上的学校，他们内头阶级是分得很严的。年级高的学生对于年级低的学生，是加以一种欺侮，不平等待遇的"。在他看来，这完全与"自由平等""博爱""互助"精神相违背。以此，他也现身说法，承认自己的学校也存在着阶级。

> 阶级这个东西，真是到处风行！记得三年前，我们现在这个学校，当我们初考入的时候，有许多个年级高的学生，非常恃蛮；我们同班有几位同学，天真活泼，生得漂亮点，便时常被他们目望口评，说出那些非人说的话；甚至有时用他们野蛮的手段，扣我们同班的那几位可怜的朋友的臀部呢！②

---

① 罗烈：《阶级》，《学生杂志》第 11 卷第 10 号，1924 年 10 月 5 日。
② 同上。

很明显，无论是上海中等学校以及中等以上的学校发生的情况，还是罗烈同学学校的情况，都不能完全用马克思主义的"阶级"来理解。从中，我们也能看出，虽然阶级概念在知识青年当中颇为盛行，但是他们对阶级的理解存在着偏差，而往往根据自己的判断加以理解，这在当时是一种颇为普遍的情况。

尽管罗烈同学对阶级的理解有偏差，但是他们为了对抗高年级的欺凌，却采取了阶级斗争的方法，即低年级同学团结起来，组成一个大团体，使得长期对立情况得以改变。最后，他认为学校就是一个小社会，只有杜绝了学校的阶级，才能消灭社会上的阶级压迫。

无独有偶，一位叫作"谁君"的同学反映了与罗烈同学类似的问题，即将高年级欺负低年级视为阶级压迫。[1] 三年多后，仍然有一位叫马书年的同学讲述了自己如何在读高等小学的时候反抗高年级的故事，他将之称为"阶级的反抗"，而将高年级的倚强凌弱称为"压迫阶级"。

> 低年级的责任就是反抗，一有强权来压迫，便团结起来，大家努力去反抗。反抗的方法：不要自馁，不要暴动，当搜集对方的罪过，以便诉至学校当局；倘认学校无维持能力时……则可自行抵抗，非达到解脱的地位不止。这样去努力反抗，则班的阶级没有不由破碎而消灭的。被压迫者啊！你们要自己干哪！[2]

可以看到，马克思主义在这一阶段，阶级的观念在知识阶层的传播

---

① 谁君：《打破校中阶级的两法》，《学生杂志》第 12 卷第 2 号，1925 年 2 月 5 日。
② 马书年：《打破学校中班的阶级》，《学生杂志》第 15 卷第 9 号，1928 年 9 月 10 日。

更加深入，但是一部分青年对阶级的理解仍然存在不小偏差。这在某种意义上表明，要接受严格意义上的阶级观念，对于当时的知识青年来说，是一个长久的过程。

自认无产阶级的青年

阶级不仅被用来分析社会集团，对于这些年轻人来说，更是一种身份认同，阶级分析能够为他们自身的处境找到原因。在《学生杂志》的很多青年来信中，他们都自称"无产阶级"。"我是一个无产阶级的青年"几乎成为一种写作的格式，来申诉自己被压迫的悲惨境地。

1924 年 8 月，三位来自安徽无为励学社的青年给《学生杂志》写信，表示他们都是"无产阶级"青年。他们因经济问题无法继续升学，又无法找到合适的谋生工作，他们在精神上倍感压抑，同时学校却越来越贵族化。

> 我们就像嗷嗷待哺的饥荒者，常常感受到知识的缺乏，和无做人能力的痛苦。像这样学术落伍的苦青年，怎甘忍受学潮的淘汰，不求奋斗吗？①

更让他们痛苦的是，他们害怕自己不进则退，从而最终被社会完全抛弃。他们这一批年轻人为了对抗不公，一起建立励学社，想通过自学的方式跟上新思潮。在这里，我们可以看到这些青年因着个人的际遇，对经济造成的"阶级"有更深的体会，他们也相对容易接受马克思主义

---

① 王继章、王耀、范英：《自学方法与自学书籍》，《学生杂志》第 11 卷第 8 号，1924 年 8 月 5 日。

的阶级分析，以及通过阶级斗争改变个人的命运与社会的面貌。

在同一期当中，一位来自广东文昌的黄济民告诉杨贤江，他家人非常想让他继续求学，勉强送他进中学读书。中学毕业后，家里终于支撑不了，无法再继续升学，他与家人都极为痛苦。杨贤江回信说：

> 现在的学校本来不是穷人子弟可入的。你即没钱入学，就不入学好了，惟你须有志气想打破这种坏制度。①

已加入中国共产党的杨贤江在劝说这些年轻人的时候，并不是给予廉价的同情，而是告诉他们不要执着于就学，不要总是想着成为知识分子、教授，现在最重要的是加入到打破旧制度的行动当中。作为在政治上持中立态度的刊物编辑，杨贤江总体上遵守了《学生杂志》的立场，主要以较为委婉的方式引导青年走上革命之路。相较而言，中共中央机关报《向导》在回答类似问题时，语气激烈得多，甚至会严厉批评学生。

1926年，一位来自长沙的青年自称"我是一个无产阶级的青年"。②实际上，这位长沙青年目前就读初三，根本算不上无产阶级，但是他的确因为家庭经济情况无法继续升学，只能先解决生活问题。杨贤江能体谅他们的痛苦，但是他认为为自己和家人谋生活，比求学更重要。重视现实的经济生活，是迈向革命的重要一步，杨贤江将这样的认识潜移默化地植入青年的意识中。即使到1931年，一位青年向《生活》周刊写信谈论自己

---

① 黄济民、贤江：《没有钱不必升学》，《学生杂志》第11卷第8号，1924年8月5日。
② M.P.C.、江：《答长沙M.P.C.君》，《学生杂志》第13卷第12号，1926年12月5日。

的婚姻问题，介绍自己的时候仍然使用"我是一个无产阶级的青年"。①

　　1926 年，一位叫彭为贤的青年向《学生杂志》来信说自己大学因经济问题而中断，但是只有中学学历又很难谋职。"照我现在所处的环境看来，出去自杀，竟无别路可走"。② 作为一个想要变革社会的青年，只能参军或出家。这封信矛盾重重，思维混乱，但是杨贤江还是耐心回复，告知这两种方法都不得当的。作为一个有志青年，应该确定一个革命的人生观，研究社会制度的弊端，这才是人生的出路。

　　这些类似的申诉不在少数，有些近乎无病呻吟，但是杨贤江仍然予以耐心答复。1926 年，一个安徽青年说自己中学毕业后，谋得教员的职位，但是教室仿佛牢狱一样，让他过着枯燥无味的生活。杨贤江指出，中学毕业后能谋个教职是非常不容易的，很多青年毕业即失业，他的情况要好得多，而且哪个行业做久了不枯燥呢？他告诫该青年，不要对自己的状况感到委屈，反而要更好地珍惜这个机会，好好奋斗，改进社会。③ 他还进一步向青年学生揭露社会现存制度的不合理之处，"老实说，在现在这个私产制度方面，青年能享受这方面美满的生活的，实只有少数的富家子弟罢了。那些大多数的无产青年仅仅谋个温饱还是难得"。④ 一步步推出去，他表示青年应该参加革命运动，加入革命政党。

　　可以看到，学生对阶级的理解多跟自己的生活相关。他们虽然未必是真正的无产阶级，但是却真实地受着经济的迫害，因此他们自我认同

---

① 沧海客：《羞涩》，《生活》第 6 卷第 17 号，1931 年 4 月 18 日。
② 彭为贤、江：《答彭为贤君》，《学生杂志》第 13 卷第 7 号，1926 年 7 月 5 日。
③ 常觉先、江：《答安徽常觉先》，《学生杂志》第 13 卷第 11 号，1926 年 11 月 5 日。
④ 贤江：《现在中国青年的生活态度》，《学生杂志》第 11 卷第 3 号，1924 年 3 月 5 日。

为无产阶级的不在少数。以杨贤江为代表的早期中共知识分子，站在青年的角度，激发他们去思考自身的困境与社会制度之间的关系，去批判和改造社会，而不是停留在抱怨上。

国民党代表阶级还是超越阶级？

20世纪20年代，以阶级来进行社会分层在知识青年中，日渐被接受。然而，在他们接受的过程中，对阶级存在误解实属正常。1921年，中共一大通过的中国共产党第一个决议明确提出："对现有其他政党，应采取独立的攻击的政策。"[①] 为了实现这一目标，中国共产党展开了独立自主组织工会、领导工人运动的尝试。中共二大以后，中国共产党确立了两步走的革命纲领，准备联合资产阶级，先获得民主革命的胜利，中共三大正式确立国共合作的政策。这就需要向普通民众解释这一政策的转变，上文陈独秀、毛泽东、恽代英等关于阶级分析的文章，实际上就是根据实际政治策略的转变而作出的解释。同时，中共在与国民党联合的同时，还要保持自身的独立性。

对于青年而言，国共合作让本就新鲜、尚未被全然接受的"阶级"概念，变得更加具有多歧性，从而进一步增添了他们对"阶级"概念与作用的困惑。其中，比较重要的是两个关联性问题，一个是国民党的阶级属性是什么，第二个是作为工人阶级先锋队的共产党何以与国民党既联合又斗争。

在陈独秀、毛泽东、恽代英等人的阶级分析里，国民党属于资产阶

---

① 《中国共产党第一个决议》，载《中共中央文件选集（1921—1949）》第1册，中共中央党校出版社1989年版，第8页。

级民主派。然而，在国民党和很多青年心目中，"国民党的阶级"与中共
的分析存在很大的差异。1924年，据一位叫"民"的作者介绍，当时社
会上很多人认为国民党是知识阶级的政党。这位国民党人士解释道：

> 国民党是一个革命党，是一个代表中国农人，工人，智识者，
> 工商家的利益而向他们的共同的压迫者（列强和军阀）革命的党。
> 换一句说法，要中国的农民，工人，全中国被压迫的民众都加入国
> 民党来，国民党的奋斗方能成功。①

从这篇文章可以看出，大众包括青年对国民党的看法，更倾向于从
知识而非经济的角度来认识它，这可能更接近当时国民党在社会中的形
象。因此，要让青年及民众接受国民党是资产阶级的政党，实际上并不
容易。对于国民党来说，他们并不接受中共对自身的阶级判断，并试图
消解中共对国民党和中国社会的阶级分析。

同年，另一篇文章发表在以青年为阅读主体的《民国日报》副刊《觉
悟》上，曾任中国社会主义青年团首任书记，时任国民党上海执行部宣传
部宣传指导干事的施存统也阐述了这一观点：

> 国民党是国民的党，不论哪个阶级的国民，只要赞成国民党党
> 纲，都可加入的，它是保护全体被压迫人民的利益……而共产党确
> 实建筑在无产阶级上的，一切的劳动者和农民的上面。无论谁，加

---

① 民：《一定要有学问才可以加入国民党么？》，《民国日报·评论之评论》第20期，
1924年8月3日。

入了共产党，除了劳动阶级的利益，不能主张自己的利益……所以国民党组织份子是国民的，共产党组织份子是阶级的，是劳动者。……共产党员加入国民党……因为他们亦是一个国民。①

施存统在这里，不但没有正面回答国民党的阶级问题，而且将其塑造为一个代表全体民众利益的"国民的"政党、一个超阶级的政党，这也是国民党当时的官方态度。当然，这并非施存统的个人理解，陈独秀在 1923 年 12 月 1 日发表《中国国民革命与社会各阶级》一文里尽管阐述了资产阶级、知识分子、工农等各阶级在国民革命中的角色及相互关系，但并未指明国民党的阶级性。可见，在国共合作的前期，中共内部对国民党的阶级属性问题，还是比较模糊的。

对于代表劳动阶级利益的共产党以什么名义加入到国民党内，施存统认为共产党是作为国民加入到国民党里。在某种意义上，这些说法皆肯定了中国社会各阶级的存在，但在国民革命背景下，阶级斗争被隐微嵌入到阶级联合当中。在公众层面，主要凸显阶级联合的优先性。

在各种宣传之下，很多青年逐渐接受一种观念：社会存在各种阶级，共产党代表劳动阶级，国民党代表阶级的联合，国共合作是为了实现反帝的革命目标。1926 年，一位来自广州的青年彭十严，声称自己原本是国家主义的信徒，国家主义强调用教育与文化、而非阶级斗争的方式，来解决社会问题；并且强调阶级问题服从于民族与国家的利益。然而，在阶级分析的冲击下，彭十严仍陷于痛苦烦闷中，自己想要救人救国，

---

① 施存统：《国民党与共产党的组织》，《民国日报·觉悟》1924 年 12 月 4 日。

却走投无路："我们要革命，还是为的谁？从世界革命的历史上看，我们岂能不特别着眼于最大多数被压迫阶级！"[①] 换言之，他支持国家主义的理想，但是却无法忽视被压迫阶级的存在，从而无法漠视阶级斗争的手段。继而他解释何以会支持国民革命，在于共产党与国民党皆为着中国解放而实行联合，他认为这才是"革命思想上的根本问题"，其他都是枝节。彭十严的这封信引起了恽代英的注意，恽认为这是国民革命在思想界逐渐胜利的一种倾向。[②] 这实际上表明在第一次国共合作破裂之前，青年对阶级联合起来反对帝国主义接受度是非常高的，国家内部的阶级斗争所带来冲击感被国民革命的统一战线所冲淡。

可以说，在 20 世纪 20 年代大革命的背景下，青年比较容易接受社会阶级的概念，对国民党的阶级性认识模糊不清，却很确定共产党的阶级基础；同时，对阶级联合的认同更甚于阶级斗争。阶级联合的观念，在大革命期间得到进一步强化。随着大革命的失败，国共合作的破裂，继之而起的是一系列更趋混乱的"阶级"讨论。如 1927 年 10 月，陈公博出版《中国国民党所代表的是什么？》一书，引发了国民党内外关于国民党性质、任务等一系列问题的讨论。[③] 在书中，陈公博认为国民党只能代表农工而不能代表资产阶级；国民革命是农工阶级领导的，而非资产

---

① 彭十严：《从国家主义觉悟过来告朋友并致青年》，《民国日报·觉悟》1926 年 11 月 27 日。

② 代英：《思想界"反赤"运动之过去现在与未来》，《中国青年》第 148 期，1927 年 1 月 1 日。

③ 1928 年，中国国民党天津特别市党务指导委员会宣传部将陈公博《中国国民党所代表的是什么？》一书及相关的商榷编成《中国国民党到底代表的是什么？》一书出版，以澄清国民党的阶级属性。中国国民党天津特别市党务指导委员会宣传部编：《中国国民党到底代表的是什么？》，1928 年。相关的研究可以参看李志毓：《中国革命中的小资产阶级（1924—1928）》，《南京大学学报》（哲学·人文科学·社会科学）2015 年第 3 期。

阶级领导的。其依据是国民党在广州及在国民革命过程中，常遭受资本主义的压制，而非支持。[①]

群众运动是阶级斗争还是阶级联合？

如上所述，在大革命的背景下，阶级合作既表现在国共两党的合作上，更重要的是表现在群众运动中。中国共产党如何在群众运动中，一面坚持阶级斗争的策略，一面宣传阶级联合以完成大革命，尤其是在阶级斗争与大革命的目标发生矛盾时，哪个更具有优先性？这些现实语境也迫使青年对"阶级"问题的思考突破个人的畛域，进一步将它与中国的前途与命运联系在一起。

1925 年，五卅运动爆发后，中共以及各种政治立场的报刊都对此做了非常多报道。有支持、有批判，并且逐渐聚焦于阶级合作与阶级矛盾的问题。1925 年 11 月，一位来自武昌的青年重良表示，这次工人罢工运动之所以能持续两三个月，除了工人的爱国心，还在于全国各地源源不断的接济。其中，这些捐款多来自资产阶级，无产阶级捐款虽有但数目不大。因此，他主张面对对外战争，国内各阶级应该联合一致对外。现在中国共产党主张对内和对外的阶级斗争要同时进行，这可能导致中国内部的分裂，削弱团结的力量，不利于一致对外。[②]

这一疑惑相当具有代表性，针对这一问题，恽代英从三个层次回复这位青年。首先，他指出如果这场运动是全民族的解放运动，就不能说资产阶级的捐助是对工人的恩惠，而是资产阶级对国家的义务；其次，

---

① 陈公博：《中国国民党所代表的是什么？》，复旦书店 1927 年版。
② 重良、代英：《五卅运动与阶级争斗》，《中国青年》第 103 期，1925 年 11 月 28 日。

从工人的角度来说，即使资产阶级进行了捐助，但并未在制度上改变对工人的剥削，要分清现象与本质；最后，他揭示了资产阶级在这场运动中的两面性。

> 资产阶级做事，只问于自己利益有何关系，他一方挟无产阶级以与帝国主义争自己的利益，一方挟帝国主义以制无产阶级使不敢动摇自己的权利；此在无产阶级善于应付则可以合作而不牺牲自己的利益；苟不善应付，纵拼命牺牲自己利益，在资产阶级得达到他们自己的利益之时，仍旧不会与无产阶级合作以反抗帝国主义的。①

需要指出的是，这位青年提出了一个非常重要的问题，即一方面中共强调资产阶级与无产阶级的对立，另一方面又在宣传与资产阶级联合的民主战线，同时又强调要在其中保持无产阶级的独立性以及对资产阶级的批判。这一阶级对立与联合、独立与批判，即使早期中共党内，对这些问题也存在着分歧，更不要说对一般的青年而言，理解起来多么困难。同时，这位青年的看法其实类似于恽代英早期的看法，即担心阶级的话语将本来就一盘散沙的中国，推向进一步的分化，可见这一看法具有相当典型性。

同样，1926 年 2 月，一位来自广东的青年梁明致致信陈独秀，讨论阶级问题。他亦首先承认阶级存在这个前提，并且认为阶级斗争不是一种理想，而是一个事实。他完全赞成《共产党宣言》里的观点，人类历

---

① 重良、代英：《五卅运动与阶级争斗》，《中国青年》第 103 期，1925 年 11 月 28 日。

史自从有了阶级，就存在着斗争。但是，对于细部，他则存在着不同的理解，他认为人类历史的阶级斗争都是被统治阶级推翻统治阶级的斗争，现在的阶级斗争是联合全国国民打倒军阀的统治。如果阶级斗争的结果是劳工专政，岂不是制造出一个新的统治阶级，造成新的压迫与被压迫，他认为这是社会上对马克思主义的阶级斗争误解的主要原因。① 梁明致认为自己正确地理解了阶级斗争，并为马克思主义辩解，但是实际上是他自己误读了劳工专政。当然，他的误读恰恰反映了部分人的真实看法。

一个半月后，梁明致再次致信《向导》讨论阶级斗争的问题。他认为目前最重要的是打倒军阀和帝国主义，完成国民革命。国民革命期间发生的五卅运动出现劳资分裂，表明阶级斗争与阶级联合是"两者不可兼得"的事情。他一再重申自己并不反对阶级斗争，也非常希望劳动阶级的地位能够提高，但是在反帝反军阀的背景下，阶级斗争应该注意"分寸"。② 换言之，他认为中国共产党在五卅运动中，存在阶级斗争过火的问题。再过半个月，梁明致写第三封信给《向导》，执着地讨论阶级问题。这次他主要想讨论压迫阶级不仅要看经济条件，还要看权力。他认为中国自古以来，有一部分人都是因先有了权力，才有了资产。马克思主义的阶级范围不仅有点狭窄，并且与中国的历史存在出入。梁明致连续三封信讨论阶级斗争，在最后一封信里，《向导》的编辑已经有些怒气了，便直截了当地批评梁明致，来回讨论了这么久，仍然连阶级是什么都弄不清楚。③ 这也回应了上文所讲，《向导》作为中共公开的机关刊物，

---

① 梁明致：《对于阶级争斗之一个疑问》，《向导》第 144 期，1926 年 2 月 3 日。
② 梁明致：《对与阶级斗争的讨论》，《向导》第 146 期，1926 年 3 月 17 日。
③ 梁明致：《三论阶级斗争：什么是阶级》，《向导》第 150 期，1926 年 4 月 23 日。

在捍卫自身立场上，态度更为坚决。

这些讨论都是当时青年对阶级和阶级斗争的部分真实看法，中共早期编辑收到这些反馈后，都会细致地予以回复，并且给出符合马克思主义的解答。然而，这些编辑都了解，对于涉世未深的青年，要说服他们仅仅靠理论宣传是不够的，有时青年自认为理解与接受的马克思主义，实际上既与马克思主义理论存在脱节，也与现实存在脱节，因此青年在"接受"与"怀疑"之间反复跳脱，皆是正常的思想接受过程。正是基于此，早期中共知识分子为主导的刊物，基本上采取了一个类似的策略，就是鼓励青年参与社会调查，通过观察社会现实来理解和接受阶级斗争；并且一再地鼓励青年要走向社会谋生活，直面经济的压迫，这是促使他们接受马克思主义最现实的动力。

六、小结

本章讨论的是马克思主义的核心观念"阶级"如何进入中国，并且被中共早期知识分子接受与传播。"阶级"是中国传统就有的概念，但是马克思主义意义上的"阶级"则是由日本人先翻译过来，再传到中国的，这与中国传统意义的阶级观念发生冲突，也导致知识分子对中国是否有阶级的观念产生分歧。一种是基于科举制度与职业，否认中国有阶级；一种是基于压迫与被压迫，认为中国存在阶级。这种分歧一直贯穿整个革命阶段。

最早一批接受马克思主义阶级理论的知识分子，有一部分如李大钊、恽代英等也曾对其背后隐藏的对立与暴力抱有疑虑的看法，但是在对中国社会进行调查与分析之后，逐渐地接受阶级斗争的理念；还有一部分如毛泽东等青年他们在自身的求学之路上，备感经济对自身的压迫与社会经济制度的不公平，他们深刻感受到被社会边缘化的痛苦。当马克思主义基于经济基础的阶级观念进入他们视野的时候，他们更容易理解和接受，因为这一概念被他们的生活经验给激活了。

中国共产党成立后，中共早期知识分子凭借着报刊传播马克思主义，而有一定知识水平的青年成为他们最为重视的对象。在马克思主义的所有概念中，阶级最容易被青年接受，也最容易被青年误解。很多青年会自称无产阶级，很多青年将高低年级的矛盾解释为阶级矛盾，亦有很多青年认为大革命时期的阶级联合优先于阶级斗争，或者阶级斗争与阶级联合难以共存等。虽然青年对"阶级"理解与其本义有一定偏差，但青年开始尝试运用马克思主义的阶级理论，来解释现实生活、表达自己的切身诉求，进而将其与中国的前途联系起来。这是该时期青年接受马克思主义的一个重要特点，也是青年接受阶级观念并自觉转变阶级身份认同的一大表征。同时，我们也要注意，马克思主义的传播与接受是一个长久的反复拉锯的过程，无法一蹴而就；而且"接受"也并非终点，而是进一步将自身困境与国家命运真切联系起来的起点。

第四章　走向世界：突破世界——地方的二元对立

在传统的乡土中国，乡村所代表的地方社会是绝大多数人的安身立命之地，也是修身、齐家、治国、平天下的基础性社会场所。然而，在近代的转型过程中，各种资源开始向城市转移，乡村精英也逐渐离开乡土。不仅如此，通过启蒙与学习，近代中国人看到了更广阔的世界，因此对于 20 世纪 20 年代的青年而言，他们不仅想离开乡村，还想要离开地方，进入世界的舞台。这是一种期待，然而世界在哪里？是存在头脑里，还是有一个现实空间的世界？对于大多数青年而言，离开地方的成本太高了，如何走向世界，成为人生的一种困境。在此过程中，世界语作为世界主义的具象化载体，被青年寄予走向世界的希望，亦很快承受走向世界的挫折。在希望与失望之间，马克思主义提供了一个可供实践的、重塑"地方与世界"关系的方案，即"全世界无产者，联合起来"的世界革命需要在地方实现，亦只有地方革命的成功才可能有世界革命的成功。

一、世界主义与民族主义的张力

近代以来，建立现代民族国家成为中国知识分子追求的主要目标。这意味着19、20世纪之交的中国不仅要重新检验"中国社会政治秩序的结构基础"，还需要在新的空间理解中国。① 正是由于民族主义在全球的扩张，它又滋生出一种与其既匹配又矛盾的世界主义（Cosmopolitanism），而这两种主义几乎贯穿了整个近代中国各种思潮与革命实践。它们相伴而生，间或有力量的消长，它们之间的变奏勾画了现代中国思想与革命的线索。

在对近代中国世界主义的研究当中，学界有两种看法非常有意思。一种以张灏、许纪霖为代表，他们认为近代中国的世界主义与中国传统的天下主义思想有关，后者有助于中国人接受近代西方的普遍"公理"，并为中国人接受马克思主义奠定了基础。② 两位学者的研究，对天下和公理式的世界主义抱有强烈的同情的色彩，随之他们所界定的世界主义也更具有正面的、普遍主义的内涵。另一种以列文森（Joseph R. Levenson）为代表，他认为近代中国面临一种"世界主义"更替的情况，此前的儒家是一种文化世界主义，但是当中国试图转变成民族国家的时候，儒家就变成了地方主义（Provincialism），取而代之的是一种新的、西方的世界主义。进而，他把西方的世界主义划分成共产主义的世界主义与资产阶级的世界主义。最终，他要回答的是资本主义为何会在中国失败，他归结为资本主义的世界主义的"无根"性（Rootless），即相信普遍人性、非功利性和超越民族性，而共产主义则因其容纳民族主义从而使其世界

---

① ［美］阿里夫·德里克：《中国革命中的无政府主义》，孙宜学译，广西师范大学出版社 2006 年版，第 50 页。

② 张灏：《重访五四：论五四思想的两歧性》，载《幽暗意识与民主传统》，新星出版社 2006 年版，第 221—223 页；许纪霖：《家国天下：现代中国的个人、国家与世界认同》，上海人民出版社 2017 年版，第 414—436 页。

主义获得胜利。①

列文森认为"无根"是资产阶级世界主义的特点，然而它却是近代中国知识分子信仰的基于启蒙理想的"公理"。② 这之间存在明显的矛盾与歧义，同时也提出了一系列的问题，资产阶级的世界主义与帝国主义是什么关系？"无根"是资本主义的世界主义特征，还是世界主义的总体特征？五四时期知识分子所信仰的"公理"是超意识形态的世界主义，还是资本主义的世界主义？最后，它的疑问落在"什么是世界主义"这个问题上。

世界主义并不是一个严格的概念表述。世界主义的词源和意义都来源于古希腊，Cosmopolitanism 由两部分组成，kosmo 指的是世界和宇宙，polis 指的是城市和城邦，两者合起来意指世界城市／城邦，而最早提出这个理念的则是斯多葛学派，他们认为宇宙是统一的，而人能够基于理性，超越种种差异性，追求人类共同体所存在的善，这就是世界主义者。③ 在很长的一段时间里，世界主义在西方思想中并不是那么重要。但是，近代西方民族国家由于领土、贸易、宗教等方面的冲突常常以战争的方式来解决，1795 年康德出版的《永久的和平：一个哲学批判》提出一种世界主义的法律与权益，期冀消弭民族国家的暴力战争，重建国家间的和平。此后，世界主义愈来愈成为一种重要的思想，来回应民族国家冲突、意识形态冲突、文明冲突与全球化等问题。可见，世界主义的思想在西方由潜入显，是近代民族国家扩张所带来的结果，其中以人类

---

① Joseph. R. Levenson, *Revolution and Cosmopolitanism: the Western Stage and the Chinese Stages*, Berkeley and Los Angeles: University of California Press, 1971, pp.3, 31.
② 许纪霖：《家国天下：现代中国的个人、国家与世界认同》，第 414—515 页。
③ 王晶宇：《法理学全球化范式研究》，吉林大学博士学位论文 2008 年，第 83、90 页。

的理性克服非理性的暴力与冲突，又使得它具有明显的启蒙的思想特征。
正如梁启超所观察：

> 十九世纪下半期，各国像发狂似的相竞扩张军备，人人都觉得
> 全世界好像堆满火药，爆发起来，不堪设想，所以世界主义的平和
> 运动，又渐渐的抬起头来。①

然而，世界主义并未因其重要性，而使得其概念得到澄清，反而因
各个领域的混用，使得它愈发显得暧昧而模糊。因此，当我们谈论世界
主义的时候，需要清楚地知道是在什么层面讨论这个问题。王宁认为我
们主要是从三个层面来讨论世界主义：哲学层面的世界主义、政治学和
社会学层面的世界主义、文化艺术层面的世界主义。②蔡拓更是进一步细
化，从领域、强度、关系、反思四个向度对世界主义进行类型分析，以
领域的划分包括道德世界主义、政治世界主义、法律世界主义、制度世
界主义、经济世界主义、正义世界主义、文化世界主义和消费世界主义
八种。其中，道德世界主义是核心，贯穿于其他各种世界主义当中。③
这些类型的划分恰恰反映了世界主义作为一个概念的非严密性和多重诠
释性。而在乌尔里希·贝克（Ulrich Beck）这里，界定世界主义的内涵
已经不是最重要的了，更重要的是将世界主义当作一种反思的方法，突
破一种支配的霸权理论分析，承认人类文化、未来、自然及各种合理的

---

① 梁启超：《欧游心影录》，第 173 页。
② 王宁：《世界主义》，《外国文学》2014 年第 1 期。
③ 蔡拓：《世界主义的类型分析》，《国际观察》2018 年第 1 期。

差异性，使民族/国家主义和世界主义获得一种新的平衡。因此，乌尔里希·贝克认为世界主义既是"前民族"的，又是"后民族"的。① 然而，让世界主义变得重要起来的时刻，恰好是在"前民族"与"后民族"之间。

因此，当我们要以世界主义分析近代中国思想的时候，要区分两种世界主义。第一种是作为内涵的世界主义，即近代中国人所接受的西方的世界主义是什么，他们又如何拿着这个世界主义这个概念去理解中国传统当中的世界主义；第二种是作为方法的世界主义，这不仅表现在今天的学者将世界主义当作一种方法分析近代中国，更重要的在于世界主义也是近代中国知识分子分析世界大势的方法，以此能更好地理解何以在中国在近代民族主义兴起的情况下，中国人对具有世界主义倾向的无政府主义、人道主义、马克思主义等都比较容易倾心。

二、作为世界主义想象具象化的世界语

如果说世界主义的兴起来自近代民族国家发展的助推，那么世界语（Esperanto）的出现更是如此。按照《圣经》创世纪所说，人类本来是有统一语言的，但是人类妄想建立直通天堂的巴别塔（Tower of Babel），为了惩罚人类，上帝将人类的语言变乱，使得人与人之间无法建立直接的联系，从而抑制人类通天的欲望。这本来是犹太教和基督教对人类罪的描述，但是在近代民族国家的建构中，巴别塔的惩罚变得如此现实，人类在技术进步当中加剧了争斗的残酷性。早在文艺复兴时期，英国的培

---

① ［德］乌尔里希·贝克：《什么是世界主义》，章国锋译，《马克思主义与现实》2008 年第 2 期。

根（Francis Bacon）、法国的笛卡尔（René Descartes）以及德国的莱布尼兹（Gottfried Wilhelm Leibniz）都尝试创造一种国际语言，来打破因语言障碍所造成的误解乃至冲突。在世界语产生之前，第一个较为成功的人造国际语是由德国施莱耶（Johann Martin Schleyer）于 1879 年创造的沃拉普克语（Volapuk），他本是天主教神甫，声称自己在失眠的某夜遇到上帝，上帝让他打破语言的巴别塔。受到上帝的呼召，他开始设计一门世界语言。Volapuk 中 vol 指 "world"（世界），a 指 "的"，而 puk 指 "speech"（话），即世界的语言。① 可以看到，从培根到施莱耶建立国际语尝试，实际上是建立在基督教传统里的，是非常典型的基督教世界面对现代世界纷乱的一个方案。

世界语的创始人柴门霍夫（Łazarz Ludwik Zamenhof）生于波兰比亚利托克城，受沙皇俄国的统治。在这里，有俄罗斯人、波兰人、日耳曼人和犹太人。他们讲着各自的语言，有着不同的习俗和观念，常因各种问题起冲突。就他个人而言，其母语是俄语，日常说的是波兰语，同时他又是希伯来人。在当地，人们以宗教来界定种族，犹太教徒相当于希伯来人，罗马天主教徒是波兰人，希腊天主教徒是乌克兰人，基督新教徒是德国人。而在当时沙皇俄国统治之下的，犹太语不可以作为母语申报。同时，俄国与波兰之间存在压迫关系，而波兰人又排斥希伯来人。②

可以看到，柴门霍夫生活的地方就是一个宗教与民族冲突的火药桶，这里当然有语言的矛盾与冲突，但肯定不是根本性的矛盾所在。然

---

① ［俄］E. 德雷仁：《世界共通语史——三个世纪的探索》，徐沫译，商务印书馆 1997 年版，第 34—185 页。
② ［瑞］埃德蒙·普里瓦特：《柴门霍夫的一生》，龚佩康译，世界知识出版社 1983 年版，第 55 页。

而，在欧洲共同的基督教传统里，以及在柴门霍夫的个人经验当中，他认为语言是造成冲突且可以作为解决冲突的一个可行性方案，因此在中学的时候便下定决心创造一门"国际语"。1887 年，柴门霍夫以希望博士（Espero）的名义发表世界语《第一书》（Unua Libro），标志着世界语（Esperanto）的诞生。其目标在于本着"人类爱"，通过中立的国际辅助语，打破各民族国家之间、人与人之间的界限，实现人类的和平与幸福。① 可以看到，世界语的产生除了近代民族国家发展所带来的冲突之外，还有一个因素是启蒙思想的影响，这使得世界语一经产生便具有超越民族国家，高举普遍人性、理性、非功利的世界主义特征，它自称"人类一员主义"（Homaranismo）。同时，创造一种语言来解决人类的矛盾与冲突，既是遵循基督教传统，又是对基督教传统的反抗（前文提到，上帝变乱人的语言，就是为了防止人僭越上帝），进一步反映了人类对自身理性的自信与乐观，这仍然是在启蒙思想范围之内的。

但是，柴门霍夫在定性这门语言的时候，却有意撇清世界语与世界主义的关系。他最初使用 Lingwe Universala（universal）界定世界语，经过慎重考虑之后，又将世界语改成 Lingvo Internacia（international）。② universal 与 international 有共同点，都有超越民族国家局限的一面，但是他们也存在差异，而这恰恰是柴门霍夫注意到的，即 universal 有否定民族国家的面向，而 international 不必然否定民族国家的价值。经过反复权衡与考量，他最终认为世界语目标不是取消民族国家的存在，而是以世界语作

---

① 后觉：《世界语概论》，商务印书馆 1930 年版，第 61—62 页。
② ［日］安井伸介：《中国无政府主义的思想基础》，台湾五南图书出版公司 2013 年版，第 143 页。

为沟通民族国家的桥梁，达成民族国家与国际社会的共存。

然而，世界语一进入中国，便天然地被看成是世界主义的，多少有点背离柴门霍夫的考量，但是却契合了中国传统的天下主义观念。最早Esperanto 被译作"万国新语"，后来又被译作"爱世语"、"爱斯不难读"和"世界语"。[①] 最终，中国人将 Esperanto 的翻译定为世界语，进一步反映了中国人对 Esperanto 所寄托的世界主义想象。

20 世纪初，世界语经由中国早期的无政府主义者传入中国。中国无政府主义起源的两个中心，也是中国世界语运动的两个中心。一是 1907年吴稚晖、李石曾、褚民谊等在巴黎办《新世纪》，鼓吹世界语；一是1908 年刘师培、张继等在东京从大杉荣学习世界语，并在《天义报》上宣传世界语。[②] 他们在法国和日本几乎同时宣传世界语，表明他们对汉字"世界性"的怀疑。中国在秦朝就实现了"书同文"，而在东亚的交往中，汉字长期作为东亚共同语在使用。因此，当中国遭遇西方的世界主义时，不仅儒家变成地方主义，汉字也变成了地方主义。吴稚晖等人更是激进地认为，应该以世界语代替汉字，其原因在于他们认为人类语言的统一是未来世界进化的趋势，而世界语是目前最新最优的语言，中国应该尽快采用，以使中国能够立足于世界。为此，吴稚晖与章太炎展开了论战，尽管立场不同，但是背后的中国生存焦虑是一致的。[③]

在同一时期，西方世界语的学习者和推动者包含各种身份，"新闻记者、教育家、社会主义者、共济会会员、天主教徒、清教徒、和平主义

---

① 愈之：《国际语的过去现在及将来》，《学生》第 9 卷第 8 号，1922 年 8 月。

② 刘公铎：《二十五年来世界语运动面面观》，《真光杂志》第 26 卷第 6 期，1927 年。

③ 燃料（吴稚晖）：《书驳中国用万国新语说后》，《新世纪》第 57 号，1908 年 7 月 25日；章太炎：《驳中国用万国新语说》，《民报》第 21 号，1908 年 6 月 10 日。

者、海员、红十字会员、法官、商人、禁酒主义者、医生和药剂师、音乐家、棋手、速记员、科学爱好者""铁路员工、邮政电信职工"等，① 克鲁泡特金等无政府主义者也将世界语视为有益的工具，但是兴趣有限，而东亚无政府主义者则是世界语运动的先锋。② 这再次表明世界主义与世界语在 19 世纪末 20 世纪初开始在世界范围内风起云涌，不能不将它们看成是资本主义在世界扩张的一种回应，东亚无政府主义者的世界语热情便是这一进程的例证。

　　在晚清的无政府主义者里，刘师培颇具代表性。他认为学习世界语对于实现世界大同，是非常有用的，"非言、文统一，不能跻世界于大同"，"以世界主义为天下"。③ 在这里有几层意思，一是无论这是什么世界，中国必须跻身其中；二是即使是丛林世界，它也有一个统一的发展目标，而大同是其最高目标；三是世界主义的内涵是天下大同。可以看到，这里存在一个错位，我们现在可以清楚地知道"世界"并不等于"世界主义"。然而，刘师培等无政府主义者在面对新的世界秩序的时候，自然而然地拥抱了世界主义。这背后有两重原因，一种是近代西方的历史哲学，认为人类有一个统一的历史进程，别无例外；另一个是中国传统的天下观念，亦将人类视为发展的整体，并将大同看成最高阶段。因此，晚清的无政府主义接受世界主义，并非一种逻辑上论证的结果，而是一种文化传统上的契合。

---

① 　侯志平主编：《世界语在中国一百年》，中国世界语出版社 1999 年版，第 29 页。
② 　Gotelind Müller-Saini, Gregor Benton, Esperanto and Chinese anarchism, 1907—1920: "The translation from diaspora to homeland", *Language Problems & Language Planning,* no.30（2006）; Gotelind Müller-Saini, Gregor Benton, Esperanto and Chinese anarchism in the 1920s and 1930s, *Language problems & language planning*, no.2（2006）.
③ 　《劝同志肄习世界新语》，《衡报》1908 年 4 月 28 日。

　　然而，在刘师培这里并未出现柴门霍夫的担心，即世界语所呈现的世界主义有消灭民族国家的嫌疑。中国无政府主义有趣的地方恰恰在于，他们看似要超越民族国家，其实并不真正想废除民族国家。对于刘师培来说，世界语是一个工具，可以帮助实现非军备主义、非国家主义的"万国联合"。① 因此，这些反对国家和强权的无政府主义者，是通过提倡超越民族国家，来证明中国存在的合理性。

　　辛亥革命以后，基于对革命的失望，师复开始信奉无政府主义。他出版的《晦鸣录》，每一期都有将近四分之一篇幅的世界语版，来宣传无政府主义。不同于晚清的无政府主义者，师复对世界语的理解更深刻。晚清无政府主义者，更多将世界语当作通向世界主义的工具，但是到师复这里，世界语与无政府主义是并驾齐驱的，因为他们都有世界主义的价值目标。②

　　1917 年到 1919 年，《新青年》就是否应该学习世界语的问题展开争论。陈独秀立场鲜明地支持世界语，其原因并不在于他了解世界语，而在于世界语三个字直接导向世界主义的联想。

　　　　世界语之成立，非即为世界主义之实现。且世界主义未完全实现以前，世界语亦未能完全成立。然世界人类交通，无一公同语言为之互通情愫，未始非世界主义实现之一障碍。二者虽非一事，而其互为因果之点，视为同问题亦非绝无理由。此仆对于世界语之感想，而以为今日人类必要之事业也。……柴门霍夫之世界语即不适

① 《Esperanto 词例通释》，原载《天义》1908 年 3 月，载《天义·衡报》(上)，第509 页。
② 如晦(师复)：《世界语与无政府党》，《民声》第 6 号，1914 年 4 月 18 日。

用而归淘汰，亦必有他种世界语发生。良以世界语之根本作用，为将来人类必须之要求，不可废也。①

与师复等无政府主义者相比，《新青年》的世界语支持者又再次将其工具化，这恰恰反映了新青年群体对世界主义的热情。在他们的心目中，世界主义就是启蒙运动以来所宣扬的平等、自由与博爱，并以跨越民族国家界限为目标，此是为"公理"。列文森毫不留情地批评这个"公理"在意识形态上并没有那么超越，不过是资本主义的一套世界主义观念罢了。换言之，世界主义也并不像字面上那么超越，它不过是强者意念的美化。当然，列文森是后设将世界主义当作一种方法来分析五四的思想，我们并不应该责难近代中国知识分子没有对其背后的意识形态性，保持足够的清醒。

如安井伸介所观察，无政府主义者也好，新青年群体也好，他们所支持的世界语与世界主义，都倾向于将世界想象成一个统一的整体。这种倾向遭到陶孟和的批评，他认为未来的世界大同是 unity in diversity（多元统一），而不是 unity in uniformity（同质统一），而语言是承载多元的重要载体，统一的语言（世界语）则消除了这种多元性。换言之，世界主义的内涵重在多元，而非整齐划一。②陶孟和的声音并非主流，却表明五四时期对世界主义的思考有多元化的一面，但是在 20 世纪 20 年代中国的重心仍然是融入世界统一的目标之中。

可以看到，在中国无政府主义者和新青年群体当中，他们多数将世

---

① 　独秀：《答孟和》，《新青年》第 3 卷第 6 号，1917 年 8 月 1 日。
② 　［日］安井伸介：《中国无政府主义的思想基础》，第 180 页。

界等同于世界主义，同时对世界主义的理解指向对世界想象的统一化。在他们当中，世界语作为世界主义具象化的载体，始终摇摆于工具与价值之间，时而充当实现世界主义的工具，时而因其世界主义的内在价值而被予以提倡。对于这两个群体来说，他们所提倡的世界语与世界主义看似与民族主义不两立，实际上仍然向着中国作为民族国家的存在而言说的，以超越民族国家的世界主义来确认中国民族国家的地位，这是近代中国世界主义与民族主义之间的一个特性。

三、青年走向世界的热望

如果说此前的世界语是精英知识分子的"游戏"，那么20世纪20年代以后的世界语开始进入更多普通人对世界的想象当中。这时，它呈现出更复杂的层面，一种是非意识形态的，"世界"的弹性与大小随着对世界语的掌握程度而发生变化；一种意识形态的，政党开始有意识地塑造"世界主义"的内涵，争夺世界主义的诠释权，争取各种仰慕世界主义但对世界主义不甚了了的青年群体。

在世界语的所有宣传里，都包含两个层面的内容。从价值上讲，世界语追求的是人类的和平与幸福，而青年人是人类的一分子，有责任学习世界语，造福人类。从实用性上讲，学会了世界语，一般知识分子就能在自己生活的小地方与数百万的国外同志通信，能阅读千百种的书籍杂志，能和各国学者交换学术的研究，从而完成从地方到世界的跨越。[①]因此，20世纪20年代非常多的知识青年通过函授的方式开始学习世界

---

① 《发刊旨趣》，《学生》第9卷第8号，1922年8月。

语，构想自己成为世界一员。

1914 年至 1917 年，因第一次世界大战的影响，世界语运动在西方和中国皆陷入低潮。① "一战"结束后，中国世界语运动复苏。《学生杂志》在此潮流下，于 1922 年 8 月开始设立"学生世界语栏"，② 直至 1931 年 12 月《学生杂志》停刊，每期刊载世界语国内外动态、世界语作品翻译、世界语学习等内容（见下表）。

《学生杂志》"学生世界语栏"一览表

	1月	2月	3月	4月	5月	6月	7月	8月	9月	10月	11月	12月
1922								✓		✓	✓	✓
1923	✓	✓	✓		✓		✓	✓	✓	✓	✓	✓
1924		✓		✓			✓			✓	✓	✓
1925		✓		✓		✓			✓	✓		
1926	✓			✓							✓	✓
1927		✓		✓	✓	✓	✓	✓		✓		
1928	✓	✓	✓	✓	✓	✓					✓	
1929	✓									✓		✓
1930	✓	✓	✓	✓	✓	✓	✓	✓	✓	✓		
1931		✓	✓	✓	✓		✓	✓		✓	✓	

（注：该表根据《学生》和《学生杂志》统计整理）

---

① 程诚：《清末民初世界语中国世界语运动研究》，安徽大学硕士学位论文，2015 年，第 27 页。

② 有学者误以为"学生世界语栏"设于 1923 年 1 月，实际上 1922 年 8 月已经开设。推测其原因可能跟《学生杂志》改名有关，1922 年杂志名称是《学生》，1923 年杂志名称是《学生杂志》。如果按《学生杂志》查询，最早只能查到 1923 年 1 月的"学生世界语栏"。李存光：《巴金与上海〈学生杂志〉"学生世界语栏"——巴金佚文寻探》，载陈思和、李存光主编：《你是谁》，上海三联书店 2013 年版，第 407 页。

在"学生世界语栏"的《发刊旨趣》当中，作者从世界语的理想和世界语的实用性两方面论述中等生为什么要学习世界语。

学生诸君！你们不是觉悟的青年吗？你们不是新时代的先驱者吗？现在人类一方面虽然是在黑暗的隧道里面；到处都只是互相仇恨，互相残杀，但是新时代却早晚就要到来了；自由和平和的呼声已叫遍全世界，而且到处都起了反响了。在这漫漫长夜正要破晓之前，我们有一件神圣的东西供献给诸君，这就是国际语 Esperanto了。……我们为什么要学世界语呢？都因为我们是人类的一分子，对于人类的平和与幸福，我们是应该负一部分责任的，所以我们对于造福人类的世界语，不但不可不学，而且也不可不尽力的去提倡宣传。我们希望学生诸君都成为人道的宣传者，都成为"平和战关员"（"Pacaj batalantoj"）。至于学会了世界语能和数百万的国外同志通信，能阅几千百种的书籍杂志，能和各国学者交换学术的研究，这些倒还是小事哩。[1]

作者进一步说，"学生世界语栏"以后每期刊载《世界语简易课》，使读者"在极短的时间内，以极少代价学得世界语的大概"。虽然文章大谈世界语的内在价值，但是其功利主义的色彩却怎么也隐藏不了。其原因在于，作者洞悉如果要吸引中等学历青年对世界语的兴趣，必然需要以实际的好处作为诱惑，然后才能真正地将世界语的内在精神传达出

---

① 《发刊旨趣》，《学生》第 9 卷第 8 号，1922 年 8 月。

去。这篇《发刊旨趣》可谓正中中等学历青年的心怀，已经被放弃的译名 "爱斯不难读" 也恰恰契合了中等学历青年的学力与能力。

首先，世界语打破了中等生的 "地域之苦"，他们不必要身在 "大都会"，不必要留学国外，便可以和世界进行对话。更重要的是，世界语的学校可以通过函授的方式学习，只要有中学及同等学历便可报名，而且费用比升学要廉价得多。[1]20 世纪 20 年代以后几位著名的世界语学者都是通过函授的方式，学会世界语。时任商务印书馆《东方杂志》编辑、为《学生杂志》"通讯栏" 世界语问题作答的胡愈之也只有中学文凭，1913 年因家庭经济困难辍学，他在浙江上虞老家报名上海世界语学会的函授班，开始学习世界语。[2]1914 年，他进入商务印书馆做练习生，继续学习世界语。当《学生杂志》开设 "学生世界语栏" 之时，他已经俨然成为世界语的专家。当胡愈之向中等学历青年宣传世界语的时候，他们难免不会将自己的未来投射到胡愈之身上。尽管胡愈之从一个中学生成为商务印书馆的编辑，并非世界语的功劳，但是中等学历青年们仍不免会将它们联系在一起。

中国左翼世界语者联盟的负责人叶籁士[3] 则是通过阅读《学生杂志》

---

① 1931 年 9 月 1 日起，上海世界语学会的函授学校增加学费，学费加讲义费 7 元，课卷纸 7 角。如不能一次付清者，可以分期付款。第一次缴 3 元，课卷纸 7 角。以后每月缴 1 元 5 角，第五次缴 1 元。增加后的学费跟升学的费用比起来，简直是九牛一毛。可以说，一般的中等生都是可以负担得起的。《世界语函授学校近况》，《学生杂志》第 18 卷第 10 期，1931 年 10 月。

② 胡愈之：《我的回忆》，江苏人民出版社 1990 年版，第 5 页。

③ 叶籁士，1911 年生于江苏省吴县一个地主家庭。1926 年，在苏州桃坞中学读初二期间开始对世界语感兴趣。1929 年留学日本东京高等师范学校，其间参加 "左联" 东京支部。1932 年，加入中国左翼文化总同盟下属的中国世界语者联盟，为该联盟负责人之一，主编《世界》（La Mondo）月刊。1938 年，加入中国共产党，创办世界语国际报道刊物《中国报道》（El Popola Cinio）半月刊。1941 年，皖南事变后，党决定将其调往香港。1945 年，任新四军政治部宣传部任编辑副主任。1949 年后，（转下页）

的"学生世界语栏"看到上海世界语函授学校招生，于1927年1月报名，利用平时的课余时间和假期，根据函授学校发来的讲义进行自学，并于1928年夏天完成全部课程。① 著名世界语专家李奈西② 也是在《学生杂志》上读到世界语的内容，他回忆：

> 1925年革命军第一次东征，给我们带来《向导》、《中国青年》和"新学生社"等进步刊物和组织。当时我已在中学念书，使我们认识了社会主义、共产主义的含义，思想上更为开阔，也使我接触了更多的书刊，商务印书馆出版的《学生杂志》就是其中之一。这个刊物上有一个胡愈之主持的专栏，向我们介绍了世界语（Esperanto）和一些世界语作品的对照读物。第一次接触就使我欣喜若狂，甚至觉得还能看懂一点，心里常常怀着要学的念头。③

（接上页）任华东新华书店副经理兼编辑部主任，上海世界语者协会理事。1951年，任华东人民出版社社长，中华全国世界语协会理事。1954年，任中共中央宣传部兼任中国科学院语言研究所副所长。1955年任中国文字改革委员会秘书长等。第三届全国人大代表，第十一届党代会代表，第五届全国政协委员等。1987年离休。1994年2月2日在京病逝。《叶籁士同志年谱》，叶籁士：《叶籁士文集》，中国世界语出版社1995年版，第363—388页。

① 叶籁士：《〈学生杂志〉给我的影响》，载《开卷有益——给我影响最大的一本书》，上海教育出版社1990年版，第1—2页。

② 李奈西，1908年生于广东梅州，1925年开始学习世界语。1926年，入广东陆军测量学校。1929年因从事革命活动被捕入狱。1931年，出狱后参加十九路军上海淞沪抗战。1938年，加入中国共产党，并在国民党机关从事地下工作。1958年6月后，任中华全国世界语协会办公室主任，主持《中国报道》编审和行政领导工作，后任中华全国世界语协会副秘书长、《世界》杂志副主编。从20世纪80年代初期起，他相继从世界语翻译出版了《灯塔看守人》《机器世界》《上帝保佑你》《屠格涅夫散文诗》《安娜日记》《勇敢的约翰》等著作，2003年去世。侯志平：《李奈西：世界语运动的实干家》，《中国世运史钩沉》，首都师范大学出版社2015年版，第257—260页。

③ 李奈西：《我和世界语：我对世界语学习和工作的回忆》，世界语学习网，2022年2月16日。

1929 年，已经是共产党员的李奈西因有人叛变而被关进南京的陆军监狱。他在监狱里报名上海世界语学会的函授班，花了半年的时间将课程学完，而胡愈之、巴金等还为他批改作业。

当时我们被关在南京小营一间陆军监狱里，被关押的都是政治犯和军事犯，管理比较宽，除了吃饭、睡觉、放风之外，就是看书，什么事也没有，比较清闲，我花了半年时间把课程学完了。[1]

1925 年，在福州格致书院读书的徐继潮从《学生杂志》里知道世界语。看到上海世界语函授学校招生后，他立即报名。在收到课本和讲义以后，他进行自修，再按期将作业寄回。课本共 12 本，徐继潮学习到第十本时，因故中止，后未再读。[2] 尽管如此，但是学习效果非常惊人。

1927 年冬初，我从南平回福州，把所写的文艺作品有译自世界语的民间故事与散文等，投稿《民国日报》，均先后发表于副刊《革命之花》上。该报总编辑王新命先生为余言，渠壮年在日本求学时，对世界语亦有涉猎，惟都已忘却。余之译文尚可，此后当多读多译，定可进步。王先生尚谓世界语一词亦有作"爱斯不难"，即从 Esperanto 一字音译而来，用意甚好，惟不能以"不难读"而不下苦

---

① 李奈西：《我和世界语：我对世界语学习和工作的回忆》，世界语学习网，2022 年 2月 16 日。

② 徐继潮：《我与世界语》，载福建省政协文史资料委员会编：《文史资料选编第 1 卷教育编》，福建人民出版社 2000 年版，第 494 页。

功。先生之言有深意在，余之所失，即不明此理。①

1933 年才开始学习世界语的华寿考，是在读旧的《学生杂志》时，看到世界语的介绍，从而找到上海世界语协会。世界语协会的乐嘉煊②接待了他，并告诉他，要白天学习两个月，学费两元，由一个外国人讲授。华寿考非常失望，因他是苏北人，不满 16 岁，文化程度不高，因家庭困难在上海一家水电公司当学徒工，生活零用钱仅 1 元，白天还要到处作工，所以他既无足够金钱，也无足够时间。乐嘉煊考虑过后，同意亲自教他，并且免学费。此后，每隔一天晚上 8 点，华寿考便到乐嘉煊的办公室学习半小时。③可以看到，世界语不仅仅是一门语言，而且背后传递了一种人类互帮互助的精神，这是何以世界语对底层青年产生吸引力的根本原因。

在《学生杂志》"学生世界语栏"关于"我为什么学习世界语"的征文当中，他们无一例外地表达了通过掌握世界语，可以使他们参与到世界主义的潮流当中去，为人类的进化和幸福贡献力量。

来自浙江第六中学的陈宗芳写道：

---

① 徐继潮：《我与世界语》，载福建省政协文史资料委员会编：《文史资料选编第 1 卷教育编》，第 495 页。

② 乐嘉煊，1907 年生，浙江镇海人。1929 年，建立汉口世界语学会。1931 年，在上海参与发起中国无产阶级世界语者联盟。1933 年，参与成立上海世界语者协会，主要负责函授学校、编写讲义、批改课卷等。1938 年，加入国民政府政治部第三厅，负责世界语国际宣传工作。其后，他用世界语翻译一批中共中央文件和毛泽东《论人民民主专政》等文献作品。1950 年 3 月 15 日，病逝于山东潍坊。侯志平：《纪念乐嘉煊同志》，载乐美素主编：《世界语者乐嘉煊纪念文集》，中国文史出版社 2007 年版，第 1—4 页。

③ 华寿考：《忆我的世界语老师乐嘉煊》，载乐美素主编：《世界语者乐嘉煊纪念文集》，中国文史出版社 2007 年版，第 50—51 页。

人各有其思想，所以各有其著作；倘我之著作，仅为中国文字，则能了解吾之思想者，亦仅中国一国之人民，他国人欲知之者，必经翻译，但译者与原著者思想不能一致，所以每有错误，故吾人欲著作使全世界人民都能了解而无误者，必用世界语。所以我要学世界语。①

来自山东济宁中西中学的敬舆表示：

国家主义，资本主义，都是"洪水猛兽"，我们不得不筹一个抵抗的方法；于是我看出来，世界语实是这最好的唯一的方法。……现在世界上的学术，实极不普遍。民众——无识的民众不用说了，即知识阶级亦大有限制。……世界语是易学如此，因此借以传播文化是非常容易的。于是悲剧可以消退而进于充满和平和愉快的世界！②

来自上海东亚同文书院徐恒燿这样认为：

人类间因为互相隔膜所造出来的罪恶，——我们所受的痛苦，到了今日，还不能算是已经足够了吗？要使人们相互了解，能够共谋世界永久的和平，享受真正的自由和幸福，那世界语就是唯一的工具！③

---

① 陈宗芳：《我为什么学习世界语》，《学生杂志》第 10 卷第 7 号，1923 年 7 月。
② 敬舆：《我为什么学习世界语》，《学生杂志》第 10 卷第 7 号，1923 年 7 月。
③ 徐恒耀：《我为什么学习世界语》，《学生杂志》第 10 卷第 8 号，1923 年 8 月。

一位没有写地址的学生方中和说：

> 我心里常常这样想：我是全人类的一分子，我替人们努力的工作着，至于我所需要的，也就由他们供给了。照此看来：种无论红黑，地无论欧亚，凡是人类，一定都能彼此平等的劳动着，享乐着而生活了。……若果到了这种文字传布到全世界的时候，那是全世界大同幸福开始之一日，因为世界语学者都抱"爱世主义"（Esperantismo）的原故！[1]

可以想象，当他们看到《学生杂志》上宣传世界语是当今最进步的国际公用语时，内心的冲动被撩拨起来，但很快会走向伤感，因为这个世界的潮流总是因为现实将他们击退，但是世界语通过函授且便宜的价格便可以学得，这对于常常失望的中等学历的青年来说，是多么大的希望。不但付出的经济代价如此之小，而且不需要离开自己所在的地方，也能瞭望世界。

其次，世界语帮助他们突破语言的霸权。中等学历的青年通过阅读，将新文化运动的健将们视为偶像。这些偶像不但做高深的学问，而且掌握英语、法语、德语、日语等外语，这使得他们之间的差距不能以道里计。而这些青年学生因着外语教学发展的不均衡等问题，虽然学了几年的英语，但是完全达不到阅读的水平，更不用说"听说"了。[2] 这无形当

---

[1] 方中和：《我为什么学习世界语》，《学生杂志》第 10 卷第 8 号，1923 年 8 月。

[2] 何炳棣认为要评估 20 世纪上半叶中国的英语教学的成就与不足很困难，因为没有足够的史料。根据他所描述的中英庚款的留学考试情况，与我们的一般结论大致不差，除了重英文教学的教会中学，一般中等学校的英文水平不能算高。何炳棣：《读史阅世六十年》，广西师范大学出版社 2009 年版，第 142—143 页。

中对他们形成了一种压迫，并且在对外语掌握水平之上划分出人的阶层，使人产生出一种对外语又倾慕又愤恨的复杂心态。

1917 年，提倡世界语的钱玄同批评反对世界语的留学人士，认为他们反对世界语，是怕一般人一旦学会世界语，便失去了他们懂得外语的特权。

> 中国人喜欢闭着眼睛瞎讲。顽固党既虑有此语而国粹消亡，洋翰林又虑有此语而彼所操之英语（或他国语）失其名贵之价值。于是交口诋毁，务必不许他人学习。此种猖狂之妙，真欲令人笑死。Tolstoi 以盖世文豪而用世界语著书，Ostwald 以科学大家而以化学所得之诺贝尔赏金传播世界语之用。他国学者如此热心世界语，反观吾国之所谓学者，大言不惭，抹杀一切。[1]

可以说，钱玄同的话道出了无法留学、外语一般的青年人的隐痛，也道出了他们学世界语的动力。正因如此，他们比一般人更容易在世界语的宣传中，寻找到一种解放感。学习世界语，让"我们"不受英语的操纵。[2]

> 我们学习了五六年的英语，不过学了一些皮毛；若是学习十种语言，就是废了我们毕生的时光也不济事啊！——好了！好了！大家不要怕！现在有了一种神圣的东西给我们，可以解除这语言的困

---

[1]　钱玄同、独秀：《通信》，《新青年》第 3 卷第 4 号，1917 年 6 月。
[2]　记者：《内外杂话》，《学生杂志》第 10 卷第 7 号，1923 年 7 月。

难，这就是我们最亲爱的国际的语言，世界语。①

当时的世界语权威盛国成在传授世界语方法的时候说，学过欧文的，先易后难；未曾学过的，先难后易。②他的意思是，不管你过去外语学得怎么样，只要学过，都是基础。同时，他进一步表明世界语就是为只懂一点外语皮毛的青年量身定制的语言。几乎在每期的"学生世界语栏"里，都能看到世界语易学的文章。

平常人之多一年就够，读过英文或法文德文的更容易，只要三四个月就会得看书作文了。③

读过西文的只消二三小时便能把发音完全学会，不读西文的，也只消二三天便能拼音。④

不仅如此，"学生世界语栏"还会刊登一些成功例子，现身说法。

我有一个朋友，高级小学毕业生，于外国智识非常低浅。但他自从购得盛著自修适用世界语讲义在家自修，四十五日后，他写给我一封很长的世界语信约二三千字，文法错误很少，而且问题也很通顺了。这可以证明世界语是易学的，只要细心熟读而能持久。⑤

---

① 符恼武：《大家快快投到绿星旗下》，《学生杂志》第 14 卷第 4 号，1927 年 4 月。
② 盛国成：《学世界语的方法》，《学生杂志》第 12 卷第 10 号，1925 年 10 月。
③ 愈之：《国际语的过去现在及将来》，《学生》第 9 卷第 8 号，1922 年 8 月。
④ 幼雄：《世界语发音法》，《学生杂志》第 10 卷第 1 号，1923 年 1 月。
⑤ 《怎样学世界语》，《学生杂志》第 11 卷第 4 号，1924 年 4 月。

他们还特别针对中等学校以上的学生学习情况，做了定量分析。他们认为中等生以上，加入函授学校以后，都学得很容易，很愉快，而且对于中文和英文都有帮助。

> 在这近一千学员中，有一部分，因为缺乏恒心或其他原因，半途中辍，但多数颇能依照该校规程，顺序前进，修毕学业。他们的成绩，实在惊人。有许多学员，服务商界也有许多，是失学青年，他们入学时，对于世界语字母，都不会写，但是勤奋学习，半年以后，他们能够写简短明白的世界语信，通读浅近普通的世界语书报，这是学习任何别种语言，所梦想不及的结果。①

这些看似有些轻浮的宣传，对于中等生而言却是严肃的。他们在中等学校，花了许多的精力学习英文，却无法达到自由阅读和写作的程度。世界语让他们惊奇，让他们激动，世界上居然还存在一种如此简单易学的语言。他们可以开始梦想自己能像他们的偶像那样，可以在第一时间、不借他人之转述，获取世界上最先进的知识和世界局势。这时，他们离世界又近了一步。

可以说，青年的苦闷在于与这个大的世界失去联系，继而被世界抛弃。当他们得知世界语已经在世界各地广泛地运用，无法突破地方领域的中等生也能通过简易地学习与世界沟通，这又是一层的希望。

---

① 《世界语函授学校近况》，《学生杂志》第 18 卷第 10 号，1931 年 10 月。

四、青年走向世界的挫折

世界语是从各欧洲民族语言里简化出来的语言，采用拉丁字母的书写形式。它有28个字母，5个韵母，23个声母。其中15个声母与英文发音完全相同，6个和英文发音接近。世界语单词一字一音，而且不存在同字异义和同义异字的情况。它有16条语法。[①] 从理论上来讲，学习者只要掌握2000个左右的单词和前后缀及16条主要语法，就可以自由交流，经过半年左右的培训就能自由阅读和会话。[②] 托尔斯泰曾经回忆，他大概花了两个多小时的时间，便能自由地阅读世界语；[③] 而法国著名的拉丁语学者梅耶教授使用一个星期的时间，便学会了这门语言；[④] 周作人在西山养病几个月，便掌握了世界语。[⑤] 诸多的中外励志故事和"爱斯不难读"等口号，将中等生的希望激荡起来。然而，这里有一个问题，世界语真的那么容易学吗？一门语言的掌握情况，无非是看其听、说、读、写。现就中等生在这四方面的程度以及他们的学习条件，来看世界语是否能为他们架起沟通世界的桥梁。

先从听和说来讲，当时中等学历青年学习世界语，多是通过函授或自学的方式，缺乏相关的听力和对话训练。尽管当时的世界语宣传里，都认为"读音是学习世界语最容易的一步"，[⑥] 但实际上对一般中学生来

---

① 愈之：《世界语学习法》，《学生杂志》第10卷第6号，1923年6月。
② 李思源：《重修通天塔：世界语的过去与现在》，《文汇报》2015年10月16日。
③ 需要指出，是阅读，而非写作。［瑞］埃德蒙普里瓦特：《柴门霍夫的一生》，龚佩康译，世界知识出版社1983年版，第39页。
④ 同上书，第62页。
⑤ 周作人：《知堂回想录》，香港三育图书有限公司1980年版，第414页。
⑥ 愈之：《世界语学习法》，《学生杂志》第10卷第6号，1923年6月；《怎样学世界语》，《学生杂志》第11卷第4号，1924年4月。

说，发音始终是个障碍，因为世界语的发音多用英语或中音标注。1928年，张明理①开始在上海世界语函授学校学习世界语，他很快便发现只有英文发音准确的人，才有可能读准世界语。

> 虽然孙先生把世界语的二十八个字母的读音，一个个的用英文注的很明白了，但是我觉得还嫌太简单。因为这样一定要英文读音很准确的人来读，那末才可读的准，否则以讹传讹，不免要有错误的。②

然而，英文本身就是许多中等学历青年的一个门槛，而它又成为学习世界语的基础，多少有点令人泄气。一位叫人俊的世界语学习者谈到自己最初不敢自学世界语，其中一个原因就是发音问题。

> 拿英语、法语、日语、新文字，以至注音符号的举例比较着细心揣摩，按照发音部位图反复练习，把一对对声音近似的字母排比着加以仔细辨别，用各种方法测验送气或不送气，——这些方法不是从一种课本上得来的。终于拉丁字母对我并不陌生了，自己又能耐烦，总算把每个音值弄得相当清楚了。……可是事实上我曾经历过一时期的苦恼，字读不上口，句更不必说。③

①　张明理，即张企程，1913 年出生于浙江吴兴，中国左翼世界语者联盟的发起人之一。长期在国内外从事新闻工作。1949 年后，担任过国际新闻局编撰处副处长、外文局中国报道社总编辑等职务。2004 年去世。曾编辑世界语刊物《世界》、世界语国际通讯集《世界的呼声》等。
②　张明理：《读了世界语入门以后》，《会报》第 32 期，1928 年。
③　人俊：《我怎样自学世界语》，《语文》第 2 卷第 1 期，1937 年。

可以看到，这位作者是花了非常大的力气，才逐渐澄清世界语每个字母的发音，而且这位作者有使用英语、法语、日语、注音符号的能力，已非一般中等学历学生可比。可是即使如他，学起来仍然相当吃力。在他攻克字母发音后，还面临着字母拼成字、记单词、语法等一系列的困难。这足以让不知深浅的一些青年，望而止步。

福州格致书院徐继潮的经历最为生动地反映了世界语学习者的听与说的情况。1925 年，徐继潮通过上海世界语函授学校，开始学习世界语。虽然一起学习的同学英文程度都不错，但是发音始终是个问题。1929 年秋，他听说文学家、世界语爱好者王鲁彦 [1] 在集美学校任教员，特往拜访请教。王鲁彦在世界语圈小有名气，1923 年他曾经在北京大学担任俄国盲人诗人爱罗先珂的世界语助教，在长沙平民大学、湖南第一师范学校开办过世界语班，1928 年一度在国民政府国际宣传部任世界语翻译，并且翻译了不少世界语小说。[2] 不无遗憾的是，王鲁彦只能在语法上给他一些指导，因为王鲁彦本人的世界语发音也存在问题。[3] 王鲁彦已经堪称中国世界语的佼佼者，其情形亦不过如此，可以想见其他学习世界语者的情况。

---

[1] 王鲁彦，1901 年出生于浙江镇海，作家。1916 年，高小二年级肄业。1918 年，进入上海的日本三菱洋行当学徒。1920 年，加入北京工读互助团，在北京大学旁听并学习世界语。1923 年，担任俄国盲人诗人爱罗先珂的世界语助教，其后在湖南长沙平民大学、周南女学、第一师范等学校任教。1925 年，频繁与鲁迅见面，并得到鲁迅的指导与帮助。1927 年，用世界语重译《显克微支小说集》。其后，用世界语重译多种被压迫弱小民族国家的小说。1928 年，在国民政府国际宣传部任世界语翻译。1939 年，在桂林国际通讯社工作。1944 年 8 月 20 日，病逝于桂林。《王鲁彦生平和文学活动年表》，载曾华鹏、蒋明玳编：《王鲁彦研究资料》，知识产权出版社 2010 年版，第 6—20 页。

[2] 《王鲁彦传略》，载曾华鹏、蒋明玳编：《王鲁彦研究资料》，第 2—3 页。

[3] 徐继潮：《我与世界语》，福建省政协文史资料委员会编：《文史资料选编第 1 卷教育编》，第 495 页。

这并非特例，1931 年，一个名叫冉的作者写过一篇文章讽刺世界语权威、曾任北京大学世界语教师的孙国璋①，他听说《世界语高等文典》的编纂者孙国璋曾经去鲁迅居所拜访爱罗先珂，结果两人对谈起来，彼此都听不懂对方的世界语，最后是爱罗先珂讲日本语，然后由鲁迅翻译，方能沟通，被当作儒林笑谈。② 这件事的真实性，暂时无法考证，然而它却间接反映听与说是当时整个中国世界语界的问题，即使是所谓的世界语权威都不能在听与说上达到自如的程度。

其后，徐继潮回忆了他与外国人的一次世界语交谈经历。1935 年，他在日本从长崎到东京的火车上碰到一个日本青年。由于徐继潮不会日语，而日本青年不会英语，情急之下，日本青年用笔在小本上写下世界语的日本假名，徐继潮会意，在日本青年的本子上写下 "Esperanto"。他们非常高兴，没想到彼此居然都会世界语，然后展开了交流。然而令人尴尬的是：

> 余虽能明所云为何，惟不能全以世界语答，在词不达意处，则写单词以补不足。再过一站，此人下车，行时，以世界语对余言 "再见"。我不能，仅用英语说声 "Good bye"，此为余在国外与外国

---

① 孙国璋，1886 年生，江苏无锡人。1902 年，中秀才。1909 年，根据友人从伦敦和巴黎所寄书籍，自学世界语。1912 年，在上海成立中华世界语会中央事务所，创办中华世界语函授学校，出版中国第一本世界语课本和自学讲义。1915 年，组织成立上海世界语学社，创办世界语夜校。1917 年，受蔡元培邀请赴北京大学教授世界语，编著《世界语高等新读本》《世界语高等文典》。1927 年，在南京政府教育部管理江苏教育经费。抗战期间，返回无锡任教。1965 年，病逝于武汉。孙美：《世界语者孙国璋》，载王金中、倪渝宝、王金昌主编：《无锡状元》，黑龙江人民出版社 2005 年版，第 104—105 页。
② 冉：《世界语学者，不懂世界语》，《文艺新闻》第 35 期，1931 年。

人用世界语交谈的第一次，亦只有这一次。①

徐继潮断断续续学习世界语将近十年，也算得上是比较认真和上进的学习者，却连最基本的"再见"都无法出口，可以想见其世界语"听说"水平。无独有偶，20世纪30年代，萧红也曾在上海世界语协会学过世界语，她回忆：

> 当我第一次走进上海世界语协会的时候，我的希望很高。我打算在一年之内，我要翻译关于文学的书籍，在半年之内我能够读报纸。……那天我在世界语协会买了一本《小彼得》出来，而别人有用世界语说着"再见！"我一听也就会了，真是没有什么难。第二天我也就用世界语说着"再见！"。现在算起，这"再见"已经说了三四年了，奇怪的是并没有比再见更会说一句完整的话。②

不能说徐继潮和萧红代表了总体水平，但仍不免让人怀疑其他世界语者的"听说"水准。胡愈之其实讲过，即使有三四年英文、国语注音基础，要弄清楚世界语的发音仍然是很难的。③ 更重要的是，徐继潮等中等学历青年学习世界语的时候，曾梦想着通过世界语与外国人相遇、交谈，然而现实的情况不能不在某种程度上冲击了他们沟通世界的想象。

---

① 徐继潮：《我与世界语》，载福建省政协文史资料委员会编：《文史资料选编第1卷教育编》，第497页。
② 萧红：《我之读世界语》，载章海宁主编：《萧红全集》散文卷，燕山出版社2014年版，第305页。
③ 愈之：《世界语学习法》，《学生杂志》第10卷第6号，1923年6月。

再就是从读和写来讲。当时学习世界语有一个共识，"读得懂世界语——容易，用它写作或对话可就难了"。① 胡愈之认为不经过两三年以上的研究，熟读数十种文学，是无法达到自由写作的水平。② 在中国知名的世界语者当中，世界语能精通到可以写作的屈指可数，大约有巴金、王鲁彦、楼适夷、叶君健、胡绳等人，③ 而大部分都是处于初学者的水平。④ 正如周作人所言，世界语并不比任何一门外语更好学，⑤ 而他能几个月里掌握世界语，跟他懂得英语、希腊语等欧洲语言关系密切。退而言之，中等学历的青年对世界语最现实的期待便是能够读懂世界语，通过文字的想象，越过身份与地域的界限，与世界相连。

那么，到底有多少学习者读懂世界语？ 1929 年，孙用⑥ 开始学习世界语，他由于清楚地知道自己发音不准确，便购买 3 本英国、1 本美国的参考书，才把发音逐渐矫正过来。克服读音问题后，孙用迅速进入阅读训练，很快可以阅读浅近的文字，其后能用世界语阅读文学书，并做些翻译。⑦ 可以看到，孙用能够掌握世界语，在方法得当的同时，得益于他的英语基础。同样，1929 年开始自学世界语的

---

① 人俊：《我怎样自学世界语》，《语文》第 2 卷第 1 号，1937 年。
② 愈之：《世界语学习法》，《学生杂志》第 10 卷第 6 号，1923 年 6 月。
③ 赵毅衡：《胡愈之与世界语乌托邦》，载赵毅衡：《对岸的诱惑：中西文化交流记》，四川文艺出版社 2013 年版，第 86 页。
④ 张仲民：《世界语与近代中国知识分子的世界主义想象——以刘师培为中心》，《学术月刊》2016 年第 4 期。
⑤ 周作人：《知堂回想录》，第 414 页。
⑥ 孙用，1902 年出生于浙江杭州，刻字工人家庭出身，作家、翻译家。1919 年，杭州宗文中学毕业，就职邮政部门。20 多年间，坚持自学英语和世界语，并从事翻译。1950 年，调到上海鲁迅著作编刊社工作，后调人民文学出版社编辑室、编译所工作，编校《鲁迅全集》，翻译不少弱小民族国家的文学作品。1983 年去世。沈者寿主编：《杭州辞典》，浙江人民出版社 1993 年版，第 287 页。
⑦ 孙用：《学习世界语的经验》，《联合周报》第 21 期，1944 年。

周尧 ① 不久便与不少外国人进行通信，其中包括苏联园艺学家米丘林（Ivan Vladimirovich Michurin），并翻译世界语剧本和诗集。② 叶君健 ③ 也是在 1929 年得知世界语的存在，身为乡下人的他心中燃起了希望，开始自学世界语，之后尝试用世界语翻译和创作。④

现在来看，他们是世界语史的名人，但是在当时他们只是籍籍无名的中等生，世界语确实为他们开启了打开世界的大门，通过文字，他们触及了世界语的希望。然而，正是因为他们在中国世界语史上留下了名字，才更为显得他们是特例，而非普遍现象。

由于史料的限制，我们无法统计有多少人能读懂世界语，但是我们可以在世界语学习和指导者的字里行间去推算，能读懂世界语的人很少。在介绍世界语和如何学习世界语的许多文章里，"半年"学会世界语几乎

---

① 周尧，1912 年生于浙江宁波，昆虫分类学家。1929 年，开始自学世界语。1932—1936 年，入南通农学院，发起"通农世界语学会"。其间，通过世界语翻译剧本、诗集。1936 年，留学意大利。1938 年，回国抗战，任教于陕西西北农学院，并进行世界语国际通讯。新中国成立后，一直任西北农学院教授，中华全国世界语协会理事。2008 年去世。周尧：《我和世界语》，载黄石市世界语协会编：《世界语者们》，1983 年，第 85—86 页。

② 周尧：《我和世界语》，载黄石市世界语协会编：《世界语者们》，第 85 页。

③ 叶君健，1914 年出生于湖北黄安，少年时期在乡村私塾就学。1929 年，赴上海读中学。1933 年，考入武汉大学外国文学系。1936 年，参加日本世界语协会的活动。1937 年 5 月，被日本警察逮捕，被迫回国，其后在武汉列山中学任教，发起中华全国文艺界抗敌协会。1938 年，在国民政府军事委员会政治部第三厅七处任职，负责外宣，英译毛泽东《论持久战》。1939 年，与朝鲜人、匈牙利人共同编辑世界语刊物《东方快讯》，用世界语翻译反映中国抗战生活的短篇小说集《新任务》。1940 年，任教中央大学和复旦大学外文系。1949 年，参加第 34 届国际世界语大会。1950 年，到文化部工作。1976 年，主持《毛泽东诗词》的英文翻译工作。1978、1980、1985、1986、1987 年，分别参加第 63、65、70、71、72 届国际世界语大会。1999 年，在北京病逝。宋韵声：《叶君健年谱简编》，载《跨文化的彩虹——叶君健传纪念叶君健诞辰 100 周年》，辽宁大学出版社 2014 年版，第 304—314 页。

④ 叶君健：《我和世界语》，《从秋天飞向春天》，中国社会出版社 1991 年版，第 24—27 页。

成为一个共识。萧红在准备学习世界语时，她的设想是在半年之内能够读报纸，在一年之内翻译关于文学的书籍。在上了第一节课后，她觉得世界语比想的更容易，应该三个月就可以看短篇小说。结果是她并没有学好世界语，勉强地读完了一本《小彼得》，然后书便不知所踪，也不再与世界语发生联系。她总结的心得是：

> 为什么学世界语的人不少而能够读书或讲话的却不多呢？就是把它看得太容易的缘故。①

这时，"爱斯不难读"成为一把双刃剑，最初它激起中等生学习世界语的热情，同时又让他们掉入"速成"的陷阱。一旦他们发现希望无法速成，他们便很快地放弃了世界语的学习。《学生杂志》的"学生世界语栏"是由上海世界语学会编辑，该学会是世界语的第一线教师和宣传者。他们越接触和指导年轻的学习者，愈发觉得"易学"对学习者是个误导。20世纪60年代初，刘心武学习世界语，也依然落入相同的窠臼。他回忆在接触世界语时，立即被世界语的译名"爱斯不难读"吸引，"'爱斯不难读'，这'不难读'的世界语，能不爱它吗？"当然，结果不难想象，他最后没有学好世界语。②

1923年，编辑过"学生世界语栏"的胡愈之在一篇谈论世界语的学习方法中，特别强调半途而废的问题。他自言见到许多人学习世界语，

---

① 萧红：《我之读世界语》，载章海宁主编：《萧红全集》散文卷，第306页。
② 刘心武：《爱斯不难读》，载邓九平编：《文化名人：忆学生时代》（下），同心出版社2004年版，第442—443页。

开始的时候很热心，一旦对文法和读音略微有些了解的时候，便放弃世界语，此后也不与世界语再发生联系，过段时间便忘记了。①1924 年，"学生世界语栏"第一篇文章便提醒学习者注意，为什么世界语易学而最后学会的人少，作者认为原因就是学习者将世界语看得太容易，不肯用心学，时学时辍。②曾于 1926 年到 1928 年间负责编辑"学生世界语栏"的钟宪民也谈到类似的问题。

> 世界语是容易学的，上面已经说过，但是容易是比较的，不是绝对的；比如同一人学英语要四五年才能阅书，学世界语只要四五个月。但是这四五个月是必须的，而且不能随便的。所以将其世界语的学习法，最先应注意的就是做一切事情所必需的决心和恒心。学英语比方说要五年的恒心，那么学世界语只要五个月的恒心，这就是世界语易学的比较观。有了决心和恒心，就可以有自信，这样世界语的容易才能证实。有些人学了几个月世界语不久就厌弃或者全然不能阅书，其失败就在于缺少恒心，或者因为容易的观念害了他们。③

这几位编辑的一再提醒与萧红的典型案例，都间接说明学习的人不少，而真正掌握世界语的青年并不多。"爱斯不难读"式的轻视态度是青年人没有学习好世界语的主观因素，但是还有更多客观因素将世界语的学习打断。

---

① 愈之：《世界语学习法》，《学生杂志》第 10 卷第 6 号，1923 年 6 月。
② 《怎样学世界语》，《学生杂志》第 11 卷第 4 号，1924 年 4 月。
③ 钟宪民：《读书法：世界语及其学习法》，《读书顾问》第 1 期，1934 年。

1923 年，广州高师的学生凝之写信反映他们的困境，由于政局一变再变，且教育经费一直欠发，学校连课都开不了，更不要说世界语课了。学生连基本的学习环境都没有了，哪有心思继续自学世界语，他只能写信请求《学生杂志》给他们介绍一位热心传播世界语的教师。[①] 同一年，苏州一师的学生许从龙也表示他们开设世界语班遥遥无期，[②] 推测原因在于无世界语教师。1925 年，一位叫索原的学生学了一阵子世界语，可是为了"革命"的缘故，离开了学校，也放弃了学习世界语。[③]1927 年，上海世界语学会会员符恼武在镇江成立世界语学会，并开办世界语讲习班，随着时局的动荡和他的去世，镇江世界语发展基本上停滞。[④] 可见，即使学生主观上很想学好世界语，但是他们很容易受外在环境的影响，而时局的动荡和师资的缺乏是最重要的两个因素。

从整体来说，能够掌握世界语的青年学生很少，但是少数的成功者仍然在向人们证明学习世界语不完全是一个泡影。那些与世界语相关的精英人物，如蔡元培、刘师培、鲁迅、钱玄同等，他们并不会这门语言，而真正掌握这门语言的，如胡愈之、叶籁士、张明理、孙用、叶君健等人，他们不正是当年"往上挣扎"的一般青年嘛。所以直到今天，世界语背后的理想仍然吸引着一些人。然而，对于当时大部分中等学历青年来说，学习世界语是他们一步一步退却的过程。在最初，他们想要全方位掌握世界语，救拔自己，全面地接近世界主义的希望，但是在接触世界语后，他们因着主客观原因逐渐放弃听、说、读、写。每一点放弃，

① 凝之：《广州高师世界语班》，《学生杂志》第 10 卷第 5 号，1923 年 5 月。
② 许从龙：《苏州一师组织正音会》，《学生杂志》第 10 卷第 5 号，1923 年 5 月。
③ 索原：《从英语教学说到世界语》，《教育杂志》第 27 卷第 7 号，1937 年。
④ 郭长传：《镇江早期的世界语运动》，《镇江文史资料》第 21 辑，1991 年。

世界语给他们所描绘的世界也随之变小，世界语带来的希望之光也一点点暗淡。最终，他们发现世界上根本不存在速成的希望。

通过世界语来认识世界，完成人类的联合，只懂中文不足以实现这一目标。这放在传统中国来看就是一种怪论，因为在儒家的天下主义里，汉字是其世界主义的载体。语言学习的转换，进一步表明世界主义知识与理念的更新，它超越了中国传统的世界主义内涵；而学习群体扩展到的一般知识青年里，反映了新的世界主义被广泛接受。通过检视 20 世纪 20 年代知识青年学习世界语的成效，我们发现学习世界语的人很多，学会世界语的人屈指可数。他们放弃世界语的过程，也是世界在他们心中萎缩的过程。① 语言可以为人描画一个世界，也能摧毁一个世界。

回过头来看，这些青年的世界主义与五四的"公理"世界主义一脉相承。虽然他们并未赋予世界主义更丰富的内涵，但是这些青年以个人卑微的身份和无奈尝试，将世界主义与日常生活结合起来。无疑，这些青年失败了，因为世界语所承载的世界主义对于他们来说是没有凭借的，是"无根"的。20 世纪 20 年代政党对世界主义的重新解释，某种意义上给这些青年提供了另一种可能，即世界语—政党—世界主义。那么，无论是世界语还是世界主义，都有"生根"的可能。

五、以世界语为桥梁认识马克思主义

五四运动之后，随着国内外形势的变化，十月革命与苏俄模式逐步引发中国知识分子的兴趣，马克思主义的传播进入一个新阶段。这一批

---

① 邓军：《制造"希望"：1920 年代中等生的世界语想象》，《学术月刊》2017 年第 9 期。

学习世界语的青年人也同时在审视马克思主义的国际主义与世界语的世界主义有何关联。世界语明显存在着其学习上的限度，并快速遭遇走向世界的挫折。那么对仍然渴望走向世界的青年而言，马克思主义是否可以助推他们在地方完成对世界的融入，这是一个极为迫切的问题。

马克思、孙中山对世界主义的批判

在前文，我们谈到中国传统的天下主义与无政府主义、世界语的世界主义存在亲和性，而马克思主义与传统思想的连接点也是中国传统的天下主义。可以看到，中国传统的天下主义具有很强的包容性，这导致中国近代知识分子容易接受的各种思想或思潮，往往具有某种相似性，即带有强烈的世界主义色彩。虽然当时的中国知识分子没有作出明确的区分，但是它们在理论上的区别并不小，甚至存在某种对立，尤其是马克思主义的国际主义与资本主义的世界主义。

1848 年《共产党宣言》号召"全世界无产者，联合起来"。[1] 自此以后，将各国工人阶级联系起来的尝试一直没有断过。马克思认为工人的国际主义有两个来源，一方面是工人的本能需要，因为工人需要越过国界合作，才能更好地维护自身的利益；另一方面便是资本主义的世界主义，马克思认为世界主义是一种资产阶级的价值观，宣称个人间与各国间的自由、平等、博爱。在这里，马克思非常明确的给了"世界主义"一个阶级性，即资本主义性质，进而揭示启蒙思想不过是资本主义的掩饰。马克思认为，资本主义的世界主义以启蒙价值为装饰，真正的目的

---

[1] 《共产党宣言》，《马克思恩格斯选集》第 1 卷，人民出版社 2012 年版，第 435 页。

是以现代资本主义和工业主义统一世界，建立"世界工厂"，"按照自己的面貌为自己创造出一个世界"。①

为了完成这一批判，克服资本主义的世界主义，马克思发展出无产阶级的国际主义来否定它，并且要将世界从资本主义的世界主义推向无产阶级的国际主义。② 如艾萨克·多伊彻所分析：

> 国际主义是从资产阶级世界主义发展而来的，它克服了世界主义的限制，并终于否定了世界主义。社会主义国际主义起来反对资产阶级世界主义。我说马克思的国际主义植根于资产阶级世界主义。③

可以看到，马克思主义国际主义的提出，是基于对资产阶级世界主义的批判而产生的。因此，世界主义与国际主义非但不等同，而且构成资本主义与社会主义之间的对立。在这点上，中国早期的马克思主义者对此非但不敏感，而且并未感受到这两者之间巨大的差异。然而无意间，它又产生一种有趣的同一性，就是中国早期很多马克思主义者此前都是世界主义者，恰恰是借着这点，他们才能更好地接受马克思主义的国际主义。这在某种意义上暗合了马克思关于"从资本主义的世界主义转向无产阶级的国际主义"的分析。

1924 年，孙中山在阐释民族主义的观念的时候，花了很大的篇幅来

---

① 《共产党宣言》，《马克思恩格斯选集》第 1 卷，第 404 页。
② ［波］艾萨克·多伊彻：《国际和国际主义》，张苹摘译，《国际共运史研究》1990 年第 3 期。
③ 同上。

回应世界主义，因为他意识到不解释清楚民族主义与世界主义的关系，其民族主义便无法建立根基。他首先指出新文化运动以来，世界主义在中国思想界备受推崇，在青年人中不乏信仰者。

> 英俄两国现在生出了一个新思想，这个思想是有知识的学者提倡出来的，这是什么思想呢？是反对民族主义的思想。这种思想说民族主义是狭隘的，不是宽大的；简直的说，就是世界主义。现在的英国和以前的俄国、德国，以及中国现在提倡新文化的新青年，都赞成这种主义，反对民族主义。我常听见许多新青年说，国民党的三民主义不合现在世界的新潮流，现在世界上最新最好的主义是世界主义。究竟世界主义是好是不好呢？如果这个主义是好的，为甚么中国一经亡国，民族主义就要消灭呢？①

其次，他开始分析世界主义的来源。他认为世界主义看似来自西方，但实际上中国人两年多年来的天下主义就是世界主义，并且在中国历史中发挥了消极作用。

> 从前中国知识阶级的人，因为有了世界主义的思想，所以满清入关，全国就亡。康熙就是讲世界主义的人。……不分夷狄华夏，就是世界主义。大凡一种思想，不能说是好不好，只看他是合我们用不合我们用。②

---

① 孙中山：《三民主义》，广东人民出版社 2012 年版，第 41 页。
② 同上。

孙中山是以"华夷之辨"来分析传统中国的世界主义，且认为"不分华夷之辨"就是世界主义。然而，在传统中国，恰恰是"分华夷之辨"才确认其天下主义。因为"华夷之辨"是天下主义的重要内容，即以文化，而非种族，来区分中心与边缘、文明与野蛮，接受华夏文化即为华，进而造成一种具有普遍性的天下主义。①

最后，孙中山认为现有世界主义是资本主义的阴谋。退一步讲，他认为存在真正的世界主义，但其内涵就是和平，进而区分出中国的世界主义与欧洲的世界主义。他认为中国的世界主义已经有两千多年，并保有世界主义"和平"的真精神，而欧洲的世界主义近代才出现，其内涵却是"强权"，非真正的世界主义。②

> 强盛的国家和有力量的民族已经雄占全球，无论什么国家和什么民族的利益，都被他们垄断。他们想永远维持这种垄断的地位，再不准弱小民族复兴，所以天天鼓吹世界主义，谓民族主义的范围太狭隘。其实他们主张的世界主义，就是变相的帝国主义与变相的侵略主义。③

孙中山对两种世界主义的区分，既说明世界主义成为当时思想界的一种共识，也说明他想要重新规范世界主义的内容，进而论证民族主义的价值。将孙中山的论述与马克思相对照，可以发现，他们都认为现代

---

① 许纪霖：《家国天下：现代中国的个人、国家与世界认同》，第56—58页。
② 孙中山：《三民主义》，第59页。
③ 同上书，第50页。

西方世界主义的本质是资本主义，其背后是强权，但不同点在于孙中山否定西方的世界主义，肯定中国的世界主义。在他看来，中国并不是世界主义太少了，而是太多了。现在要解决的是中国当下民族主义缺乏的问题，继而追求世界大同的远景目标。马克思则站在批判欧洲资本主义的立场，批判其世界主义背后的霸权，并以国际主义来对冲世界主义。

可以看到，马克思与孙中山都以自身的立场重新解释世界主义，力图揭示其背后的意识形态性，进而以自己的意识形态理论来重新诠释世界或中国的命运与道路。他们在打破了"西方启蒙式"世界主义的一元理解的同时，提出了通过地方主义/民族主义等方式，来实现世界主义或国际主义。在这个意义上，马克思主义与三民主义对青年皆具有吸引力。对于20世纪20年代的青年来说，尤其是那些对世界充满渴望却又无法走向世界的青年来说，马克思与孙中山皆提供了一个世界主义替代性方案。

对于学习世界语的青年而言，他们在失望之余，开始尝试通过将世界语与马克思主义或三民主义结合的方式，为其个人的世界主义找到出路。在结合点上，传统的世界大同成为一个重要纽带。世界语从传入中国后，就常将世界语主义理解为是大同主义，而孙中山常表示三民主义就是追求世界大同，[①] 而有些人亦将共产主义视为大同。因此，在20世纪20年代，青年世界语者成为马克思主义者或三民主义者的不在少数。这里再次反映出了世界语本身的困境，世界语创立的初衷本是保持政治

[①]　关于世界语与三民主义的关系，崔观鑫认为中山先生的民族主义就是大同主义，世界语可以沟通不同语言的各国兄弟；孙义植则认为世界语的中立性，可以让中国摆脱外语的辖制，学习国外的军事与科学。崔观鑫：《世界语与中国之关系》，《复旦实中季刊》第1卷第1期，1927年12月；孙义植：《三民主义与世界语》，《学生杂志》第15卷第12号，1928年12月。

中立性与非意识形态性。然而，在政治意识形态逐渐占主流的时代，世界语如果坚守特性便无法落地生根，更无法实现其促进人类和平的目标。因此，在其转向与"主义"结合时，它又展现出"无根性"所带来的弹性，由于其本身的非意识形态性，反而使得世界语很容易与不同意识形态结合。正是在此意义上，"无根的"世界语成为中国世界语者接受马克思主义或三民主义的一个特殊桥梁。①

在世界语与不同的"主义"结合之后，使得世界语的意识形态性变得更加复杂。有马克思主义者认为世界语是资产阶级的语言，因其支持者都是商人、将军、神职人员、反动教授与一群小资产阶级。②亦有马克思主义者认为，世界语应该服务于世界范围的阶级斗争。③有人批评世界语为民族主义摇旗呐喊，因在"一战"期间，有一部分世界语组织打出了国族主义的旗号，先是德国世界语者使用世界语宣扬其扩张的合法性，其后法国世界语者提出"用世界语为法国服务"、意大利世界语者提出"用世界语为意大利服务"。④世界语传入日本后，日本当时的思想界便对世界语的性质产生争论，有人批评世界语是资产阶级的世界语言，不是无产阶级的世界语言，但也有人认为世界语者是天生的马克思主义者。⑤这些批评是世界语与"主义"结合后的必然结果，也使得世界语得以参与 20 世纪上半叶世界秩序重构的大变革之中。

---

① 侯志平主编：《世界语在中国一百年》，中国世界语出版社 1999 年版，第 86—112 页。
② Ulrich Lins, *Dangerous language: Esperanto under Hitler and Stalin*, London: Palgrave Macmillan, 2017, p.172.
③ ［瑞士］E. 普里瓦《世界语史》，张闳凡译，知识出版社 1983 年版，第 201 页。
④ ［德］兹科·范·德克：《国际世界语协会史》，孙明孝译，山东大学出版社 2016 年版，第 56 页。
⑤ Ian Rapley, *Vasily Eroshenko And Socialist-Esperanto Connections Between Japan And China*，未刊稿。

在中国亦如此，在 20 世纪 20 年代及以后，中国世界语及其世界主义都因其"无根性"，试图在马克思主义或三民主义当中"生根"，进而有机会厕身于中国革命的发展进程，并成为观察中国革命变迁的一个视角。

世界语者助力中共建党

马克思主义在中国早期传播较为熟知的路径是日本、苏俄、法国。世界语作为传播马克思主义的路径，有其自身的特点，即强调国际联合与互助。在中共建党方面，既有中国早期马克思主义者自身的摸索，亦有俄共与共产国际的帮助。在这过程中，世界语亦扮演了桥梁的角色。

1919 年 3 月，共产国际成立，其目标在团结各国工人阶级和劳动群众，推动世界范围内的无产阶级革命。五四运动发生后，中国的社会运动浪潮引起俄共与共产国际的关注，并开始着手进入中国寻找合作者与支持者，但他们对中国的各派力量与思想并不了解。最早打开中共建党之路的苏俄共产党员之一是柏烈伟（С.А. ПоЛеВой，亦译鲍立维），他是白俄人，俄国东方学家，通晓汉文。共产国际成立前即为俄共工作，其后为共产国际工作。五四运动时期，他担任苏俄驻天津的文化联络员，是俄共派驻天津的秘密联络人员。后亦担任北京大学俄文系教师，与李大钊、陈独秀的关系密切。[①] 柏烈伟根据俄共中央远东局海参崴分局的指示，开始与中国革命者建立联系，在相继介绍李大钊、陈独秀与俄共党员接触后，他们开始尝试建立一个社会主义政党。柏烈伟倾向于让共产主义者与无政府主义者建立革命联盟。因晚清以来，无政府主义一直是

---

① 肖甡:《俄共党员柏烈伟在中共建党时的一些活动》,《北京党史》2002 年第 1 期；刘建一、李丹阳:《为吴廷康小组来华建党铺路的俄侨》,《北京党史》2011 年第 6 期。

中国思想界最重要的思潮，无政府主义者也活跃于各界。他们在中国各大城市都有成员或组织，他们的宣传和活动给柏烈伟留下深刻印象，尤其是无政府主义组织晦鸣学社。

晦鸣学社成立于 1912 年，由无政府主义的灵魂人物师复创立，并特设世界语部。1913 年 8 月，晦鸣学社在广州出版《晦鸣录》，以"中文与世界语"双语宣传无政府主义与工人运动，该刊的世界语名为 La Voĉo de l'Popolo（《平民之声》），并在第三号将该刊的中文名改为《民声》，与世界语名保持一致。① 在《晦鸣录》的中文编辑绪言里，师复指出世界语的重要性在于世界语一方面可以向世界披露中国平民的生存状况，一方面"行将导东亚大陆之平民与全世界之平民携手而图社会革命之神圣事业"。② 为达此目的，《晦鸣录》一出版，师复便将 La Voĉo de l'Popolo 分寄给各国无政府主义、社会主义与世界语组织，进行杂志交换，期待与世界各国的同志能够同声相求。由于被查禁，1914 年师复与晦鸣学社、《民声》都转移至上海，使得广州无政府主义者的影响力进一步扩大。随着师复在 1915 年去世，《民声》1916 年底停刊，晦鸣学社也于五四运动后逐渐停止活动，但是五四时期著名的无政府主义者兼世界语者梁冰弦、郑佩刚、黄凌霜、区声白等都是师复的忠实追随者。

柏烈伟恰好是世界语者，对晦鸣学社的宣传与活动更加留意，亦欣赏他们通过国际联合的方式，来推进社会革命的理念与实践，这与俄共、共产国际的理路颇为一致。依据这一线索，柏烈伟试图与晦鸣学社建立联系。据晦鸣学社成员梁冰弦回忆，1920 年春，一位叫布鲁威（即柏烈

---

① 《〈民声〉小史》，《民声》第 30 号，1921 年 3 月 15 日。
② 师复：《编辑绪言 Deklaracio》，《晦鸣录》第 1 期，1913 年 8 月 20 日。

伟）的俄国布尔什维克，从天津用世界语写信给上海晦鸣学社。柏烈伟
在信中提到自己阅读过世界语杂志 La Voĉo de l'Popolo，注意到在中国的
华南存在一批自由社会主义者。他相信这些人对苏俄的布尔什维克革命
不会感到生疏，并期待能共同携手进行社会主义革命，这亦是其写信之
目的。当时，收到信的是晦鸣学社社员郑佩刚，他把信寄给在北京大学
就读的无政府世界语者黄凌霜，进行接洽。其后，黄凌霜与陈独秀、李
大钊等人同柏烈伟接洽了数次，并于 1920 年 5 月成立了马克思主义者和
无政府主义者的联合组织"社会主义者同盟"，由陈独秀负责。① 由于 La
Voĉo de l'Popolo 对资本主义的抨击和对工人利益的维护，使得柏烈伟一
度将社会主义者同盟视为共产党的早期组织。社会主义者同盟又借用晦
鸣学社印刷所器材建立又新印刷所（世界语名"Renova Presejo"），印刷
了陈独秀主编的《新青年》《共产党》，包括陈望道翻译的《共产党宣言》
中文本。② 尽管不久之后，马克思主义者与无政府主义者分道扬镳，③ 但
无疑世界语为中共建党的前期筹备建立了一个桥梁。

　　在稍早一些的 1919 年冬，一位叫斯托帕尼（Vadim A. Stopany）的年
轻苏俄世界语者来到上海。他既是无政府主义者，也是布尔什维克。从
根本上来讲，他是一个无政府主义者，但是他认为可以通过无产阶级革
命来实现无政府主义。正如他在《民声》杂志复刊后所表达的：

---

① 海隅孤客（梁冰弦）：《解放别录》，沈云龙主编：《近代中国史料丛刊》第十九辑，文
　海出版社 1968 年版，第 8 页；曾庆榴：《国民革命与广州》，广州出版社 2011 年版，
　第 60 页。
② 邬国义：《成裕里 7 号：〈共产党宣言〉中文全译本的诞生地新考》，《学术月刊》2023
　年第 10 期；中共广东省委党史研究委员会办公室、广东省档案馆编：《"一大"前后
　广东的党组织》，内部资料，1981 年，第 178 页。
③ 蔡和森：《中国共产党史的发展》，《蔡和森的十二篇文章》，人民出版社 1980 年版，
　第 22—24 页。

> 我极端赞成无政府主义，我相信无政府主义实现才能够有真正的幸福和自由。……我是一个布尔扎维克党，布尔扎维克主义不过是要来达到我们的目的的第一级罢了。……列宁也不反对无政府主义，而且很信仰他之能够实现。……最近的共产党宣言，他们的目的与无政府主义大约相同。他们之所以采取平民专制之一种手段，实因俄国人民多数还没有觉悟而竟能以少数人侥幸得政权的缘故，所以我们断不能批评俄国革命之不对。①

尽管斯托帕尼笃信无政府主义，但他认为俄国革命道路可以助推世界范围内革命的发展。对他而言，马克思主义道路是当下，无政府主义是未来。因此，到达上海后，他在担任俄国布尔什维克报纸《上海俄文生活报》新闻记者兼出版印刷公司簿记员的同时，② 一边用世界语宣传马克思主义，一边作为世界语教师公开教授世界语。

1920 年 2 月 29 日，斯托帕尼在公共租界对 40 名上海轮船公司的雇员发表演讲，中国世界语先驱陆式楷 ③ 助其将世界语翻译成中文。斯托

---

① 1921 年 3 月，无政府主义刊物《民声》杂志在广州复刊，斯托帕尼立刻写信给《民声》杂志，并表达自己的心迹。在这封信里，他既表达了社会主义革命是通向无政府主义的道路，亦表达了两者之间的差异。在俄国革命过程中，社会主义者与无政府主义者一度联手推动无产阶级革命，斯托帕尼便是其中的代表。但是随着无产阶级专政的巩固，社会主义与无政府主义开始分道而行。正是在这个背景之下，1921 年 3 月 27 日，斯托帕尼开枪自杀身亡，宣告一个兼容"社会主义与无政府主义"的失败。这封给《民声》杂志的信亦写于 1921 年 3 月，《民声》杂志编辑在得知斯托帕尼自杀这个消息后，甚为惊讶，因为他们认为斯托帕尼的信里完全感受不到死亡的念头，并在报道斯托帕尼自杀消息的同时，发表了斯托帕尼给《民声》杂志的信。《纪事·一个自杀的青年》，《民声》第 31 号，1921 年 4 月 15 日；《俄国同志 V.Stopani 来函》，《民声》第 31 号，1921 年 4 月 15 日。
② 李丹阳、刘建一：《〈上海俄文生活报〉与布尔什维克早期在华活动》，《近代史研究》2003 年第 2 期。
③ 虽然陆式楷被称为中国世界语之父，但由于史料所限，仍未考证出其生卒年。

帕尼认为上海作为中国的工业中心，工人阶级受到的压迫是前所未有的。他呼吁工人阶级应该团结起来，改善自己的生活，提高自己的地位。他更是号召工人学习世界语，他认为世界语是工人阶级的语言，通过世界语可以促使工人实现真正的联合。斯托帕尼以世界语在工人当中进行演讲，公开宣传马克思主义，这是最早在公开场合、在上海工人当中宣传共产主义的活动。①

我们以前在谈到"全世界无产者，联合起来"的时候，更多讨论的是马克思主义者如何接受和宣传马克思主义，在组织上如何动员工人，甚少考虑各国工人的语言的隔阂，是构成联合的一个巨大障碍。如果考虑到语言问题，我们会发现"全世界无产者，联合起来"仍需要借助翻译中介才能实现有限的联合，而非无产阶级的真正互通。世界语作为中立的语言，在其左翼化过程中，最早便是与国际工人运动结合在一起。早在 1903 年，斯德哥尔摩便成立了第一个工人世界语组织，社会主义世界语刊物 Internacia Socia Revuo（《国际社会评论》）、Arbeiter-Esprantist（《工人世界语者》）等相继创刊。其后国际世界语协会也于 1911 年成立劳工部，其机关刊物以报道世界各地劳工生活、工作环境、提供服务为己任。② 此时，世界语组织关注劳工的重心在于国家间的矛盾与社会不公。"一战"后，国际劳工运动的发展突破欧洲的范围，"全世界"工人的联合进一步成为可能，越来越多工人认为世界语是通向社会主义的助力。

以列宁为代表的布尔什维克也在思考语言有差异的世界无产者如何

---

① 李丹阳、刘建一：《一个"安其那布尔什维克的悲剧"——斯托帕尼在上海》，《百年潮》2003 年第 3 期。
② ［德］兹科·范·德克：《国际世界语协会史》，孙明孝译，山东大学出版社 2016 年版，第 42 页。

实现联合。列宁在年轻的时候学习过世界语，1914 年列宁在第二国际布鲁塞尔大会上，使用世界语与法语进行报告。十月革命后，世界语运动得到了列宁一定的支持，苏俄的世界语者更是试图通过世界语推动"全世界的十月"的实现。[①] 其后，世界语界开始流传一句列宁的名言，"世界语是全世界无产阶级的拉丁语"，来证明世界语是实现国际工人运动的最佳语言工具。[②] 然而，遍翻列宁的一手文献与二手研究，也未找到这句话。换个角度去看，这句宣传语恰恰反映了左翼世界语运动与国际工人运动结合的迫切性。无政府主义者斯托帕尼以世界语，在工人当中传播马克思主义，最好地诠释了"全世界无产者，联合起来"是共产主义与无政府主义合作的基础。

同时，斯托帕尼与陆式楷在上海开办新华世界语学校。[③] 到 1920 年夏，学习世界语的学生增至 100 人左右。在课堂上，斯托帕尼时常讲授共产主义与苏俄的情况，继续以世界语传播马克思主义。当时参加夜校的许多是有一定知识、但无法升学的职员、学徒等，他们都是当时最普通的青年。他们之所以会来学世界语，就是想要突破社会阶层、地方的界限，参与到世界大势当中。在世界语学校，语言不仅起到一种世界主义的链接，而且他们从布尔什维克教师这里第一次听到了共产主义，听到了苏俄的世界革命，这无疑是打开了他们新的世界。

1920 年 8 月，上海社会主义青年团成立。为了给中国培养革命干部，遴选革命青年赴俄学习，在共产国际代表维经斯基的帮助下，中共上海

---

① Ulrich Lins, *Dangerous Language: Esperanto under Hitler and Stalin*, pp.89, 180.
② 由于列宁的声望，世界语界、尤其是中国世界语界经常引用列宁的这句话。参见张麟瑞：《列宁·斯大林·世界语》，《世界》1999 年第 Z3 期。
③ 《新华学校来函》，《民国日报》1920 年 2 月 15 日。

发起组于 1920 年 9 月创办外国语学社，与上海社会主义青年团共用办公地点。外国语学社的学生主要学习俄语与马克思主义著作，还可以自修世界语。斯托帕尼免费在外国语学社教授世界语，除此之外，还"向学生们介绍世界语创造的历史背景、在革命斗争与各国世界语者的交往合作，世界语所发挥的革命作用等等"。[①]1921 年 2 月，经斯托帕尼介绍，外国语学社学员秦抱朴、廖划平等十人赴苏，并在一路上得到苏俄世界语者的帮助，顺利到达莫斯科。这并非个案，胡愈之也有过类似的经历，他在国共合作破裂后流亡法国，在不懂法语的情况下，完全靠着世界语作为交流的工具。他在回国的时候，转道莫斯科，想要切近观察苏联的社会主义建设，但是他没有得到莫斯科停留允许，最后在莫斯科世界语者的帮助下，参观了莫斯科，后来出版为风靡一时的《莫斯科印象记》。[②]

可以看到，在共产国际向中国派出正式代表之前，俄国布尔什维克世界语者柏烈伟与斯托帕尼皆凭借世界语，在中国传播马克思主义的同时，为中共在上海建党做了铺垫工作。由于中国著名的世界语者主要都是无政府主义者，因此他们不约而同都与中国的无政府主义者发生关系，从而使得世界语也成为观察中国无政府主义者与共产主义者合作与分歧的一个窗口。

无政府工团主义世界语者对马克思主义的接受与拒绝

在中国，最早将世界语与国际工人联合结合起来的是师复。他深受吴稚晖、李石曾等新世纪派的影响，并作为在中国力行无政府工团主义

---

① 朱政：《外国语学社学员与世界语学者斯托比尼》，《上海革命史资料与研究》1992 年。
② 胡愈之：《我的回忆》，第 12—16 页。

的先锋，主张建立工会组织，以工人运动推翻私有制与国家。1912 年，师复跟从留法回国的许伦博学习世界语。[1] 其后，师复便一边开办世界语夜校，招收工人作为学员；[2] 一边建立无政府主义组织晦鸣学社，并设立世界语部。在组织上，师复积极联络国际世界语组织，在加入国际世界语协会（Universala Esperanto-Asocio）的同时，并成为其广州代理人。师复特别强调各国世界语"工党"组织对各国工人运动的介绍与推动，中国的世界语者应该响答影随，推动中国工人运动的发展。[3] 在师复去世后，受其影响的无政府工团主义者亦特别强调国际工人运动的联合。

1917 年，师复的追随者区声白就读于北京大学。他在北大宣传无政府工团主义，并推广世界语，成为北大著名的无政府主义学生。其后，他又接触到马克思主义。1920 年，他与陈独秀就无政府主义是否适合中国展开了辩论。他并不是全然反对马克思主义，他接受马克思主义所提倡的世界各国的工人必须联合起来，并认为应该以世界语为媒介，促进社会革命。但是，他反对无产阶级专政。在这点上，他与斯托帕尼、师复是一致的。在 1920 年的五一劳动节，区声白这样写道：

> 世界上的工人皆是我的兄弟朋友，并不是我们的仇敌，我们的大敌，不过是官僚政客与资本家，我们从此以后当要全球工人共同携手，以与万恶之"资本制度"宣战，把世界上一切之强权推翻，

---

[1] 黄尊生：《许论博先生》，《世界语年刊》第一编，1932 年。

[2] 李益三：《广东早期世界语运动概况》，载中国人民政治协商会议广东省委员会、文史资料研究委员会编：《广东文史资料》第 52 辑，广东人民出版社 1987 年版，第 206、209 页。

[3] 师复：《介绍世界语万国团体》，《晦鸣录》第 1 期，1913 年 8 月 20 日；《红旗党大会记》，《民声》第 3、4 号，1913 年 12 月 20、27 日。

而建设真正自由平等博爱互助的社会。……世界语成为联系世界上的工人一致团结的有力工具，世界工人"如欲享永久和平的幸福，快快习世界语而谋全球的工人大联合，以促社会革命之进行"。①

可以看到，为了达成"全世界无产者，联合起来"，无政府主义—世界语—马克思主义在这里形成一种融合。正是基于此，1920 年 10 月，区声白将《国际歌》最早翻译成中文，发表在广东共产党早期组织出版的《劳动者》周刊上。②

> 起来，现在世上受了饥寒困苦的奴仆。
>
> 管治将来世界的理性渐渐强起来了。
>
> 做奴仆的人呀！起来，快起来！不要固执古人的谬说！
>
> 世界的基础快改变了，无产者将成为万有者！
>
> 最后的奋斗，快联合，将来之世界只有人类！
>
> 最后的奋斗，快联合，将来之世界只有人类全体！
>
> 国家压制我们，法律欺骗我们，租税困苦我们！
>
> 富贵者则受保护，贫贱者则没有发言权。
>
> 法律平等是假的；
>
> 天下断没有无权利的义务。

----

① 列悲：《世界语与工党》，《北京大学学生周刊》第 14 期，1920 年 5 月 1 日。

② 关于谁是最早的译者，存在着争论，有学者认为是瞿秋白，有的认为是萧三、郑振铎，有学者认为是区声白。学者邬国义经过系统考据，认为区声白是最早译者，而且是翻译最完整的译本。邬国义：《〈国际歌〉最早的译者"列悲"考释》，载汤勤福主编：《历史文献整理研究与史学方法论》，黄山书社 2008 年版，第 120—121 页。

> 最后的奋斗，快联合，将来之世界只有人类！
>
> 最后的奋斗，快联合，将来之世界只有人类全体！①

不得不说，20世纪20年代诸多中国无政府工团主义者接受马克思主义，以世界语作为国际工人联合的桥梁是其中一个重要途径。即使没有最终完成马克思主义转向的无政府工团主义者，也接受马克思主义无产阶级革命的合理性，并借着无政府主义的影响力，传播了马克思主义。这点陈独秀也是肯定的，无政府工团主义"在日常生活的经济争斗之联合战线上，更是我们最得力的同盟军"。② 对于与自己论辩多次的区声白，陈独秀还是认为他是一个"纯洁的青年"。

> 声白虽相信无政府主义，却也极力赞成阶级战争和革命的行动；现在和我讨论的大半是远的将来社会组织问题和终极的法律存废问题，若劳农俄国现行制度，他也认为革命时代过渡时代之自然现象，并不加以非难。③

前文已经指出，部分无政府工团主义者最终无法完成马克思主义转向的症结，在于无产阶级专政。他们坚持反对一切形式的国家权力，包括无产阶级专政在内，都被认为是罪恶的根源，进而反对在中国建立无产阶级政党，"我相信中央集权的政治组织与中国的国民性不能容，马氏

---

① 《劳动歌》，《劳动者》第2、4、5、6期，1920年10月10日—12月5日。转引自邹国义：《〈国际歌〉最早的译者"列悲"考释》。
② 独秀：《无政府工团主义与黑暗势力》，《向导》第69期，1924年6月11日。
③ 陈独秀：《陈独秀三答区声白书》，《新青年》第9卷第4号，1921年8月1日。

主义是中央集权，故我不信其能实行"。① 而且他们认为无产阶级专政会
压制个人自由，"至于处在雇佣制度的资本主义之下，劳动者不满意于其
主人，都可以解辞职务，到了共产主义时代各团体之分子反不能自由退
出，先生想必以为现在雇佣制度的资本主义罪恶未深吗"？②

　　可以看到，无政府工团主义世界语者重视国际工人的联合，正是这
点促成中国无政府工团主义者接受马克思主义的"阶级战争与革命行
动"，使得他们在中共建立早期能够携手革命，并成为一部分无政府工团
主义者转向共产主义的助推器。同时，由于无法接受无产阶级专政，又
使得部分无政府工团主义者与马克思主义分道而行。这也为我们理解马
克思主义在中国早期传播到底哪些内容被接受与被拒绝，以及被哪些人
接受与拒绝，有了一个更具体的认识。

以国际工人联合反思中国工人运动的失败

　　中共成立初期，鉴于当时中国社会的发展状况，工人还没成为一个
自觉、有组织的阶级，以及中共本身力量的薄弱，因此中共一大决定集
中精力，将组织"产业工会"作为中国共产党当下的基本任务。③1921
年 8 月，为加强对全国工人运动的领导，中国劳动组合书记部在上海成
立。在工人罢工运动当中，铁路工人是生力军，到 1922 年底，京汉铁路
全线 16 个站口都建立了工会。为建立一个全国统一的铁路工会，各工会

---

① 独秀：《随感录——中国式的无政府主义》，《新青年》第 9 卷第 1 号，1921 年 5 月
　　1 日。
② 区声白：《区声白再答陈独秀书》，《新青年》第 9 卷第 4 号，1921 年 8 月 1 日。
③ 中共中央党史研究室、中央档案馆编：《中国共产党第一次全国代表大会档案文献选
　　编》，中共党史出版社 2015 年版，第 6 页。

定于 1923 年 2 月 1 日举行京汉铁路总工会成立大会。但是成立大会遭到军警的破坏，是日晚，中共与工人代表决定举行京汉铁路全线大罢工。1923 年 2 月 4 日，京汉铁路大罢工开始。三天后，吴佩孚开始镇压工人运动，工人运动损失惨重。

"二七惨案"结束之后，社会各界都在反思此次工人运动。在中共当中，李大钊、陈独秀、恽代英、瞿秋白、张太雷、赵世炎、林育南、李求实等都发表了相关文章，他们认为运动失败的主要原因在于帝国主义及其代理人军阀的镇压。① 在所有的反思中，有一位世界语者的反思略有不同。1924 年 3 月 15 日，《民国日报》副刊《觉悟》刊登一位来自上海三六世界语学会的袁寿田一篇文章，他认为京汉铁路大罢工的失败在于：

> 一方面固由于民众少与后援，一方面是团结力薄弱的缘故。……世界各国的劳工运动，没有不先从力争团结权着手，他们因为有了团结，所以各种运动是十九成功的。……马克思说："各国无产阶级者都当一致联合"；如其要和各国同志联合，那就有提倡世界语的必要！②

三六世界语学会是 1923 年袁寿田等人发起的世界语社团，因世界语创立正三十六年而得名，以研究与传播世界语为宗旨。③ 袁寿田提

---

① 李良明、黄飞：《中共早期领导人与大革命失败前的"二七"纪念》，《中共党史研究》2013 年第 11 期。
② 袁寿田：《工人与世界语关系的深切》，《民国日报·觉悟》第 3 卷第 15 期，1924 年 3 月 15 日。
③ 《学校消息·三六世界学会》，《新闻报》1923 年 6 月 29 日；《三六世界语学会简章》，《民国日报·觉悟》第 10 卷第 14 期，1923 年 10 月 14 日。

出"二七惨案"的教训是工人联合薄弱，这不仅指中国国内的工人联合，更有国际工人的联合问题，这种状况使得中国的工人运动恰似一艘"孤船"。

　　　　一艘孤船，

　　　　在无边的大洋中行走！

　　　　万重的雾布满了前程；

　　　　猛大的风浪有前后不住的扑来！①

　　中共早期尽管在理论和意识上接受国际工人的联合，但并未在实践层面即时去推动这件事，而且关于争取国际工人对于中国的支持，他们更多期待的是精神上和舆论上的援助，而非国际工人组织的联合运动。世界语从一创立，就期望实现直接的沟通，因此在世界语者转向马克思主义之后，他们会比其他马克思主义者更为迫切希望实现国际工人真正的沟通与联合，并且将世界语视为必不可少的语言工具。因此，袁寿田认为解决之道在于通过学习世界语，加强国际工人阶级联合，进而推动中国工人运动的成功。

　　　　世界语和工人们更是不当分离。要结合全世界劳工的团体，除了世界语再没有更适当的工具了。②

---

① 袁寿田：《孤船》，《民国日报》1924 年 3 月 26 日。
② 袁寿田：《工人与世界语关系的深切》，《民国日报·觉悟》第 3 卷第 15 期，1924 年 3 月 15 日。

可以说，为着中国工人运动的胜利，世界语者一再强调国外工人运动的胜利是因着工人的团结，而世界语又是促进工人团结起来的重要因素。袁寿田是 20 世纪 20 年代典型的通过世界语走向马克思主义的青年，其后他参加中国社会主义青年团的工作，并担任过湖北团省委秘书长，1928 年被国民党杀害。[①]

袁寿田的文章发表在《民国日报》副刊《觉悟》上，该刊当时的阅读群体主要是青年学生。很难讲，袁寿田的文章在众多反思工人运动的文章中，引起几分注意。但是它可以表明，至少对于倾向于马克思主义的世界语者而言，工人阶级要取得胜利，必须实现国际主义的大联合。这不是一个空泛的理论，而是现实的需要。可以说，中国早期的马克思主义者当中不乏卓越的国内工人运动的组织者，但是在推动国际工人联合方面，则相对缺乏。在中共领导的工人运动遭遇失败的情况下，倾向马克思主义的世界语者也会从国际工人联合方面予以反思，这是世界语在马克思主义传播和接受过程当中的一个重要特点。

除此之外，在 20 世纪 20 年代，世界语不仅成为传播革命思想的工具，而且成为连接地方革命与世界革命的一个桥梁。它帮助地方革命者突破语言障碍，与国际社会建立联系，推动地方革命的国际化，为地方革命提供了更广阔的视野和更强大的支持。对于青年而言，这就意味着"走向世界"不等于出国留学，不等于进入大都市，而是代之以在地方上完成自我启蒙与革命运动，进而成为世界的一部分。在这个层面上，"全

---

① 关于袁寿田的记载非常少，仅在怀念卓恺泽烈士的文章里提及。1928 年 4 月，卓恺泽作为湖北团省委书记与作为湖北团省委秘书长的袁寿田一起被捕，并被国民党杀害。袁寿田的生平，还有待进一步挖掘。《卓恺泽事略》，中央档案馆编：《革命烈士传记资料》，中共中央党校出版社 1983 年版，第 290 页。

世界无产者，联合起来"所产生的意象，打破了世界与地方的对立。这无疑对于"走不出地方"的青年，是一种巨大的解放，他们不必再执着地去中心城市与西方国家，这也是何以 20 世纪 20 年代青年纷纷返乡革命的一个原因。

六、小结

本章讨论的是近代中国开启了年轻人向往世界的眼光与目标，然而困于现实，他们无法走出自己所在的狭小天地，他们一度将希望放在无政府主义、世界语等世界主义载体上。世界语作为一个恰当的切入点，在于它和世界主义在近代的兴起一样，都是启蒙运动与民族国家冲突的产物。然而在清末民初，世界语与世界主义被无政府主义和部分新青年群体接受，是因为他们相信中国与世界会走向一个统一的目标，他们并未意识到这两者背后的西方意识形态，从而也未进一步去深究世界语及世界主义的内涵。偶有人讨论世界主义的多元性，但是这一声音非常边缘化。更为矛盾的是，他们试图超越民族主义，但是他们的世界主义始终是向着中国作为民族国家存在而言说，这使得世界语、世界主义看似超越民族主义，实际上它们已经建基在民族主义之上。

在 20 世纪 20 年代，世界语的发展从精英延伸到普通知识青年，他们接受了五四时期对世界主义启蒙价值的理解，但是他们发现单单学习世界语根本无法企及世界与世界主义。随着 20 世纪 20 年代三民主义与马克思主义的传播与发展，国共两党在共同批判资本主义世界主义的基础上，重新界定世界主义的内涵，并使得"无根的"世界语不得不与三民主义或马克思主义结合，在中国落地生根，进而得以参与近代中国革命思想的传播与交锋。

在中共建立之前，苏俄布尔什维克世界语者便开始在中国工人当中，通过世界语来传播马克思主义，了解十月革命与苏俄道路，他们的工作为建党做了一定的铺垫。在此过程中，中国无政府工团主义世界语者注重国际工人阶级的团结与联合，这一特征促进了中国无政府工团主义者对马克思主义中"阶级斗争与革命行动"理念的接纳。这一接纳过程在中共创建初期尤为显著，促使双方能够携手革命，并成为推动部分无政府工团主义世界语者转向共产主义的重要因素。当然，亦有部分无政府工团主义世界语者对无产阶级专政持反对态度，最终导致他们与马克思主义分道扬镳。这为我们深入探究马克思主义在中国早期传播过程中，哪些具体内容被接纳或被拒绝，以及这些接纳或拒绝的主体是谁，提供了更为具体且细致的认识。

与此同时，在青年走向世界的挫折中，马克思主义所倡导的"全世界无产者，联合起来"的世界革命理念，强调了各地革命运动之间的联合与协作，为地方性革命提供了一个更为宽广的国际视野。这一理念让青年群体得以走出"世界—地方"的二元对立框架，为20世纪20年代以后青年在地方从事革命打下基础，也成为审视近代中国革命中的"世界—地方"关系的一个独特切入点。

第五章 走向农村：农民运动的动员

传统中国社会依托于"士农工商"的四民社会结构之上，其中农民构成了社会的基石。辛亥革命虽推翻了旧有的政治制度，却未能撼动中国社会的基本架构，农民依然占据着人口数量的绝对多数。在革命初期，以"主义"为行动纲领的革命团体大多未将农民视作核心革命力量，而是将主要关注点聚焦于城市与工人阶级。中共三大首次将农民问题视为革命的首要问题，然而对于主要由知识分子构成的党员群体而言，如何深刻认知农民群体的革命潜力，并有效动员青年深入乡村，成为了一个巨大的挑战。这一过程呈现出一种并行不悖的发展态势：一方面，知识分子党员自身需在思想上不断深化对农民革命力量的理解；另一方面，他们还需基于既有的认知推进农民运动的宣传工作。详尽剖析这一复杂过程，有助于我们更深入地理解青年群体如何逐步接受马克思主义。本章将以《中国青年》作为基本史料，来揭示此一时期的农民宣传与动员。

一、传统农村的崩溃

传统中国是农业社会，自给自足的小农经济是其经济主体，这一特点延续了千年之久。在传统中国的小农社会中，科举体制是构成文化认同的重要手段，也是将官方价值观念下沉至民间社会的重要路径。在这一社会架构下，乡绅则在乡村社会和政权之间扮演了"中介者"和"调和者"的角色，并承担着教育民众、调解矛盾等责任。①

近代以来，中国被裹挟着走入了追求现代化的进程。为了尽快实现现代化，政府和社会精英曾将矛头指向了广泛存在于农村地区的民间信仰及宗教，除了要建立反迷信、理性的世界以外，同时也隐含着为改革筹措财政资源的动机。②在一系列的反宗教运动中，政府通过消灭迷信的方式，成功地将控制力延伸至以往未曾触及的乡村集体财产领域。众多宗教场所被改建为学校，然而大多数农民经济条件有限，难以负担子女接受此类"现代化"教育的费用。换言之，农民群体并未能从这一系列现代化变革中直接获益。

1905年，科举制度废除。随之而来的是"绅士"地位的没落及维系社会稳定之道德中心的缺失，从此"精英"二字出现了多重性，萧邦奇（Robert Keith Schoppa）将其表述为：军、政、商、学、绅等团体构成了多中心的亚文化圈世界。③在各界的博弈中，占据武力优势的军界拔得头筹，军人逐渐成为政权的实际掌控者。袁世凯去世后，北洋政府分崩离析，几大军阀派系轮番登场，连年的战争耗费巨大，广大农民群体承受着巨大的压力。据资料显示，江苏灌云县，在普通年份，每亩田地收入约5.2元，而田赋及苛捐杂税工需4.936元，余下不足0.3元。④此数据

---

① ［美］萧邦奇：《血路：革命中国的沈定一传奇》，周武彪译，江苏人民出版社2010年版，第15页。
② ［美］杜赞奇：《从民族国家拯救历史——民族主义话语与中国现代史研究》，王宪明译，社会科学文献出版社2003年版，第87页。
③ ［美］萧邦奇：《血路：革命中国的沈定一传奇》，第16页。
④ 王文昌：《20世纪30年代前期农民离村问题》，《大公报》1933年1月27日。

虽属 20 世纪 30 年代乡村田赋额度，作为战阀之下苛捐杂税直接承受者农民，境况不会有太大的差异。变卖土地、背井离乡对于生计压力之下的农民而言，更是寻常之事。根据日本学者田中忠夫的调查，在 20 世纪 20 年代江苏（仪征县、江阴县、吴江县）、安徽（宿县）、山东（霑化县）、直隶（遵化县、唐县、邯郸县、盐山县）、浙江（萧山县）等五省十个县的农民离村率达到了 4.61%，中部农民离村率为 3.85%，北部为 5.49%。①

除"人祸"以外，频繁发生的自然灾害无疑给农村地区带来了更为沉重的打击。"就当时全国范围而言，几乎年年有灾荒发生。"②据汪志国统计，在安徽省，晚清时期由灾荒引发的"人相食"事件相较于 1840 年以前，数量增加了一倍以上。灾荒对经济秩序产生了巨大的影响，这在粮食价格上的反映尤为明显。以小麦为例，1904 年安徽宿县的小麦价格为每担 2.27 元，而到了 1914 年则上涨至每担 3.36 元，及至 1924 年，更是飙升至每担 5.08 元。③

现代化发展过程中，工业化率先在城市开始，这必然导致整个社会资源向城市流动。在资源转移过程中，农民群体不仅要面对频发的灾荒、沉重的赋税，还要应付土匪的袭扰。在粮食短缺、高额赋税与匪患交织的多重压力之下，农民被迫采取"迁移规避"的策略以求生存。随着乡村经济因无法维持"自给自足"状态而陷入危机，传统农村社会的结构濒临瓦解。这一系列导致传统农村社会崩溃的因素，同时也激发了农民群体广泛的"不满"情绪。

① ［日］田中忠夫：《中国农民的离村问题》，载王仲鸣编译：《中国农民问题与农民运动》，平凡书局 1929 年版，第 185—187 页。
② 王文昌：《20 世纪 30 年代前期农民离村问题》，《大公报》1933 年 1 月 27 日。
③ 汪志国：《近代安徽自然灾害与乡村秩序的崩坏》，《中国农史》2007 年第 2 期。

西达·斯考切波（Theda Skocpol）在其著作《国家与社会革命——对法国、俄国和中国的比较分析》中，通过对法国、俄国及中国革命的比较研究，指出农民群体在参与社会运动时，并未怀揣构建新社会的宏愿，其斗争目标更为具体且集中，主要聚焦于获取土地权益及摆脱剥削状态。[①] 杜赞奇（Prasenjit Duara）在其研究《从民族国家拯救历史——民族主义话语与中国现代史研究》中提及，1902 年至 1908 年间，袁世凯发动的反宗教运动遭遇了来自基层的强烈抵抗。该运动导致翟城村宗教组织丧失了 1200 余亩地产及其活动场所，此举激起了当地村民的激烈反抗，甚至波及周边村庄，抗议活动持续数年之久。[②] 后续由国民党主导的反宗教运动亦遭遇了农民群体的有组织抵抗，迫使官方作出了一定妥协，这体现在 1928 年国民党颁布的《神祠存废标准》中，该标准对宗教与迷信进行了明确区分，并将部分崇拜行为合法化。

可以看到，现代化历史进程中，农民群体往往扮演着受害者的角色。其利益频繁受损的情境，不断激发并加剧了农民群体的抗争行为。这一现象揭示了，当农民的基本权益遭受侵犯时，他们能够激发出强烈的"愤怒"情绪。这种情绪蕴含着巨大的能量，支撑他们发起具有相当破坏性的社会运动。

二、中共三大前的农民政策与运动

尽管中共一大与二大已经触及农民在革命中的重要地位，但当时普

---

① ［美］西达·斯考切波：《国家与社会革命——对法国、俄国和中国的比较分析》，何俊志、王学东译，上海人民出版社 2007 年版，第 185 页。
② ［美］杜赞奇：《从民族国家拯救历史——民族主义话语与中国现代史研究》，第 89 页。

遍的社会认知仍倾向于将工人视为革命的绝对核心力量，工人运动也被广泛认为是推动革命进程的主要方式。在这一背景下，对于如何有效发动农民、组织农民以及联合农民的问题，党内尚未形成统一的认识。直至中共三大召开，农民问题才被正式确立为"革命的首要问题"，正式开启了中共系统性的农民运动。本节旨在探讨中共三大之前，中国共产党在农民问题上的探索与尝试。

中共早期的农民政策

中国共产党对农民问题的认识经历了一个逐步发展的过程。1920 年 11 月，上海共产党早期组织起草的《中国共产党宣言》里指出，"要将这政权放在工人和农民的手里，正如 1917 年俄国共产党所作的一样"。[①] 1921 年，中共一大通过的《中国共产党第一个纲领》指出，"把工农劳动者和士兵组织起来，并承认党的根本政治目的是实行社会革命"。[②] 由此可见，中共一大前后，农民与工人已被并列提及，但这并不等同于二者在革命进程中拥有同等的重要性；彼时，工人运动依然被视为工作的重心。

1922 年至 1923 年间，京汉铁路工人大罢工的挫败促使中共意识到，单纯依赖工人阶级的力量，难以战胜帝国主义与军阀势力。1922 年，共产国际指出，"工人阶级，若是至少得不到乡村劳动者（农业的雇工和极贫的农人）一部分的赞助，或至少不能使一部分乡村在政治上守中立，

---

① 《中国共产党宣言》，载中央档案馆编：《中共中央文件选集》第 1 册，中共中央党校出版社 1989 年版，第 549 页。
② 《中国共产党第一个纲领》，载中央档案馆编：《中共中央文件选集》第 1 册，第 3 页。

他是不能胜利的"。① 在共产国际的指导下，中共二大对农民问题又有进一步的认识，"如果贫苦农民要除去穷困和痛苦的环境，那就非起来革命不可。而且那大量的贫苦农民能和工人握手革命，那时可以保证中国革命的成功"。② 在此期间，杨贤江便主张青年学生要与工农群众联合起来，呼吁中国最具希望的青年迅速准备着到民间去，与平民为伍。③

1923 年 5 月，共产国际给中共三大指示，"只有把中国人口大多数的农民，即小农吸引到运动中来，中国革命才能取得胜利……全部政策的中心问题是农民问题"。④ 1923 年 6 月，中共三大在广州召开，形成了党史上首份关于农民问题的决议案《关于农民问题的决议案》，认为自帝国主义输入外货以来，市场紊乱，农民副业受到摧残，再加上连年战火、土匪横行、赋税沉重、劣绅鱼肉，生活在压迫之下的农民"自然发生一种反抗的精神"。⑤ 中共三大进一步提出，在之后的革命工作中有必要结合"小农佃户及雇工"，以促进大革命发展。不久之后，中共中央推出《中国共产党对于目前实际问题之计划》，针对农民问题有了进一步的阐述。该计划不仅界定了农民的革命性质，而且针对接下来的一段时期，对党的农村工作进行了部署与规划。

---

① 《第三国际的加入条件》，载中央档案馆编：《中共中央文件选集》第 1 册，第 68—69 页。
② 《中国共产党第二次全国代表大会宣言》，载中央档案馆编：《中共中央文件选集》第 1 册，第 113 页。
③ 杨贤江：《青年！往哪里走？》，《学生》第 9 卷第 5 号，1922 年 5 月。
④ 《关于中国共产党第三次代表大会的指示》，载中央档案馆编：《中共中央文件选集》第 1 册，第 586 页。
⑤ 中央档案馆编：《中国共产党第二次至第六次全国代表大会文件汇编》，人民出版社 1981 年版，第 63 页。

　　对于工人农民之宣传与组织使我们特殊的责任；引导工人农民参加国民革命是我们的中心工作。①

　　确切而言，中国共产党的农民运动自中共三大以后才正式开启。1924 年 1 月，国民党一大召开。此次大会针对农民群体，依据"三民主义"中的"民生主义"理念，重申农民问题的重要性，并颁布了《中国国民党第一次全国代表大会对于农民运动之宣言及政纲》(下文简称《宣言及政纲》)。面对"全国产业崩坏、人民生活动摇之惨状"，《宣言及政纲》提出以"惩服"加"感化收容"的方式促进游民参与有益于社会的事业，同时使农民加入军队，捍卫国家，为人民而战，并承诺在战争取得胜利后还田于民。关于农民之于革命的地位，《宣言及政纲》称"国民革命之运动，必恃全国农夫工人之参加，然后可以决胜"，并确立了全力辅助农工，以使其"日趋于发达"的行动方针。最后，《宣言及政纲》提出国民党革命的目标，即"谋农夫工人之解放"。②

　　可以看到，中共三大召开前后，中国共产党对农民问题的认识经历了一个不断深化的过程。随着国共合作的逐步推进，中共对农民问题的重视进一步融入到国共合作的框架之中。

三大前后中国共产党对农民的宣传

　　相较于工人，中共早期对农民重视程度相对不够。《中国青年》作为

---

① 中央档案馆编：《中国共产党第二次至第六次全国代表大会文件汇编》，第 63 页。
② 《中国国民党第一次全国代表大会对于农民运动之宣言及政纲》，《第一次国内革命战争时期的农民运动资料》，人民出版社 1983 年版，第 16—17 页。

团中央机关报，对农民的态度反映了中国共产党早期的农民政策。具体而言，这种政策在《中国青年》杂志中体现在以下几个方面：

（一）农民的缺位

对于《中国青年》编辑群体而言，农民群体呈现出一种既熟悉又陌生的复杂形象。他们深知农民群体作为中国社会的基石，具有不可忽视的重要地位，这体现了他们对农民群体的熟悉度。然而，由于编辑群体与农民群体在生活空间、生活方式等方面存在显著差异，导致农民群体往往以一种模糊、不清晰的状态呈现在他们面前，进而产生一种强烈的陌生感。1923 年 11 月 17 日，刘仁静在《中国革命之前途》一文中写道：

> 中国劳农群众在革命中的地位不是消极的旁观态度，而是积极的参加行为。中国的革命，我敢断言，无劳农群众的与全体国民的参加，永不会得着胜利。①

此文是中共三大召开之后，首篇在《中国青年》杂志中提及"农民"的文章。文章开篇就延续了中共三大对农民革命地位的认知，但在后文中，我们几乎无法感受到农民的所在。"中国推翻外力与军阀的压制，不仅军事行动须得农民工人的援助，而且收没外人在中国所积聚的财产，工厂，矿山，银行等，尤赖他们的组织"。

---

① 敬云（刘仁静）：《中国革命之前途》，《中国青年》第 5 期，1923 年 11 月 17 日。

文中提到的工厂、矿山、银行等与农民的生活空间极不相符，据此可以合理推测，在其文章中农民往往作为工人的陪衬而出现。为何要将农民放入其中，可能更多反映刘仁静对于中共三大关于农民群体之共识的认同态度，同时也揭示了他对这一群体认知的有限。苦于对这一群体认知的不足，不得不在文中绕开对农民群体的探讨，每当涉及农民群体的具体细节时，只能一笔带过。

不仅是刘仁静，1924 年 1 月 5 日，邓中夏在《中国农民状况及我们运动的方针》一文中，虽名为概述中国农民状况，但并未正面提及农民状况，仅给出了一份评论和一份推荐。

> 中国出版界关于这一个问题的文章，简直绝无仅有；就是仅有的不是"捕风捉影"便是"隔靴搔痒"。只有前锋第一期陈独秀先生的《中国农民问题》一篇文章，算是精确客观，对于中国农民状况分析的很细致，很正确，读者可去参考，我这里不再重述了。①

邓中夏针对农民群体状况的描述，其文字相当简略。当论及涉及农民群体的文章存在不足时，他主要采用了诸如"捕风捉影""隔靴搔痒"等形容词进行概括性的批评，而未能就这些不满之处提供详尽、具体的点评与分析。即便是在表达对陈独秀观点的赞同时，邓中夏也未能就陈独秀文章中"精确客观"的部分展开细致的评述与阐释。

不论是刘仁静还是邓中夏，均在文字中表达出了对农民群体的关注

---

① 中夏：《中国农民状况及我们运动的方针》，《中国青年》第 13 期，1924 年 1 月 5 日。

与重视。然而，两者在论述过程中均存在一定的不足，即邓中夏在评价农民相关论述时，往往采用较为笼统且缺乏细致分析的判断方式，如使用抽象性词汇进行概括，而未深入剖析其不足之处；刘仁静则在描述中穿插了一些与农民实际状况关联度不高的场景，这些做法在某种程度上导致了农民群体在论述中的"边缘化"或"隐形化"。相比之下，邓中夏在描述工人状况时则展现出了更为详尽与细致的笔触，而刘仁静提及的工厂、矿山、银行等场景也与工人群体紧密相关，这反映了两者在论述工人与农民两大群体时的认知差异。

从更深层次来看，这种不均衡的认知状态不仅体现了中共早期知识分子在工农两大阶级理解上的偏差，也从侧面揭示了知识分子群体与农民之间存在的认知隔阂。这种隔阂在一定程度上阻碍了知识分子对农民群体的深入理解和准确描述，也揭示中共早期知识分子在接触和理解农民群体时可能面临的障碍与挑战。

（二）工农不对等的论述

针对革命的主要势力，邓中夏认为"工人、农民、兵士是革命的三个主力群体"，[①]并针对上述三个群体分别发表了两篇文章。值得注意的是，邓中夏针对不同群体的论述，在深度与广度上均呈现出了一定程度的不对等性，而这份"不对等"在工农群体之间表现得尤为明显。

1923 年 12 月 29 日，邓中夏发表了《论农民运动》一文，相对全面地对农民群体进行了探讨。

---

① 中夏：《革命主力的三个群体》，《中国青年》第 8 期，1923 年（无具体日期）。

固然农民的思想保守，不如工人之激进，农民的住处散漫，不如工人之集中，在理论上讲，农民革命似乎希望很少；但是我们如从实际上看，中国农民再这样军阀征徭，外资榨取，兵匪扰乱，天灾流行，痞绅鱼肉种种恶劣环境当中，生活的困苦，家庭的流难，何时何地不是逼迫他们去上革命的道路。所以我们敢于断定中国农民有革命的可能。①

邓中夏的论述与中共三大《关于农民问题的决议案》中的文字如出一辙，此文是首次在《中国青年》杂志中针对农民群体做集中探讨的文章。从邓的文字中，可以看出其对中共三大所形成共识的认同。

相较于邓中夏针对工人运动的论述，其对工人运动的探讨在论证力度上展现出更为显著的强度。1923 年 12 月 8 日，邓中夏发表了《论工人运动》一文，可以称之为"三个主力群体"系列中与《论农民运动》一文形成鲜明对比的姊妹篇。针对工人群体，邓中夏做了以下论述：

但是我们应该知道工人数量虽少，工人在社会上所占的地位实在比人格群体尤为重要。比方海员一罢工，可以使国内外交通断绝；铁路一罢工，可以使南北的交通断绝；汉冶萍一罢工，可以使国内和日本多处大工厂停业……中国工人运动，原是最近三年的事，可是在这三年之中，工人却做出不少惊天动地的光荣事业来，如罢

---

① 中夏：《论农民运动》，《中国青年》第 11 期，1923 年 12 月 29 日。

工……如组织……总工会。①

邓中夏在对工人群体的论证以实例贯穿全文，对于各地工人运动如数家珍。相较而言，针对农民群体的论证则逊色得多。

除此之外，在"三个主力群体"系列中，发表于 1923 年 12 月 22 日的《中国工人状况及我们运动之方针》与发表于 1924 年 1 月 5 日的《中国农民状况及我们运动的方针》这两篇文章，可作同类比较。

《中国工人状况及我们运动之方针》一文对于工人状况的介绍如下：

> 要明白中国工人状况，先要明白中国的产业情况。我们分段略述于下：（一）江苏区——在中国新式工业最为发达的地方，要以此区首屈一指。……此区以纺织业为主要工业，烟草次之……（二）武汉区——此区以铁工为主要工业，纺织次之，其他工业也有。……（三）津榆区——此区从天津起至山海关止，皆包括在内。以煤业为主要工业，纺织次之。……（四）其他各地——都只有零星的新式工业，而且是矿山居多。……（五）交通——交通事业是发展产业的唯一凭借。……（1）铁路……（2）轮船……在此可附带提及的，便是各通商口岸有不少的码头搬运夫，和通行大邑有不少的人力车夫。②

---

① 中夏：《论工人运动》，《中国青年》第 9 期，1923 年 12 月 15 日。
② 中夏：《中国工人状况及我们运动之方针》，《中国青年》第 10 期，1923 年 12 月 22 日。

在阐述工人状况时，邓中夏依据地区和产业的双重标准，将工人群体细致地划分为不同的片区，并且对于依附于各大产业的交通体系中的工人，也进行了独立的归类与分析。这种分类方式使得邓中夏在描述"工人状况"时，可谓排列有秩、分布有序，各类工人的生存状态、工作环境以及社会地位等均得到详尽展现。

然而，在与之相对应的姊妹篇《中国农民状况及我们运动的方针》中，邓中夏对于农民状况的介绍则显得相对简略，缺乏与工人状况描述相匹配的详尽程度与系统性。在文章开篇，邓中夏便承认详谈农民状况的难度：

> 在向来不重视统计的中国，要解答这一类的大问题真是"戛戛乎其难矣"。①

正如前文所述，邓中夏曾严厉批评当时多数关于农民状况的分析文章存在"隔靴搔痒"或"捕风捉影"之弊。然而，值得注意的是，即便是在他本人的《中国农民状况及我们运动的方针》一文中，也并未直接且全面地回应其所指出的这些问题。相反，该文将焦点转向了农民运动，特别是海丰、衡山两地农民运动的过程与成果，并分别从纲领、组织、会务三个方面剖析两地农民运动发展起来的原因。在此基础上，邓中夏进一步强化了其开篇提出的论点，即农民革命的潜在力量正逐步显现，并已成为各种社会群体中"崭露头角的新兴伟大势力"。

---

① 中夏：《中国农民状况及我们运动的方针》，《中国青年》第13期，1924年1月5日。

该文不仅透露了解中国农民状况的困难，同时也表达了想要详尽地了解农民运动同样困难重重。

> 我上期《论农民运动》文里已经说过萧山，萍乡，马家村，青岛，海丰，衡山六处的农民运动都是狠剧烈的，可惜我手头只有海丰衡山两处较完整的材料，现在只能把这两处介绍一番，其余四处暂行从略。①

在这里，我们可以看到邓中夏的"无奈"。因资料的匮乏，他对六处农民运动基本状况都无法掌握，只能根据手头有限的材料，进行个案研究。他提到的六处农民运动中，萧山离上海并不远，而且领导萧山农民运动的是与陈独秀、李汉俊关系非常密切的沈定一，他参与了上海马克思主义研究会的发起与组织，是中国共产党最早的党员之一。虽然当时沈定一赴苏联考察，不在国内，但是赴实地考察或通过其他方式获取萧山农民运动资料，还是有可能的。②

需要指出的是，该文关于海丰、衡山两地农民运动的素材，也并非来自调查，而是来自报刊的二手资料。③

---

① 中夏：《中国农民状况及我们运动的方针》，《中国青年》第 13 期，1924 年 1 月 5 日。

② 1923 年 8 月，沈定一同蒋介石等四人赴苏联考察，年底回国，虽然邓中夏的文章发表于 1924 年 1 月，但以当时的通讯条件，未能及时地从沈定一处获取相应资料是可能的。此外，由沈定一领导的浙江萧山衙前县农民运动，萌芽于 1921 年上半年，爆发于 1921 年 9 月，年底遭到军阀政府镇压而解散，虽然运动意义深远，但终究经历时间过于短暂，沈定一手中并不掌握原始材料也属可能。

③ 邓中夏在介绍衡山农民运动时，也以"兹把各报所载摘录如下"指明了其资料来源。中夏：《中国农民状况及我们运动的方针》，《中国青年》第 13 期，1924 年 1 月 5 日。

先介绍海丰的农民运动。……兹摘录香港华字日报如下："去年八月海丰组织农会，后来推及陆丰，归善，紫金，惠来……三县全县农民加入农会……"他们何以有这么大的运动呢？因为他们有完善坚固的组织。现把他们的章程摘要如下：（一）纲领——一谋农民生活之改造。二谋农业之发展。三谋农村之自治。四谋农民之教育普及。（二）组织——分区会，县会，省会三级。每级分大会，执行委员会两机关。省大会为最高机关。各级执行委员会分文牍、会计、交际……（三）会员——……①

这类资料受新闻报道属性所限，往往无法完整地展现运动过程与全貌。加之报道本身已经过编辑处理，体现的主要是该报纸的新闻倾向，不可避免地会对新闻材料进行筛选与剪裁。这也使邓中夏在做农民运动梳理时更偏向于"情况介绍"，而缺乏对农民运动背后深层次原因或共同点的总结。

相较于分析工人群体时的系统性与层次性，邓中夏对农民群体状况的分析则显得方式简单与形式单一，也未能从整体上对农民运动形成判断。从某种意义上说，邓中夏所写的内容与题目中的"中国农民状况"是不相符的。即便他强调文章是基于特定地域的考察，但仅凭海丰、衡山两地农民运动之经过及其发生、发展的经验，来反映"中国农民运动状况"，也成为问题。这一现象反映出中共早期对工农群体的认知的不均衡性，尤其是对农民与农民运动认知的不充分。

---

① 中夏：《中国农民状况及我们运动的方针》,《中国青年》第 13 期，1924 年 1 月 5 日。

（三）来自青年的质疑

通过分析杂志编辑的文字内容来探究其对农民群体的认知，是一种较为直接的方法。而另一路径，即考察青年对于相关内容的反馈，则能够更为生动地揭示出作为"直接动员者"的青年群体与农民群体之间可能存在的认知隔阂，有助于我们从一个侧面深入了解编辑群体对农民群体认知的程度。

1924 年 5 月 3 日，一名为惠民的读者围绕农民问题，向《中国青年》编辑寻求帮助。他在信中毫不掩饰地指出，《中国青年》第 22 期关于四川合江县农民状况的叙述，"不过这都是笼统平常而人人知道的"；惠民认为《中国青年》给出的指导，并不适合他所在的湖北枣阳。[①]惠民在言语中流露出的强烈急迫感，很大程度上源于《中国青年》所描绘的农民运动状况与其所在地实际情况之间存在的差距。这种差异促使惠民深刻感受到现实与理想状态之间的鸿沟，从而在表达中透露出一种迫切希望缩小这一差距的情绪。在惠民看来，在农村"闭塞"、农民"无一点知识"的现实面前，通过组织农会、对农民进行宣传教育，来动员组织农民有些难以落地。如此看来，与其说惠民是在求助，倒不如说是经历挫败后对编辑提出质疑。他对编辑对农民运动"笼统"的指导表达了不满，也对编辑的理想化方式表示不认同。可见，《中国青年》编辑对农民运动的指导，不符合一些地方的具体状况，也是客观事实。

《中国青年》编辑对于农民运动状况的描述语焉不详，以及农民运动指导方针在实际应用中"水土不服"，均反映了编辑群体对于农民群体的

---

① 惠民、代英：《农村通讯》，《中国青年》第 29 期，1924 年 5 月 3 日。

认知程度有限。此外，青年群体的个人情绪、工作能力在认知农民群体的过程中亦构成了不可忽视的障碍。需明确的是，本节不在于苛责编辑群体关于农民群体的文字记载存在局限。然而，当面对农民群体时，以刘仁静、邓中夏为代表的编辑群体，在文字表述中流露出的"懵懂"状态，确属客观存在。理论与实践之间存在着显著的鸿沟，究其原因，恐怕与他们对于农村、农民状况的认知缺乏深刻性有关。惠民所揭示的现实情况，显然超出了编辑们的预期，由此才引得恽代英不得不承认，"我们还是未能十分明了农村的真状"。① 针对这一现状，《中国青年》编辑着手引导青年群体，从多个角度进行尝试，旨在改变对农民群体认知不足的局面。

中国共产党农民运动早期实践

1921 年 9 月，浙江萧山衙前村爆发农民运动，被称为"全国农民运动史上最先发轫者"，也是中共成立之后第一次有组织、有纲领的农民运动，其组织者为沈定一。在 1920 年秋季以前，无论是共产党早期组织，还是个人，都没有将农村革命作为一项急迫的任务。学者萧邦奇注意到，"直到 1920 年秋季，沈定一在《星期评论》和《觉悟》上发表的 33 首诗中，只有三首是专门讨论农民困境的；在 33 篇文章中只有 1 篇详述农村形势"。② 这至少反映出在 1920 年底之前，农村运动尚未成为中共早期知识分子关注的重心。

沈定一，1883 年出生于浙江萧山衙前一个官宦家庭，中过秀才，在

---

① 惠民、代英：《农村通讯》，《中国青年》第 29 期，1924 年 5 月 3 日。
② ［美］萧邦奇：《血路：革命中国的沈定一传奇》，第 88 页。

清政府任过职。1904 年，与蔡元培、陶成章等发起成立光复会，后留学日本。1905 年，加入同盟会。1911 年，参加江浙地区的光复活动。二次革命失败之后，流亡日本。1916 年回国，再次担任浙江省议会议长，其后在上海、南京编辑《星期评论》和《劳动与妇女》等刊物。1920 年 5 月，在上海同陈独秀等发起马克思主义研究会。同年 8 月，加入上海共产党早期组织，成为中共最早一批党员。①1920 年秋，沈定一回到浙江萧山衙前村，率先开始农民运动的探索与实践。他穿着农民的衣服，操起方言与当地农民谈论他们的生活条件，碰到有困难的佃户，也会慷慨解囊。② 通过不断的接触，沈定一与农民群体的关系愈加紧密。③

1921 年 6 月 26 日，沈定一发表《北窗风雨》，表达自然风暴肆虐，农民却束手无策的无奈；7 月 3 日，发表《农家夜饭前后》，描述了农民俭朴的生活；8 月 4 日，发表《蚊》，以蚊来隐喻剥削工人农民民脂民膏的压迫者；8 月 8 日，发表《水车》描绘天不下雨，农民歉收，地主仍照常收租的悲惨境况。④

> 咿咿，呜呜，咿咿，呜呜，
>
> 是醒眠呢是催眠？

---

① 何承艰、王德树等主编：《马克思主义人物辞典》，中国广播电视出版社 1989 年版，第 231 页。

② 中共萧山县党史资料征集研究委员会办公室编：《衙前农民运动》，中共党史出版社 1985 年版，第 76—77 页。

③ ［美］萧邦奇：《血路：革命中国的沈定一传奇》，第 100 页。

④ 玄庐：《北窗风雨》，《民国日报·觉悟》第 6 卷第 26 期，1921 年 6 月 26 日；玄庐：《农家夜饭前后》，《民国日报·觉悟》第 7 卷第 3 期，1921 年 7 月 3 日；玄庐：《蚊》，《民国日报·觉悟》第 8 卷第 4 期，1921 年 8 月 4 日；玄庐：《水车》，《民国日报·觉悟》第 8 卷第 8 期，1921 年 8 月 8 日。

自鸣得意呢还是诉苦？

分明趁当儿吮人膏脂，

人们还说你是"书生习气未能除"，

容你冒充文治。

炎天裸体汗珠粗，

芭蕉扇不及招风，

烟缸头长行发火。

最难为工人农夫，

劳顿了一长日，

你竟不许他们安逸一息，月下风前谈故事，

都被你赶进小屋子里蒸笼似。

破帐子，七零八落地补上加补，

你还要找缝儿进去吃饱一肚。

明知你是龌龊世底产儿，

便吃饱了血，谁也不屑再承认是他的血，拍搭一纪打个空，

咿咿，呜呜，咿咿，呜呜，

试看西北风起时，还容许你得意无？①

除此之外，沈定一还出资建立了衙前农村小学，并邀请刘大白、宣中华、杨之华、徐白民、唐公宪等人前来执教，这几人都曾参与或领导过学生运动，这所小学后来也成为了衙前村革命工作的中心与农民运动

---

① 玄庐：《蚊》，《民国日报·觉悟》第 8 卷第 4 期，1921 年 8 月 4 日。

的基地。①

1921 年春末夏初，物价上涨导致农民生活愈加困难。为此，沈定一
带领农民与无良米行进行对抗，迫使粮商恢复原价，这次的成功使他们
感受到了联合行动的力量。② 而后，沈定一多次发表演讲。1921 年 9 月
21 日，沈定一在浙江省萧山县衙前村的东岳庙前，发布了《衙前农民协
会宣言》和《衙前农民协会章程》，宣告衙前农民协会成立。《宣言》称
"农民在中国历史上是被尊敬的人民"，"我们底觉悟，才是我们底命运。
我们有组织的团结，才是我们离开恶运交好运的途径"，"无产阶级的人，
大家起来呀"。③ 在短短两个月的时间内，萧山、绍兴等县相继建立了 82
个农民协会，会员达 10 余万人。1921 年 11 月 20 日，衙前县农民协会联
合会成立，提出了"三折还租""改大斗为公斗"等口号，得到了农民的
拥护。

不久后，即在 1922 年，广东地区的农民运动亦悄然兴起。1922 年至
1923 年间，海丰地区的农民遭受严重的水旱灾害侵袭，同时亦饱受新兴
地主阶级的剥削。面对这一系列困境，"愤慨"的农民群体发起了减租运
动，并在此基础上成立了海丰农民总会。该组织随后逐步发展壮大，吸
纳了来自海丰、惠来、紫金等多个县份的农民成员，最终演变为广东农
民联合会。在此期间，各地农民因不堪重负而爆发的"抗租抗税暴动"，
以及他们所展现出的强烈愤怒与抗争力量，逐渐引起了中国共产党与国
民党的关注。④

---

① 萧山县志编纂委员会编：《萧山县志》，浙江人民出版社 1987 年版，第 1057 页。
② 同上书，第 1058 页。
③ 同上书，第 1058、1060 页。
④ 中央档案馆编：《中国共产党第二次至第六次全国代表大会文件汇编》，第 63 页。

至此，农民群体因愤怒而萌生的力量，最初是驱动他们采取自我保护措施的内在动因。当革命党人洞察到农民所展现出的这种"反抗精神"后，农民群体便以革命参与者的崭新角色进入革命党人的视野之中。随后，他们被革命党人视为重要的争取对象，并被正式纳入到了革命力量的范畴之内。

三、以青年为农民运动媒介

在中共早期，其成员主要由知识分子构成。当党组织着手转向农民运动时，知识分子的局限性便逐渐凸显。陕西党组织的负责人李子洲谈到，中共早期知识分子党员更擅长与地方官员、名流打交道，做群众工作有些困难，特别是农民运动。[①] 然而，鉴于农民运动在革命中的重要地位，其执行、宣传及动员工作势在必行。在这一过程中，以学生群体为主体的知识青年成为中共早期宣传农民运动的首要目标对象，并被积极动员参与到这一活动中，以期推动农民运动的发展。

《中国青年》杂志作为中共重要的宣传阵地，将"救国"与"救自己"两大议题置于其核心讨论范畴。其编辑群体秉持一种观点，即认为"救国"与"救自己"非但不相互冲突，反而相辅相成；唯有从根本上革新社会制度，青年群体方能得以从家庭束缚、学校规制及旧式婚姻的桎梏中解脱出来。随着农民群体日益进入革命者的视野，针对该群体进行宣传动员的工作被正式纳入议程。在此背景下，编辑们寄希望于青年群体能够充当动员农民的中介力量，扮演"媒介"角色。至于青年缘何能够胜任这一

---

① ［美］周锡瑞：《意外的圣地：陕甘革命的起源》，石岩译，香港中文大学出版社 2021 年版，第 101 页。

"媒介"职能，则成为了一个亟待深入思考与探究的学术问题。

欲"救国"的青年

"20 世纪初期的中国学生，成长在中西交会，新旧冲突的当口，不只背负数千年面临崩溃的传统枷锁，也尝足了新思潮与老观念挤压迸放出来的苦酒。"① 五四运动期间，学生群体离开校园走上街头，过了一段时间"新生活"。他们在运动中的爱国热情与积极行动，使其在五四运动后建立了"新学生"的正面形象，进一步提升了学生群体在社会中的地位与声望。在这些积极因素的促进下，加之"解放""改造"等社会思潮的影响，一大批学生将改造社会视为己任，并期待在运动之后继续推动社会的变革与进步。

改造之事，谈何容易。从效果来看，五四运动促使巴黎和会拒签《凡尔赛和约》，但对国内政治的影响颇为有限。彼时，政治纷乱不改，总统选举中的贿赂现象屡见不鲜，内阁与国会的召集、解散、恢复等事宜更是频繁变动。军人当道，军阀派系之间争斗如故，直皖、直奉等之间的斗争未曾间断。学生有改造社会的愿望，却无改造社会之能力。学生群体在"彷徨的歧途中"坠入了"好像汪洋大海中的一双无舵孤舟，随风飘荡"的困境，也陷入了"既不能效汪琪执干戈以卫社稷，又不愿无声无臭老死篱下"的苦闷之中。②

学生群体对于改造社会的满腔热情，相较于"救国"这一宏大目标

---

① 吕芳上：《从学生运动到运动学生》，台湾"中央"研究院近代史研究所，1994 年，第66 页。
② 陈之潘：《世纪的苦闷与自我的彷徨——青年眼中的世界与自己》，《周论》第 1 卷第22 期，1948 年。

而言，显得颇为有限且力不胜任。恽代英也发现仅凭"良心"的作用，连维持社团内部的稳定都难以做到，就更不必谈改造社会了。鉴于此，恽代英转而诉诸"主义"的凝聚力来强化社团的稳定性，从而最终达到改造社会的目的。[①] 在学生群体中，"良心"之力不足的现象同样普遍存在，这在一定程度上揭示了传统道德观念在面对复杂社会变革时的局限性，也为革命党以主义凝聚学生群体提供了切入空间。

欲"救自己"的青年

除"救国"的愿望难以实现之外，学生群体发现实现"救自己"的期盼同样困难重重。在民国的新型教育体制下，出现了一个庞大的"中等生"群体。这些"有些知识而又没有充分知识"的学生，就业无道、谋生乏术、前途渺茫，内心普遍充斥着作为"苦学生"的凄凉感与悲哀情绪。[②] 他们身处知识的边缘地带，既拥有了一定的文化素养，又未能达到足以改变自身命运的程度，因此陷入了深深的自我救赎困境之中。

在《中国青年》上，充斥着青年对于"家庭关系""婚姻""恋爱""前途规划""经济状况"等关乎个人命运与自我实现的话题。[③] 在此之前，青年们只能独自孤独地面对这些问题。为了解决这些交织着情感纠葛、社会压力与个人理想冲突的复杂问题，将这些话题抛给《中国青年》编辑倾诉心声、寻求指导，并在杂志平台上公开讨论，这是他们"救自己"

① 邓军：《从"良心"到"主义"：恽代英与五四时期知识分子的社团组织困境》，《中共党史研究》2016 年第 4 期。
② 王奇生：《从"容共"到"容国"——1924—1927 年国共党际关系再考察》，《近代史研究》2001 年第 4 期。
③ 比难：《婚姻问题的烦闷》，《中国青年》第 3 期，1923 年 11 月 3 日；小立：《恋爱问题》，《中国青年》第 57 期，1924 年 12 月 6 日。

的一种方式。

1924 年 5 月 24 日，一位叫燕日章的青年写信给《中国青年》，他写道：

> 楚女我觉得一个纯洁的青年所以终至于堕落的，完全是由于家庭的累赘所致。有了家庭，就发生饭碗问题；一为饭碗做事，就自然堕落了！……但要想脱离家庭，那就须先从拒绝婚姻做起；所以我又主张"独身"。……不过我自信我若履行这脱离家庭与婚姻的主义，自己底魄力恐怕还不够，还得许多朋友从旁督责我才好。①

燕日章的这封信写的是千回百转，想摆脱家庭的负累，可是又缺乏信心与能力，因此寄希望于《中国青年》的编辑和读者作为自己的监督者。某种意义上，这是害怕承担责任，将决定权交予他人。对于这点，萧楚女看得很清楚，他回复道："脱离家庭及拒绝婚姻，何必定要旁人督责，这些事又岂是旁人所能督责的？"在说明这点之后，萧楚女指出要完成"救自己"，在于跳出个人的狭隘的天地，

> 我想你若时时想着"社会"，时时多想"社会"而少想到你自己底事，那便是一个很好的督责，那便什么伟大的事业都可作出——何患缺魄力？②

---

① 燕日章、楚女：《脱离家庭及拒婚问题（通信）》，《中国青年》第 32 期，1924 年 5 月 24 日。
② 同上。

　　萧楚女在剖析问题时的基本策略是将个体遭遇升华为集体命运，向青年揭示个人苦闷的根源并非单纯源于自身能力的欠缺，这些看似私人领域的困境实则揭示了封建伦理秩序与资本主义制度交织的社会病态。

　　这种认知的转变推动着青年群体将个人救赎与时代变革相联结，使得原本孤立无援的青年开始以马克思主义的视角重新审视自身处境。换言之，"救自己"要通过"救国家"才能实现，这亦是知识青年从自我疗愈转向社会行动之路。正如王奇生所指出的，当国共合作掀起国民革命浪潮时，大量彷徨青年正是在解决"救自己"的探索中，逐步接受了"改造社会才能解放个人"的革命逻辑，最终完成了从知识边缘人到政治参与者的身份蜕变。①

　　简言之，青年在"救自己"的过程中，在革命编辑的引导下，逐渐认识到造成"烦闷"的根本原因是社会问题，是政治的黑暗而并非其自身，青年应组织起来，进行反对帝国主义与军阀的斗争才是消除"烦闷"的唯一途径。中共三大要求"共青团应开始从事农民运动的宣传及调查"，②分散在各处、内心"烦闷"的青年自然成为了优先动员的对象。

四、对农民运动的宣传与实践指导

　　《中国青年》杂志的编辑与读者，其实都是知识群体。即使他们部分出身于农村，但对农民的认识与了解仍是不充分的。他们亦承认这点，"我相信我们还是未能十分明了农村的真状，所以我们说话做事，总未能

---

① 王奇生：《从"容共"到"容国"——1924—1927年国共党际关系再考察》，《近代史研究》2001年第4期。
② 中共中央党史研究室、中央档案馆编：《中国共产党第三次的全国代表大会档案文件选编》，中共党史出版社2014年版，第15页。

对于农民抓到痒处。一定是我们所认为问题的，农民并不感觉重要"。①作为以指导青年为己任的杂志，分析农民群体之特点与地位是其开展指导青年"到民间去"的第一步，针对农民特性对青年进行动员农民的实践指导则是工作的第二步。在《中国青年》四十七篇指导文章中，可将其分为"农民之革命地位""农民之革命潜力""实践指导"三个类别，下文将分别予以详细分析。

农民之革命地位

在《中国青年》中，农民问题虽不是杂志的核心关注点，但相关讨论则贯穿始终。关于农民革命地位问题，编辑的论述经历了模糊提及到逐步清晰的过程，这一过程主要可以分为两个阶段，现将杂志中的相关表述进行分段梳理。

（一）与工人并举

早在杂志创刊初期，编辑群体的文字就体现出对农民的关注。1923年11月17日，刘仁静在《中国革命之前途》一文中最早提及农民革命地位，并对其在革命中的地位予以肯定。

> 中国革命，我敢断言，无劳农群众与全体国民的参与永不能得着胜利。②

---

① 惠民、恽代英：《农村通讯》，《中国青年》第 29 期，1924 年 5 月 3 日。
② 敬云（刘仁静）：《中国革命之前途》，《中国青年》第 5 期，1923 年 11 月 17 日。

同时，也可以看出，刘仁静等中共早期知识分子，此时尚未能将农民群体作为一独立的革命势力进行理论探讨。农民群体往往是和工人群体同时提出，并未获得独立的舞台。

邓中夏是最早在《中国青年》杂志中，将农民群体作为独立群体进行讨论的编辑。1923 年 12 月上旬，邓中夏在《革命主力的三个群体》一文中，明确提出农民是革命的三个主力群体之一。

> 据我看，中国革命所以软弱和不能完成的重要原因，是为革命主力的工人农民兵士这三个群体尚未觉醒和组织起来。①

相较于刘仁静的模糊肯定，邓中夏明确提出了农民是革命主力的定位，并进行了论证。值得注意的是，邓中夏的论证不是单独将农民拎出来，而是将三个群体视为一个整体进行论述。

邓中夏首先提及三个群体在其他国家的革命进程中扮演的角色。

> 俄国三月的革命，谁也知道是始于资产阶级要求民主的政治革命。论理，该是资产阶级为主力，谁知发难革命的却是工人和农民，助成革命的却是兵士。

除此之外，还列举了法兰西、土耳其革命运动中三个群体的作用，

---

① 《中国青年》杂志第 8 期具体发行日期未能查实，文中"12 月上旬"系笔者由第 7 期、第 9 期发行日期以及《中国青年》杂志发行周期推断得出。中夏：《革命主力的三个群体》，《中国青年》第 8 期，1923 年（无具体日期）。

进行辅助论证。

> 此外如法兰西大革命和土耳其独立运动，都没有不靠这三个群体为主力的。此类例证，举不胜举。

由此看来，以邓中夏为代表的编辑群体，虽然肯定了农民在革命中的地位，但并未对其进行单独分析与阐述。在选择案例的时候，都是援引国外的经验，这再次表明农民运动在中国方兴未艾，进而导致邓中夏并未掌握足够的农民运动第一手资料。在讨论为何这三个群体"精神格外富足，格外坚决"之时，他以"三个群体受到的压迫和痛苦是格外比人厉害"作为解释，继之以传统俗语"狗急跳墙，人急反噬，他们不能不断然的趋向而且硬干起来"来进行诠释。①

这些简短论述显现理论分析不足，更多以例证来支撑结论。更重要的是，此时农民的革命地位是与工人、兵士并列提出的，缺乏对农民革命势力的独立论证。总的来看，在这一时期，农民总与工人并举，其独特性尚未得到充分彰显。

（二）独立的"伟大势力"

1923 年 12 月 29 日，邓中夏发表《论农民运动》一文，从农民的经济基础入手，首次对农民革命地位进行了单独的理论探讨，并对过往的认知进行了批评。他对农民做了如下描述：

---

① 中夏：《革命主力的三个群体》，《中国青年》第 8 期，1923 年（无具体日期）。

中国的经济基础，大家都知道差不多完全是农业，那么，中国的农民应该至少要占全国人三分之二，不需统计，我们可毫不犹豫的断定了。这样一个占全国人口绝对大多数的农业群体，在革命运动中不是一个我们不可轻侮的伟大势力吗？是我们青年革命家所可忽视的吗？……我可敬的青年呵，到民间去，是我们唯一的使命呵！①

《中国青年》杂志一直承担着动员青年的任务，为了达到更好的动员效果，从不吝惜动员性较强的词汇。邓中夏在文中的连续反问，一方面明显对青年群体的关注方向有引导之作用，结尾的那句"我可敬的青年呵，到民间去，是我们唯一的使命呵！"则充分表达了他对青年群体走向农民的期待。另一方面则具有质问的意味，表达了对曾经否认农民群体的伟大以及青年革命家忽视农民的不满与批判。

在《中国青年》杂志的编辑中，关心农民问题的不少。相较而言，对农民问题关注度最高的当数恽代英。这一点从发表文章数量就可以看出，在《中国青年》关于农民的47篇文章中，近四分之一由恽代英主笔。他虽未从正面对农民之革命地位做出归纳，但是不乏实践指导的文章，里面蕴含着对农民革命地位的理解。

1924年6月28日，恽代英发表《农村运动》一文，文中有一设问：

为什么要做农村运动？——大多数被压迫民众觉悟了，才能督

---

① 中夏：《论农民运动》，《中国青年》第11期，1923年12月29日。

促而加持革命的势力。①

在这里，农民扮演加持革命的角色。何以如此，恽代英作出了三点解释说明：

一、农民占全国人口百分之七十以上，所以是民众的一大部分。二、农民终岁勤苦耕作甚至不能供养妻子儿女，所以他们是最应当渴望革命。三、农民倘能为他们的利益而渴望革命，他自能运动兵士（兵士便只是他们的父兄子弟）。②

这清楚地表明，农民群体是"大多数被压迫者"中的大多数，只有农民群体觉醒了，他们才能在未来的革命工作中承担与之相匹配的革命任务。除了数量上的直观论断，恽代英还从农民的生活状况予以回应，推定农民是渴望革命的。

当然，在恽代英看来，农民并非纯粹的独立群体，农民如若能够支持革命，将会带动一大批兵士也参与到革命的阵营中来。由此，在恽代英的认知中，农民应该是"督促革命势力和支持革命势力"的主要力量，甚至是中坚力量。虽然眼下尚未表现出来，但这并不妨碍我们对其革命地位作出判断。到此时，农民之革命地位论述得到了发展，农民群体的革命地位也有所提升，至少在编辑群体的笔下，此时农民群体已经成为了"独立"的革命势力。

---

① 代英：《农村运动》，《中国青年》第 37 期，1924 年 6 月 28 日。
② 同上。

可以看到，从 1923 年 11 月至 1924 年 6 月，在这半年左右的时间里，《中国青年》编辑群体对农民革命地位的描述发生了转变。在最初的文字中，农民只是以配角的形式伴随工人出场，对于农民之革命地位的认识也相对模糊；中共三大以后，农民开始以单独的论述主体出现在文章中，并被判定为"不可轻侮"的革命势力，农民的革命地位逐渐得到确立。

农民之革命潜力

如果说，编辑群体对于农民群体革命地位的预判，是对现实情况分析之后得出的理论结果，那么农民群体的革命潜力如何，则是对现实情况进一步挖掘之后，形成的新思考。农民群体的革命地位是由其经济基础以及 20 世纪 20 年代中国的特定现状决定的。然而，关于农民群体是否愿意支持革命、是否愿意投身革命的问题，单纯从农民数量的庞大性及其所受压迫的严重性中，似乎难以直接找到答案。这一议题虽源于对农民革命地位的认知，但又超越了这一层面，同样引起了《中国青年》杂志的高度关注。

（一）革命性"倾泻"而出

农民群体之于革命，从群体数量而言确实具备一定的优势，但同时，其固有的劣势也对革命构成了显著的阻碍。1923 年 11 月 29 日，邓中夏在《论农民运动》一文言及农民的革命潜力时，指出"农民思想保守，不如工人激进，农民的住处散漫，不如工人之集中"，以上现状也让他意识到了"在理论上讲，农民革命似乎希望很少"。①

---

① 中夏：《论农民运动》，《中国青年》第 11 期，1923 年 12 月 29 日。

虽然农民的固有劣势，对农民参与革命、支持革命造成了障碍，但农民生存空间的窘迫现状，让邓中夏对农民参与革命一事充满信心。他在《论农民运动》一文中铺陈了农民所受到的种种压迫，如军阀的横征暴敛、帝国主义的资本榨取、天灾不断、土豪劣绅鱼肉百姓等，① 进而认为农民群体所蕴含的巨大革命潜力及其革命前景可期，"何时何地不是逼迫他们去上革命的道路"。然而，"何时何地"四个字似乎也对他的断言起到了消解作用。邓中夏描绘的农民运动蓝图，需要农民"此时此地"地参与，而"何时何地"则间接反映了农民参与革命的不足。这再次表明，中共早期在传播各种理念时，普遍存在理论构想与实际状况之间具有一定张力的问题。

为了更加充分地论证其观点，邓中夏再次从历史的角度肯定农民的革命潜力。他在《论农民运动》一文中说道：

> 就是中国向来带兵的，都愿意招募乡间的农民为兵。他们以为只有农民的心地纯洁，性质诚挚，耐劳不偷懒，勇敢不怕死，比口岸上的无业流氓，靠得住的多。曾国藩从练乡团到平洪杨止，和他的幕僚说起，必殷殷以募乡间的农民为兵可靠为嘱。②

邓中夏从历史角度展开的论述，虽未对其观点形成消解作用，但心地纯洁、性质诚挚、耐劳不偷懒等因素，似乎更能说明农民群体是合适的联合对象，但这些因素单独来看，尚不足以充分支撑农民群体具有强烈革命

---

① 中夏：《论农民运动》，《中国青年》第 11 期，1923 年 12 月 29 日。
② 同上。

意愿及庞大革命潜力的论断。尽管后续广泛兴起的农民运动在一定程度上验证了邓中夏的预见，然而这种预见性的论述，并不能完全被当时《中国青年》的读者所接受。这一点在通讯栏目中得到了体现，其中惠民尝试依据邓中夏的观点在乡村进行实践，但实际效果并未达到预期。

> 像闭塞地方，农民无一点知识，服从地主如儿子之奉慈母一样，他们将一切不平等付之于运命，必不易使他们有何动作。即使一二优秀分子，能聚少数人开会，一经挫折决难复活，我是湖北枣阳最闭塞地方的人，我觉得你们所说的很不合我们本地应用，望你们还有以教我。①

可见，青年群体并未感受到农民的革命潜力，看到更多的是农民的无知，以及工作难以开展。可以说，邓中夏针对农民之革命潜力的论断，并不能获得读者的普遍认可。

真正能支撑邓中夏观点的，其实还是现实发生的农民运动。他在《论农民运动》一文曾言：

> 前年的浙江萧山农民运动，去年江西萍乡的农民运动，和最近江西马家村的农民，青岛蓝田的农民，广东海丰的农民，湖南衡山的农民，都曾揭竿而起挺身而出，把他们潜在的革命性倾泻出来。……这样的智能与勇气，恐怕是工人也不能专美吧。②

---

① 惠民、代英：《农村通讯》，《中国青年》第 29 期，1924 年 5 月 3 日。
② 中夏：《论农民运动》，《中国青年》第 11 期，1923 年 12 月 29 日。

爆发于各地的农民运动在给邓中夏带来论据的同时，也让他对农民的革命潜力充满信心。邓中夏进而认为充满革命勇气的不只是工人，农民的革命潜力也已经"倾泻"出来。

1924 年 1 月 5 日，邓中夏在《中国农民运动及我们的运动方针》一文介绍了海丰、衡山两处农民运动发展过程。现实中的农民运动促使邓中夏对农民群体的革命潜力，作出了更为大胆的判断：

> 中国农民运动在现时只可说是萌芽时期，当然不能像工人运动一样可有编成数十万言专书的资格。虽然，即此萌芽时期所表现几桩运动的事实，已可令我们惊异，已可证明农民革命的潜在性逐渐发展出来，是各种群体中"崭然露出头角"新兴的伟大势力。①

此时，邓中夏关于农民之革命潜力的判断，虽不乏惊叹、伟大之类的赞美之词，与此前相比，其论述减少了基于大环境分析而匆匆得出结论的仓促感，增添了由真实案例抽象提炼而出的厚重感。在邓中夏的笔下，农民的革命潜力不仅被描绘得极为宏大，而且似潮头之水已然滚滚而来。

（二）有待开发的革命群体

邓中夏在目睹了各地农民运动的蓬勃兴起后，对农民群体中蕴含的革命潜力深感振奋，这使得《中国青年》的编辑团队也对这一未来充满希望的群体，抱有极高的期待。然而，农民运动并未如愿迅速且广泛地

---

① 中夏：《中国农民运动及我们的运动方针》，《中国青年》第 13 期，1924 年 1 月 5 日。

在全国爆发，反而遭遇了诸多打压，导致其势头不仅未能持续高涨，反而变得不温不火。鉴于此，杂志的编辑群体在肯定农民具有巨大革命潜力的基础上，不得不审慎地补充，农民"有待主动开发"。

五个月之后，1924 年 6 月 28 日，相较于邓中夏先前所展现的热情洋溢，恽代英在《农村运动》一文中表达了对农民参与革命热情的失望情绪。他指出，认为农民会热切参加革命，可能只是一厢情愿。

中国革命不能成功的主因——农民不知渴望革命，甚至厌恶革命。①

相应地，恽代英在文中肯定了农民在革命中的地位，但论及农民之革命潜力时却少了些乐观。农民"不知渴望、甚至厌恶"革命的现实情况，也促使恽代英分析为何农民未能及时呈现革命潜力，在于"普通农民似乎是无革命性的"。

同样，1924 年 7 月 5 日，秋心在《平民教育与革命》一文中，对农民也多少透露出"恨铁不成钢"的意味。

然而现在大多数的民众，都还紧紧压在十八层地狱里，不唯没有革命的力量，就是他自身也并没有想去挣扎一挣扎。②

1924 年 9 月 13 日，健生在《农村运动的初步》一文指出，没有国家与民族主义观念的农民，激发他们的革命潜力是非常困难的。

---

① 代英：《农村运动》，《中国青年》第 37 期，1924 年 6 月 28 日。
② 秋心：《平民教育与革命》，《中国青年》第 38 期，1924 年 7 月 5 日。

中国的农民，处于军阀的威力专治下面；他们对于国家的观念，民族的思想，丝毫没有。①

恽代英、秋心和健生的文字中所体现出的态度，虽不如从前乐观，但并不表示他们对农民之革命潜力的完全否定。面对农民"不知渴望""不挣扎"等现象，恽代英认为农民对革命无感的内在原因在于，"农民无相当的教育；农民自己无团结，又无外界援助；成年农民感情薄弱，且受痛苦压迫既经多次"，但是他认为更重要的外部原因是，"宣传的材料与方法不合当"。② 秋心则认为："我们若没有一种工具，先使之有些反抗的心思，如何能说到希望他们与我们联合起来，去做战斗？"③ 换句话说，如若找到了合当的"工具"，那么农民的革命潜力被开发出来，则指日可待。

经过五卅运动后，对于农民所具备的革命潜力再次被鼓舞起来。1925 年 8 月 25 日，筱轩在《中国农民与资本帝国主义》一文中表明，农民存在着极大的革命潜力，呼吁青年参与到开发农民的革命潜力的实践中去。针对国内"唯有农民不受外国资本主义者的压迫，剥削；唯有农民还没感受着外国资本帝国主义所赐给我们的痛苦"的言论，筱轩运用山东临沂蚕农生活状况作为案例，将帝国主义入侵前后人民的生活状况，进行数据对比，并对临沂农民受外国资本主义压迫而生活每况愈下、却不知原因为何的状态表示同情，并要求"看到这一步"的青年群体"赶快到民间去"，向"不晓得这里头底细"的农民作出解答，"让他们认清

---

① 健生：《农村运动的初步》，《中国青年》第 44 期，1924 年 9 月 13 日。
② 代英：《农村运动》，《中国青年》第 37 期，1924 年 6 月 28 日。
③ 秋心：《平民教育与革命》，《中国青年》第 38 期，1924 年 7 月 5 日。

他们的敌人"，并在最短期内"把他们都组织起来，坚固他们的团体，以准备着和外国资本帝国主义者作战"！① 《中国青年》编辑坚信，只要详细地"把外国资本帝国主义者侵略中国的情形及始末，详细的讲给他们听"，自然能激发起农民对资本主义和帝国主义者的公愤。

可以看到，1924 年初至 1925 年中，将近一年半的时间内，《中国青年》编辑针对农民群体的革命潜力问题，做了不少的讨论。从最开始根据已经爆发于各地之农民运动，形成了对农民群体的革命性已经"倾泻"而出的判断，到 1925 年间看到农民运动发展态势，结合各地青年来信的反馈，编辑群体针对农民群体革命潜力的判断逐步谨慎。尽管编辑们在文章中的语言情绪略带差异，但语言指向大致相同，最终形成了需要"外部因素"进行主动开发的话语。面对农民这一有待开发的革命群体，编辑群体逐渐认识到青年是值得依靠的力量。其后，《中国青年》编辑对青年展开了农民动员的指导。

关于农民运动的实践指导

在《中国青年》关于农民问题的文章里，实践指导占据了较大篇幅。就农民运动议题而言，激发农民群体的革命潜力，构成编辑群体进行实践指导的主要内容。编辑群体通过直接指导、信件互动、经验分享的方式，对青年群体提供方法上的引导。就时间而言，诸多青年多是学生，假期是他们集中返乡的重要时间段，基于这一特殊时间编辑做了一系列针对性指导。下文将对编辑群体的实践指导话语进行梳理，剖析其话语转变过程。

---

① 筱轩:《中国农民与资本帝国主义》,《中国青年》第 90 期, 1925 年 8 月 25 日。

（一）初以学业指导为核心

《中国青年》编辑群体非常重视青年学生假期应当从事哪些工作。在刊物出版期间，共有 7 篇文章直接针对学生假期工作进行指导，基本覆盖了刊物发行期间的每个寒暑假。在这 7 篇文章中，除恽代英发表于 1924 年 1 月 5 日的《假期中做的事》一文主要谈学习问题、李求实发表于 1927 年 6 月 25 日《本年暑期的环境与青年的责任》一文主要讨论"四一二"之后的国内政治以外，其余 5 篇均以指导学生如何动员农民为主要内容。

首次针对假期的文章是《假期中做的事》。他的关注点主要在学习、社交等方面。恽代英提到，每个打算在假期做些事的青年，往往最后完成的不到十分之一。其"误点"有二，其一是将过多的精力，投入到"温习学校的功课"上；其二便是没有"恰当"的计划。对此，恽代英针对假期的学习规划，给出了相应的建议与指导，内容如下。

恽代英《假期中做的事》内容 ①

阅读内容	1	（一）看报与杂志；（二）近代的中国史、西洋史；（三）中外历史上伟人的传记；（四）小说；（五）有余暇看几本历史劄记书
学习方式	2	约几个向上的朋友，找一个较僻静的地方，组织假期读书会
	3	学习有时（学习时间至多不超过六小时，三四小时最好；要有游戏时间；休息时间可做短途旅行）
	4	会客有时（会客要有一定时间，工作时间不能相互妨害）
社会工作	5	给平民学校授课；给学生联合会帮忙；调查社会状况

可以看出，恽代英对青年假期活动的指导事无巨细，做什么、怎样

---

① 代英：《假期中做的事》，《中国青年》第 13 期，1924 年 1 月 5 日。

做，甚至时间上都明确给出指导，而且用很大篇幅说明每一个被遴选的阅读书目的价值。在文章结尾，恽代英才提出在读书以外，还可以做点有益社会的事。

> 除上所说的以外，我劝你们除读书以外。还要找一点有益社会的事做。你们可以在平民学校担任几点钟功课，可以在学生联合会做一点事情，可以交几个朋友调查社会状况，可以用个人谈话的法子，帮助几个朋友。[①]

由此观之，此时《中国青年》杂志编辑尚未将青年视作了解和接触农民的桥梁。在假期指导中，学习的话题仍占主导地位，这显示出编辑依然认为阅读是假期最有意义的事情。相比之下，在学习之外的社会公益，则被视为是在学有余力的情况下才考虑的事情。

（二）渐以农民动员为核心

随着《中国青年》编辑逐渐重视农民在革命中的地位，以及农民的革命潜力需要主动激发的现实。基于此，走进农民、了解农民和动员农民逐渐成为假期指导的核心议题。这一指导话语的转变，也经历一个逐步升级的过程。

1. 乡村运动研究式指导

1924 年暑假前夕，恽代英再一次就假期活动，发表了《预备暑假的

---

① 代英:《假期中做的事》,《中国青年》第 13 期，1924 年 1 月 5 日。

乡村运动——到民间去》一文，开篇即言：

> 为救济闭塞穷苦的农村的父老子弟；为要谋与占中国人口最大部分的农民向接近，联络其感情，辅进其知识，使他们在必要的时候，能与我们一直的进行破坏与建设的事业，以完成国民革命的工作；我们应当利用休假日期，做普遍全国大规模的乡村运动。①

自此，假期活动指导方向发生了转变。当"至少几十万人要分散了回到许多不知名的县份乃至乡村"的青年即将返乡，如果他们与几百万农民相接触，成为编辑的一大兴奋点。

对于此次"全国大规模乡村运动"如何准备，恽代英希望青年在返乡之前先建立一个乡村运动研究会，并对研究会的形式、组成与工作内容提出了具体办法。

> 这个研究会是专为研究乡村运动的目的与方法，并大家谋一种互相补助，互相监督的法子的。这个研究会可以把研究的材料以及将来实际运动的报告，筹款印布于一种刊物中；这个会可以每星期开会一次或二次，议定实行办法；这个研究会的发起，必须认定简简单单的智勇做预备乡村运动，所以无论什么人只要愿意去做乡村运动，就可以让他加入。②

---

① 代英：《预备暑假的乡村运动——到民间去》，《中国青年》第32期，1924年5月24日。
② 同上。

至于具体如何开展乡村运动，恽代英也提出了他的看法与主张。

> 那般农民既经到了我们面前，我们最注意是要在教授以前以后，
> 多与他们接近……青年们最重要是谦恭和气……在我看来，一般有
> 机会比较多受一点教育的农民，应当值得我们特别注意，小学教师
> 中有思想比进步的人，自然更应留心……①

在这里，恽代英强调接触农民的第一步是与农民亲近，要有谦和的
态度，否则无法展开后续的调查。他特别指出，进行农村调查的突破
口是那些乡村受过教育的农民，特别是小学教师，他们不仅更容易与青
年沟通，而且更容易接受新的思想。学者刘昶基于广泛的文史资料与县
志统计，进一步证实了这一观点，即"在很多地方是乡村教师建立了当
地第一个党组织，最早在农民中宣传了革命的思想，并在乡村开展了最
早的革命活动。……中共早期乡村党组织有70%—80%是由乡村教师
创建的"。② 恽代英对乡村教师的关注表明，中共在进行农民运动的初
期，就意识到乡村教师将可以作为连接乡村社会与社会革命的桥梁。这
当然不是预言，而是基于对乡村社会结构的理解而提出的，因此具有前
瞻性。

在恽代英的整个叙述当中，他始终把青年放在学生的位置，即他们
不是去指导农民，而是去调查农民。至于学生到了农村如何开展运动、

---

① 代英：《预备暑假的乡村运动——到民间去》，《中国青年》第32期，1924年5月
24日。

② 刘昶：《革命的普罗米修斯：民国时期的乡村教师》，载黄宗智主编：《中国乡村研
究》，福建教育出版社2008年版，第43页。

开展哪些运动、如何与农民沟通，均未明确提及。

2. 开具"负面清单式"指导

在提出预备开展"全国大规模乡村运动"的暑假计划之后的一个月，即 1924 年 6 月 28 日，恽代英发表《农村运动》一文，对为何青年学生可做"普遍全国大规模的乡村运动"，作出了进一步解释。

> 什么人最便于做农村运动？——假期回乡的学生们，与乡村的小学教师。要在乡村的人做乡村的事——所以回乡，或在乡间做事的人最好、要在本乡的人做本乡的事——所以本乡学生假期回乡最好、要乡村中比较重视的人做本乡的事——所以读书人或教师最好。①

自此，青年学生正式成为《中国青年》开发农民革命潜力的重要媒介，假期成为学生进行农民动员的重要时期。鉴于全国范围内农民运动高潮迟迟未至，《中国青年》编辑们更加确信，青年学生对于开发农民革命潜力的工作有着重要意义。

按照恽代英在 1924 年 5 月 24 日《预备暑假的乡村运动——到民间去》一文的时间推算，"不久要来的暑假，使全国各处的青年学生，都可以有四十日，五十日，乃至于九十日的，一百日的闲暇"。② 在发表《农村运动》一文的 6 月 28 日，部分学生处于暑假期间，部分暑假尚未开

---

① 代英：《农村运动》，《中国青年》第 37 期，1924 年 6 月 28 日。
② 代英：《预备暑假的乡村运动——到民间去》，《中国青年》第 32 期，1924 年 5 月 24 日。

始。《农村运动》提到的一些看法，似乎有补充假期活动指导之意。

> 农民不知渴望革命，是宣传的材料与方法不合当……不肯与农
> 民为个别的亲密的谈话，或给以实际帮助。不顾乡村风俗习惯……
> 不顾农民心理……不顾农民的兴趣知识程度……不娴熟农民的语
> 言……不了解农民真正的痛苦与要求。①

与《预备暑假的乡村运动——到民间去》一文中的指导话语相比，
虽然在论述上有了一定的深化和细化，但主要是批评青年在接触农民时
暴露的诸多问题。这可以被视为《中国青年》为青年学生列出的一系列
"负面行为清单"，以纠正正在进行农民调查的青年行为，并对尚未回乡
的青年起到防微杜渐的作用。

3. 步骤清晰式指导

随着农民运动的逐步推进，至 1925 年寒假，《中国青年》的指导话
语发生了明确的转变。这一转变在 1925 年 12 月 6 日郑容发表的《预备
寒假期间的农村工作》一文中得到了明确的体现。"郑容"是当时"中国
共产主义青年团"的代称，② 因此这篇文章代表了共青团的态度。文章开
篇便开宗明义：

> 我们由中国农民生活之惨苦，与各地农民反抗运动之继续兴起，

---

① 代英:《农村运动》,《中国青年》第 37 期, 1924 年 6 月 28 日。
② 中央档案馆编:《中共文书档案工作文件选编 1923 至 1949 年》, 档案出版社 1991 年
版, 第 336 页。

可知中国农村间革命条件已逐渐成熟，革命的青年亟宜切实设法开始进行农村工作，引导农民加入我们的民族革命的队伍。①

文章言语中的急迫感极为明显，而字里行间的自信与乐观同样不容忽视。随着农民运动在全国各地兴起，《中国青年》编辑认为青年走向农民群体，发动农民运动的时机已到，其言语间少了一分犹疑，多了一分笃定。

这份笃定在具体的指导中表现得更为明显，步骤清晰，层层推进，操作性更强。

第一，在放假以前，应当联合热心的同乡学生，筹备假期中游行演讲演剧之团体……第二，在放假以前，应集资购买书报，刊印传单图画标语……第三，旅行演讲所经过的地方，宜注意联络进步的教师，毕业学生，乡村中中小学生及农民，赠以书报，与之为详细的谈话……第四，各地讲演剧谈话之材料，宜注意介绍五卅运动……②

到1926年暑假，时任共青团宣传部主任兼《中国青年》主编的李求实发表《怎样利用今年暑假》一文，其思路与郑容上文基本保持一致，仅在上文的基础上增加了几条建议。其中，值得我们注意的是第六、七两条。

在乡村工作上，我们亦不免要遇着阻挠我们行进的人们——绅

---

① 郑容：《预备寒假期间的农村工作》，《中国青年》第104期，1925年12月6日。
② 同上。

士、地主、甚至和我们一样年龄的青年们，我们应付这些人亦应该
要十分审慎，不可一概以敌人视之，以反革命加之。①

李求实强调在工作开展之前，应注意到本地反对势力，但是反对
"一刀切"的激进原则，采取的是较为谨慎和理智的策略，具体分析这些
反对势力，这与大革命时期强调联合保持一致。

1926 年寒假前，恽代英发表了其个人最后一篇指导假期的文章《寒
假期间我们的工作》。这篇除了继续从前的指导以外，恽代英也提出做农
村运动不可"一刀切"，并首次在假期指导中提出，要结合本地的问题，
才能真正达到目的，起到动员的效果。

> 去学习本县乡村的问题，考察乡村各种政治的经济势力与农工
> 的实际痛苦。这是我们宣传的最切实的材料；而且亦是我们更认识
> 乡村环境，能够帮助农工群体，为他们解决争斗的策略与方式。②

自 1924 年以来，《中国青年》编辑愈加重视农民的革命地位，并将
假期返乡青年视为挖掘农民革命潜力的重要渠道。在具体指导青年在假
期参与农村运动中，他们持续性地调整策略，从乡村调研，到规避不当
行为，再到正面应对各种挑战，反映出随着《中国青年》编辑对农村与
农民了解的加深，而作出一系列策略调整。

总体而言，《中国青年》对农民的认知转变可概括为三个方面：其

---

① 求实：《怎样利用今年暑假》，《中国青年》第 124 期，1926 年 6 月 20 日。
② 代英：《寒假期间我们的工作》，《中国青年》第 147 期，1926 年 12 月 27 日。

一，关于农民革命地位的论述逐步客观化；其二，对于农民革命潜力的论述逐步理性化；其三，对于青年如何工作的指导逐步明确化。这一转变体现编辑群体对农民问题理解的提升，以及认知框架的逐步清晰，也生动地展现了认知进化的典型过程。

五、青年对农民运动认识的转化

《中国青年》的编辑群体对农民的认知，在一定程度上反映了中共早期对农民问题的认知程度。这些编辑作为知识分子，意识到自身与农民群体存在一定的鸿沟。他们寄希望于青年能够成为连接农民与中共知识分子的桥梁，承担起部分直接动员农民的角色。然而，现实的情况是，青年群体作为小知识分子，与农民群体之间亦存在不可忽视的隔阂。因此，作为信息反馈中介的青年群体，在传递农民相关问题时，其反馈会受到个人情绪波动、工作能力差异等因素的影响。这种信息传递与反馈的多线性与复杂性，是革命运动中普遍存在的现象。《中国青年》编辑群体在与青年的互动当中，不断调整农民动员策略，帮助青年理解农民群体的实际状况。反之，这亦提升了以《中国青年》编辑为代表中共早期对农民问题的认识。

对农民状况的调查

在《中国青年》编辑看来，发动青年进行农村社会调查，是切入农民运动最行之有效的方法。它至少能获得多重收益，如更广泛收集地各地农民与农村的资料，增进青年对农民及其革命性认识，农民被动员起来参与革命等。

在鼓动青年进行社会调查前，《中国青年》编辑先作出表率，以为示范。1924 年 3 月 16 日，恽代英发表《四川合江县农民状况》一文，这是《中国青年》第一篇关于农村调查的文章。该文是恽代英于 1922 年带领川南师范的学生在四川合江所作的调查而形成的报告，详述了该地地主与农民的关系，以及佃农贫苦的生活。[①] 这篇文章为后面的社会调查，提供了一个基本框架，即从地主与农民的关系入手来探讨农村的经济与社会状况。

一周后，即 1924 年 3 月 23 日，恽代英又发表《湖北黄陂农民生活》一文，比上文更加详尽地描述了该地区农村的经济与社会现状，包括种植结构、高利贷、田赋、流民、灾民、教育等问题，揭示了农民的困苦生活。该文采用更为规范的社会调查报告格式，特别注重提供具体的数据，以增强其说服力。在文章最后，恽代英指出这篇文章的数据皆来自黄陂的朋友，并非亲自调查。对于恽代英等早期党员来说，主要任务在城市，去农村亲自调查，有点鞭长莫及；即使去做，覆盖面依然有限。因此，恽代英呼吁更多的青年参与到农村调查当中，为《中国青年》提供更多的数据。

> 这都是我问询几个黄陂朋友所得来的，我觉得这中间包含了许多实际的社会问题，所以写出来供大家讨论。还有朋友供给我们这样的资料吗？我们亦盼望的很。[②]

---

① 元培（恽代英）：《四川合江县农民状况》，《中国青年》第 22 期，1924 年 3 月 26 日。
② 但一（恽代英）：《湖北黄陂农民生活》，《中国青年》第 23 期，1924 年 3 月 23 日。

恽代英作为编辑，也透露《中国青年》愿意刊登更多此类文章，在帮助《中国青年》积累资料的同时，也为青年提供发表平台。

> 农村运动，自然不是一件易言的事。本刊所以愿多登载农民生活状况等材料，便是要藉此更了解农村的真实情形，讨论农村的真问题。①

在《中国青年》编辑的示范与动员下，不少青年开始行动起来。1924 年 4 月 5 日，一位来自陕西渭南的青年"无踪"，提供了一份社会调查《"交农"：渭南农民的大胜利》。所谓"交农"，指的是农民为反抗横征暴敛，自发地聚集起来交出农具，以示罢耕的一种斗争方式，这是陕西较为常见的农民反抗手段。② 在文中，"无踪"兴奋地表示在闭塞的陕西，居然有农民运动产生，而且竟然有十余起，并叙述了渭南"交农"运动的过程。他认为农民反抗的根源在于制度性的压迫，具体表现就是农民受到地主军阀官僚的压迫，这一判断几乎照搬恽代英的分析。尽管此时的阶级分析法还未及在农村问题上展开，但是农民与地主军阀官僚的对立，已经基本被青年接受。在文章最后，作者如恽代英一样，进行农村调研接力传递：

> 这篇事实，是友人王君敬文报告给我的。（他是同老刘在一个村

---

① 惠民、代英：《农村通讯》，《中国青年》第 29 期，1924 年 5 月 3 日。
② 杨树桢、张广信：《大革命时期陕西地区的农民运动》，《陕西师大学报》（哲学社会科学版）1986 年第 4 期；董翠花：《民国前期陕西"交农"问题研究》，西北大学硕士论文，2009 年。

子里住的）我特地写给一般热心革命运动的青年看。①

1924 年 5 月 10 日，《中国青年》刊登了一篇来自山东广饶县的青年"俊才"关于当地农民生活的文章。文章一开始也是将农民与地主对举，但是提出了一个不太一致的观点，即这里的农民虽然生活艰苦，但是地主的压迫并不严重。这里便存在一个理论与实际的差距问题，在普遍意义上地主压迫农民是成立的，但是并不存在着放之四海、绝对残酷的压迫。在地方性现状面前，青年以及《中国青年》的编辑必须去思考地主与农民的复杂关系，并相应地调整一下策略。上文亦提到，恽代英与李求实都一再提示，地主虽是反动势力，但是不可"一刀切"，这与中共自身实践的推进与青年的实时反馈应该不无关系。

在文中，俊才报告了山东广饶县的粮食、衣料、工作、教育、出产、纸币、负担、民风、土地法等情况，让我们对该地的经济生活和社会结构有了一个基本了解。针对这些情况，俊才提出六点改进建议，如组织合作社，设立成人补习学习，组织借贷机关，改善灌溉，规范购地法，组织乡团。这几点建议都颇为中肯，也没有空泛的革命口号，是一篇合格的调查文章。在这篇文章里，最具有革命性的是提出："组织乡团，利用本地农民的勇气，使成一种自卫的组织，为国民革命的预备。"②这恰恰是《中国青年》编辑所期待农民运动的目标，但是他们的阐述有时不免落入抽象。俊才的思考带来一个启示，即农民运动应该依据本地的斗争传统来发动，由点到面，造成全国性的农民运动，陕西的"交农"传统

① 无踪：《"交农"：渭南农民的大胜利》，《中国青年》第 25 期，1924 年 4 月 5 日。
② 俊才：《山东广饶县农民生活》，《中国青年》第 30 期，1924 年 5 月 10 日。

已经提供了例证。

其后，还有来自河南彰德、皖北寿县、山西晋祠、湖北黄梅等地的农民调查，皆是在地主与农民对立的框架下，描述农村的基本情况。[①] 可以想见，青年读者在阅读过程中，会不自觉将其与自己所在的地方进行对比，并以此去审视本地情况，并产生一个重要的问题：本地的地主与农民的压迫情况如何？当这个问题产生的时候，也就为以马克思主义审视中国农村社会结构、经济基础、阶级关系与矛盾提供了空间。

真正去了解农民

对农村社会进行调查，青年人对此兴致颇高。对于农民的困苦生活，青年皆表达了同情。他们也相信在地主的压迫下，农民具有反抗的可能性。然而，对农村社会结构与经济状况的了解，只是动员农民的前奏，与实际动员是两码事。因此，青年在按照编辑的建议践行农民运动时，便遭遇到了不小的困难。

1924 年 5 月 3 日，来自湖北枣阳的惠民表示自己读了恽代英的两篇关于农民调查的文章后，大为感动。但是自己去实践的时候，便发现恽代英讲得过于笼统，无法着手。

> 见贵刊十三期农民状况及我们的运动方针。及廿二期四川合江县农民状况一篇，大为感动。不过这都是笼统平常而人人知道的，

---

① 郁青：《河南彰德的农民概况》，《中国青年》第 47 期，1924 年 10 月 4 日；卓汉：《皖北寿县的农民生活》，《中国青年》第 53 期，1924 年 11 月 15 日；蒋在铭：《山西晋祠农民概况》，《中国青年》第 111 期，1926 年 1 月 30 日；和鸣：《黄梅农民运动失败的经过及教训》，《中国青年》第 113 期，1926 年 2 月 6 日等。

改造的思想，不只你我少数人有，然而终于无法可施。①

对于这个问题，恽代英认为症结在于不了解农村本地的真实情况，导致无从下手。

> 我相信我们还是未能十分明了农村的真状，所以我们说话做事，总未能对于农民抓到痒处。一定是我们所认为问题的，农民并不感觉重要；即令他们能感觉到需要，亦一定不是他们能力所能解决的，所以他们总不注意于我们。②

恽代英一方面提醒惠民可能存在脱离农民的做法，一方面也是自我批评与检讨，即中共早期在指导青年进行农民宣传和动员时，自己对于农民所知仍然有限。

恽代英继续检讨，不了解农民是农民运动失败的关键因素。"不知道因势利导的道理，不问农民的心理，而只知道逞我们个人的理想"，"不曾估量农民的地位与实力，一味地引他们去做反抗的运动"，造成了"有些比较怯懦的农民不敢接近我们"，这才使我们不得不吞下失败的恶果。面对这样的问题，恽代英建议惠民"这一次暑假回去，先要用平民教育或娱乐的事情，与农民多接近"。

通过更好地了解农民、认识农民，找出"真的是他们所要的""他们能力所能解决的"，是今后工作方法的重中之重。恽代英认为，"我以为

---

① 惠民、代英：《农村通讯》，《中国青年》第 29 期，1924 年 5 月 3 日。
② 同上。

最好的农村运动，仍是平民教育"。① 这里的"平民教育"，并非是让青年去教农民珠算、拳术，为农民表演喜剧、讲演等单向输出知识或技能，而是青年应该调转方向，以"先让农民来教育我们"的方式，先接受农民的教育。知识讲授只是交流媒介，如果阻碍了交流，就应该更换交流方式。

> 那般农民既经到了我们面前，我们最注意是要在教授以前或以后，多与他们亲近。我们所教的只要能得了他们的欢心，不可把那看做过于重要。我们最重要的是与他们谈话。在谈话时间，我们不要自己说的太多了，不要用很多他们听不懂的名词，不要说"革命""流血"等骇人的话把他们吓得不敢亲近了。我们要从他们所说的当中，学习他们的生活状况，研究他们说话时所用的话头与格调，亦研究他们的思想，与他们所觉得重要的问题。我们要学的用他们的话头与格调对他们说话；从他们的思想与问题，以引他们渐渐的与我们表同情。②

恽代英的这段话表明，青年读者的反馈促使他反思"干喊革命，而终不能有革命的实力"的原因。他进而再向前推进一步，要青年学生放下读书人的架子，不要有知识的优越感，要去学习农民的言语与思想。只有"走了这一步，才说得上怎样引导农民做什么事"。同时，恽代英还指出，这个"了解"过程不是一蹴而就的，必须"耐耐烦烦的做几年功

---

① 代英：《预备暑假的乡村运动》，《中国青年》第 32 期，1924 年 5 月 24 日。
② 同上。

夫，他们自然有一天完全会懂得我们的思想"。①

　　1924 年 7 月 19 日，一位叫承孝的青年学生来信，非常坦诚地告知《中国青年》，自己的乡村运动完全失败了。他发现在农村，军阀的宣传居然比国民党的宣传，更加深入人心；学生无法获得农民的信任；地方物质条件差，无法筹款，无法印刷宣传品；暑假正是农忙，农民没有闲暇参与各种宣传活动；设计的游戏与活动农民不感兴趣，即使有空闲，也不愿意来。最后他得出一个结论：

> 　　中国革命不想成功则已。若想成功，非竭尽全力在军工学三界宣传不可。我们要把军工学界的力做"风"，农民做"草"。若要依靠农民来完成革命，恐怕数十年要难成功。……我并非反对乡村运动；我是觉得乡村运动难得做到，枉费精力，所以以为只要用语言文字暗地宣传，改变他们的心理，也就够了。②

　　这位青年按照《中国青年》的指导，照本宣科地在农民当中进行了宣传，收效甚微。从他的言辞当中，也可以看出，尽管他参与到农民运动当中，但是内心认为革命主要靠军工学三界，农民只起辅助作用；如果主要靠农民来推动革命，则革命前景黯淡。这反映出一些青年人在进行农民运动时，并不真正理解农民与中国革命的关系。往往在心态上的犹疑，又进一步导致在农民运动中受挫。

　　恽代英非常敏感地抓住了这位青年的微妙心态，他直接指出，该位

---

① 代英：《预备暑假的乡村运动》，《中国青年》第 32 期，1924 年 5 月 24 日。
② 承孝：《乡村运动问题》，《中国青年》第 40 期，1924 年 7 月 19 日。

青年内心实际上对农民是有嫌恶的，是看不起农民的。在这种情况下，怎么能指望农民信任亲近呢？他进而指出，筹款和印刷应该因地制宜，这不是必要做的。同样，面对农忙的农民，要学会变通，不能硬讲道理。否则，反而会造成负面后果，让农民以为孙中山和普通军阀别无二样。更重要的是，恽代英要纠正这位青年的错误观点，即把希望寄托在军人政客身上。他希望青年们要注意，民国以来的乱象就是军人政客造成的，只有仿照苏俄"到民间去"的运动，挖掘农民革命的力量，中国革命才能取得成功。[①]

可以看到，借着农民运动实践或成功或失败的经验和检讨，让更多的青年了解自身与农民、农民与中国革命的关系，并去思考农民生活困境、革命需求以及农村社会经济结构的制度性问题，进而让青年向马克思主义又靠近一步。

改进农民运动方法

初期推动青年投身农民运动的主要策略与方法，多源自《中国青年》。但随着农村实践经验的积累，青年们会主动提出农民运动的改进方式，供《中国青年》及其他青年参考。

1924年10月11日，来自浙江宁波横河敬德学校、自称"小卒"的青年谈到自己的经验。一开篇作者便谈到方法论问题，他认为中国农村每个地方都有自己的特殊情况，在进行农民运动的时候，应该具体问题具体分析。

---

① 承孝：《乡村运动问题》，《中国青年》第40期，1924年7月19日。

中国的农民，一地方有一地方的情形，此中关系，复杂得很，
所以运动的方法，不是采取一成不变的形式死板板地去施行；我们
是应酌量情形，随机应变的去应用，只要农民能来上我们指示的轨
道就是了。①

这位青年自称"小卒"，可见他对农民运动是颇为上心的。他一方面
回应了恽代英等人提出的要随机应变的方法，另一方面以自己的经验为
恽代英等人观点提供论据，进而达到证实农民运动策略与增强其可操作
性的双重目的。

"小卒"紧接着谈论具体经验。首先，他认为要接近农民，得先脱掉
知识分子的"长衫"，才能与农民接近，因为农民对于在城里读书的青年
学生总是存着怀疑的态度。

在入手之初，我觉得农民对于我有一种难以形容的疑惧态度
（并不是疑惧我是革命党）……我只有脱去了件狐狸皮——长衫——
亲造他们的田舍，在午后或晚上，访之于他们的公共休息所（如阊
门外，晒场，小店之类）向他们搭讪着说些奇异的新闻，有趣的谈
天（故事或传说）以引起他们的兴味。②

其次，在动员对象上，他认为《中国青年》更多关注的是青年农民，
但是他认为老农更加值得注意。因为老农有丰富的人生经历，经受的痛

---

① 小卒：《农民运动之一得》，《中国青年》第 48 期，1924 年 10 月 11 日。
② 同上。

苦比年轻人多，而且他们对经济问题非常敏感，这些都有助于激发他们对压迫者的反抗，他们也更愿意为了维护自己的利益"赴汤蹈火"。此外，老农由于年纪大，闲暇的时间更多，也更有表达欲，将新思想教给他们，他们会更好地传播出去，"我不啻教出一班速成师范的毕业生，代我做那有不到地方的工作……从事做我们宣传的工作"；如果能得到地方上有声望的耆绅宿儒的支持，农民运动的效率会增加十倍。

最后，他更提出，"我觉得纯用谈话式的宣传，其效力比集会式的宣讲要大得许多"。这一经验也是言之有物，只有真正进入农民当中，才能得出这样的经验。集会式的演讲看似覆盖面大，但是很难与农民个体经验连接起来；而且这些宣讲有时会比较抽象与书面，无法根据农民的反应及时作出调整。

恽代英在回信中，肯定了这位青年的实践经验与办法。恽代英还根据自己近期的乡村经验，为"小卒"提出的办法做了进一步的补充，即让农民多说话，根据农民自己说的材料来点拨他们。对于动员对象，《中国青年》编辑一开始所预设的首要农村革命者是中年与青年，但是"小卒"看到了老年人在农村中特殊的地位与作用，恽代英对这点做了解释，他认为只有贫民才有革命的要求，耆绅宿儒是不会支持革命的。在这点上，恽代英更加坚持阶级矛盾不可调和的观点。尽管做了这样的说明，但是青年对于农村的革命对象依然有些模糊。如果将土豪劣绅作为革命对象，青年对此没有疑问；但如果将有声望、在乡村并未有劣行的耆绅宿儒，作为革命的对象，这点则存在着争议。

1925 年 3 月 14 日，一位乡村小学教师王卓如关于农民运动的意见被《中国青年》刊登。前文强调过，中共早期一直将乡村小学教师视为农民革命的先锋，因此他们对农民运动的建议，会得到《中国青年》编辑格外的重视。这位乡村老师提出的意见，都建立在对农民本身的理解上。他认为农民虽然有革命的潜力，但是不可讳言各种腐朽的观念充斥在农民的思想中，因此农民运动应该针对这个问题进行。具体来讲，他认为农民腐朽的思想来自口耳相传的民间传统，以及各种迷信报应的民间读本。相应地，他认为应该用乡村熟悉的曲谱，吸引农民的注意力。他特别强调不必创新曲谱，主要是注入革命精神的新词，同时出一些革命普及读本对冲腐书。他顺带批评了一些青年：

> 前许多青年运动者，多少总自存些伟人思想在腔子里，能这样做还可以于青年的平民化有益呢！①

从行文来看，这位老师比一般青年学生的思路确实更为清晰，由问题而至方法。同时，他洞察到《中国青年》编辑动员青年参加农民运动的目的，一方面当然是激发农民革命性，另一方面是教育青年，接受平民，即李大钊在《青年与农村》里提出的"知识阶级与劳工阶级打成一气"。②

恽代英对王卓如提出的问题与解决方案，都表示赞同，也表示他们正在努力编辑浅显的革命读物或诗歌。但是，恽代英很快话锋一转，对王卓如进行了批评。因为他感受到王卓如在信中也透露出对农民的不屑与居高临下的态度。这再次表明知识分子在农民运动中脱下"长衫"，在

---

① 王卓如：《一个小学教师对于农民运动的意见（通信）》，《中国青年》第70期，1925年3月14日。
② 守常：《青年与农村》，《晨报》1919年2月20—23日。

短时间内靠理念是很难完成的。因此，恽代英委婉地指出，农民固然有很多愚昧思想，但是我们更应该看到，农民的痛苦实在太多，我们了解太少。可以看到，恽代英对农民充满了同情之理解。

> 农民固然受许多定命说所迷惑，然而人在知道自己的痛苦，而且知道确实有救济痛苦方法的时候，他可以不顾一切定命说而一往直前的为自己奋斗。①

由此可见，《中国青年》从青年的反馈中，确实可以不断优化农民运动的手段。但是，他们亦发现青年在农民运动中，或陷入琐碎，或姿态太高，因此他们一再强调首先要理解农民的真实痛苦，才能让农民知道的痛苦源自何处，即只有通过与军阀、劣绅斗争，才可能摆脱悲苦的命运。最后，《中国青年》的落点是提醒青年，革命手段可以不断优化，但不能忘记最终的革命目标。

响应国民革命的号召

1924 年 1 月，国民党一大召开，并在《中国国民党第一次全国代表大会宣言》里明确提出国民革命的政治纲领，并表示"国民革命之运动，必恃全国农夫、工人之参加，然后可以决胜，盖无可疑者"。②1924 年 9

---

① 王卓如：《一个小学教师对于农民运动的意见（通信）》，《中国青年》第 70 期，1925 年 3 月 14 日。

② 《中国国民党第一次全国代表大会宣言》，载中国第二历史档案馆、海峡两岸出版交流中心编：《中国国民党历次全国代表大会暨中央全会文献汇编》第 1 册，九州出版社 2012 年版，第 126 页。

月 18 日，国民党发布《中国国民党北伐宣言》，再次申明国民革命的目标。①正如恽代英所强调的，农民运动的目标就是唤醒农民，"有一天为他们自身的利益，成为国民革命的基本势力"。②因此，国民革命与北伐相继成为中共发动农民运动的重要内容。

自 1925 年 5 月始，农民协会开始在各地相继建立，作为推动农民运动与国民革命的重要步骤。③1925 年冬天，湖南、湖北、江西、河南等地均爆发了农民运动。为了配合这一形势，郑容（共青团）在 1925 年底宣称，"中国农村间革命条件已逐渐成熟"，青年应该以此作为农民运动的方向；并且要加快农民革命步伐，"肯为穷苦农工奋斗到底的，可直接介绍使其与 CP 或 CY 发生关系"。④《中国青年》在此前虽然一再强调农民的革命性，但将农民与党、团联系起来，还不多见。不仅如此，郑容（共青团）还提出：

> 各地国民党及其他青年团体应即刻拟定切实办法，趁此时发展支部到农村去……务须于明春开学以前使此等支部在农村确立基础，且使比较有能力分子能负领导之责，与城市中革命组织发生固定关系。⑤

显然，在国民革命的推动下，国共两党加强了在农村地区党团的领

① 《中国国民党北伐宣言》，《民国日报》1924 年 9 月 28 日。
② 代英：《预备暑假的乡村运动》，《中国青年》第 32 期，1924 年 5 月 24 日。
③ 董增刚：《试析国民革命时期中共领导的农民协会》，《首都师范大学学报》（社会科学版）2009 年第 3 期。
④ 郑容：《预备寒假期间的农村工作》，《中国青年》第 104 期，1925 年 12 月 6 日。
⑤ 同上。

导，要将农村地区建成国民革命的战斗阵地。这样，青年参与农民运动不完全是孤立无依。然而，全国的农民运动发展非常不均衡，仍然有待致力于国民革命的青年去宣传与鼓动。

1926 年 1 月 9 日，《中国青年》刊登了两位来自陕西渭南的青年关于该地农民运动的报告。其中一位青年宗适先介绍了渭南的基本情况，一方面渭南土地肥沃、物产丰饶，另一方面军阀骚扰拉夫、土匪劫掠、劣绅鱼肉。但是，自从东张、北张、蔡张、淹头村等村相继建立农民协会后，农民运动有了新面貌。特别强调的是，农民参加农民协会的意愿都很强烈，其原因不在于宣传者说了漂亮的话、挂了美丽的旗帜，而在于"组织的力量"让他们相信可以改变现状。他也真切地感受到农民对于中国革命的价值：

> 农民运动在中国尤其是民族革命时代的中国，是特别的重要；我们希望中国革命成功，必须尽可能地系统地鼓动并组织各地农民逐渐从事经济和政治的争斗！没有这种努力，我们空想中国革命成功，那是绝对的不可能！
>
> 革命的青年们，请了！请赶快到民间去吧！
>
> 农民协会成立之万岁！
>
> 平民革命万岁！①

这位叫"宗适"的青年是当时团赤水特支书记张宗适。张宗适，

---

① 宗适：《渭南农民运动的成绩》，《中国青年》第 109 期，1926 年 1 月 9 日。

1906 年出生于陕西省渭南县程家乡淹头村，家境富裕，先后就读渭南县立高等小学、武汉中学，1922 年夏加入了社会主义青年团。1924 年 4 月 4 日，他以笔名"无踪"，在《中国青年》第 25 期发表了《交农——渭南农民的大胜利》。1924 年 7 月毕业回赤水职业学校任教。1925 年冬，转中共党员，后任团赤水特支书记。①1926 年 1 月，他一方面作为普通青年向《中国青年》投稿，描述国民革命下渭南农民运动情况，一方面作为团赤水特支书记向团中央报告相关情况。② 相同的内容，面对不同的读者，其笔调明显不同，前者更具有语言的鼓动性，目标在动员青年参与农民运动，后者则是平实而客观的公文报告，可见他们非常了解青年宣传的特点。

　　另一位青年是年仅 16 岁、在渭阳中学工作的团员武维化。武维化，又名武金发，1909 年 10 月生于渭南丰原西姚村，1922 年入赤水职业学校，1924 年 8 月加入社会主义青年团，1925 年到渭阳中学工作，担任学校会计，从事农运工作。③ 他基于自己的工作经验，在文章中进一步介绍了农民协会建立前后的情况。他写道，在建立农民协会之前，很多村子"土匪遍野，枪声不断"；如今，偷盗绝迹，还开办了平民夜校。在他们的影响下，很多村子主动建立农民协会，并预备建立一个全县的农民协会。武维化并未表明自己团员的身份，而是作为一个革命青年客观阐述

---

① 1926 年 4 月，张宗适任党赤水特支书记。渭华起义失败后，于 1928 年 6 月病逝。参见中华人民共和国民政部编：《中华著名烈士》第 5 卷，中央文献出版社 2000 年版，第 247—249 页。

② 《团赤水特支书记张宗适给团中央的信（1926 年 1 月 9 日）》，载程钧鸿主编：《临渭红色印记》，三秦出版社 2016 年版，第 257—258 页。

③ 武维化于 1927 年春转为中共党员，1928 年 3 月被捕，1929 年 10 月死于狱中。参见程钧鸿主编：《临渭红色印记》，三秦出版社 2016 年版，第 193—194 页。

渭南的农民运动情况。

张宗适与武维化是比较典型从被动员到去动员的青年。他们都是农村出身，在学生时代便参与到农民运动当中，在加入党团组织后，又进一步从组织层面去思考农民运动。他们不约而同地都谈到农民协会对农民运动的改变，这一现象非常充分地向《中国青年》的青年读者，揭示了革命组织在革命运动中的重要性，这也是接受马克思主义的重要一环。同时也论证了陈独秀此前提出的，"历年以来，各处农民小规模的抗税罢租运动是很普遍的，若一旦有了组织，便无人敢说连国民革命他们也一定不能加入"。①

1926 年 5 月，北伐战争的序幕揭开。至 1926 年底，吴佩孚与孙传芳相继兵败，北伐军攻占湖南、湖北、江西、福建等地。其间，恽代英盛赞北伐期间"湘鄂赣各地农民工人，不惜牺牲一切，努力合作奋斗"，推动了北伐形势的发展。② 具体来说，即"醴陵、平江、浏阳诸役，农民实行参加军事行动，敌势为之大挫，其他各地亦随处有农民参与革命军合作之事"。③ 为此，《中国青年》号召青年要进一步宣传北伐与农工的关系。

一、去为一般没有报看或不能看报的人说北伐的事情，告诉他们什么是国民党与国民政府。这是很热烈很有趣味的新闻，没有人不愿意听的。二、去为农民工人说这次北伐与全国工农运动的关系，告诉他们国民政府下农工运动的发展，农工政府苏俄对国民政府的

---

① 独秀：《中国国民革命与社会各阶级》，《前锋》第 2 期，1923 年 12 月 1 日。
② 代英：《寒假期间我们的工作》，《中国青年》第 147 期，1926 年 12 月 27 日。
③ 《第一次国内革命战争时期的农民运动资料》，第 15 页。

帮助，北伐期中湘鄂赣三省农工的势力，以及现在全国各地农工组织与活动情形。[1]

这个表达有一个重要转变，就是从此前强调"切切实实"做几年功夫去了解农民，转变为"与工农共同奋斗"。这意味着近两年的农民运动颇有成效，农民被有效地动员起来，已经称得上是国民革命中的革命势力。

1927 年 1 月 29 日，《中国青年》发表《渭南的农民和青年一年来争斗的成绩》一文。这篇文章虽然总结 1926 年以来渭南农民运动与青年的成绩，但是可以将其视为中共三大以来农民运动开启后成绩的一个总结。作者"燕声"认为，1923 年渭南的"交农"运动激发了渭南全县民众的觉醒，特别是青年。在此激荡之下，青年开始到民间去，从事农村工作，组织建立农民协会，夺取地方政权，推动国民革命在农村的实现。[2]

不仅如此，"燕声"还反映渭南的农民运动在自身获得发展的同时，开始反哺并推动学生运动的发展。他举了多个例子，如渭南地区学生与劣绅把持的教育局斗争，驱赶了渭南教育局长王道述；某中学学生，驱赶了配合政府逮捕参与学生运动的教务长；某高等小学学生，为了反对增加学费，而驱赶了校长；某中学学生驱赶了反动教员；某中学正在与更广泛领域的劣绅进行斗争。在这里，学生运动因着农民运动的展开，而获得更大的信心与勇气。在这个意义上，农民运动对青年实现了一次

---

① 代英：《寒假期间我们的工作》，《中国青年》第 147 期，1926 年 12 月 27 日。
② 燕声：《渭南的农民和青年一年来争斗的成绩》，《中国青年》第 152 期，1927 年 1 月 29 日。

革命再教育，而这正是中共动员青年参加农民运动的目标。同时，农民运动在整个共产主义革命当中应该发挥的作用，亦见雏形。

从"农民零星反抗—民众觉醒—青年到民间去—农民组织起来—有组织地夺取地方政权—青年革命化"这样的过程来看，青年与农民不是简单的启蒙者与被启蒙者，而是在彼此教育的过程当中，最终融合在革命组织当中。换言之，从革命启蒙到转向革命组织，是青年通过农民运动而完成的一个从理论到实践、从个体觉醒到集体行动的革命转化过程，也揭示了革命思想传播与接受的极致复杂性。

六、小结

中共三大以后，中国共产党将农民问题视为革命的首要问题，引导农民参加国民革命成为了党的中心工作。作为团中央机关报的《中国青年》，承担着向青年群体宣传党的主张的任务。自此，农民运动成为《中国青年》的重要议题之一，农民群体也开始进入到编辑群体的视野当中。若想引导农民参加革命，充分了解农民是第一位的。然而，《中国青年》的编辑团队主要由知识分子构成，他们的生活环境、日常习惯及背景等与农民存在显著的差异，这构成了编辑们在初期认识和理解农民时的障碍。此外，编辑团队人数有限，若单纯依赖成员亲赴农村进行实地调研与动员，不仅可能因资源分散而降低效率，还可能因缺乏系统的调研方法与动员策略，难以达到预期效果。因此，如何跨越与农民之间的隔阂，以及如何高效利用有限资源，成为《中国青年》编辑在推进农民报道与动员农民参与革命过程中亟需解决的问题。

在此背景下，青年群体被中共早期编辑群体视为连接中共知识分子与农民、推动农民动员工作的重要媒介。青年作为信息传递与反馈的桥梁，成为编辑群体认知农民状况的一个重要途径。然而，这一动员策略的实施初期遭遇了多重挑战：青年与农民的隔阂、青年的工作能力等因素，均加增了实践的难度。同时，由于早期中共编辑群体对农民群体的认知尚不充分，所提出的指导方法与策略在实践中存在指导不力的情况，进而遭遇青年的质疑与批评，这进一步凸显了理论与实践之间存在的张力。

在这个过程中，中共通过青年对农民运动的反馈，包括收获、欣喜、抱怨、疑惑、建议等，深化了对农民运动的认识，并及时作出策略与方法的调整。同时，在与《中国青年》、农民与国民革命形势的多向互动中，青年逐渐认识到革命手段需要依据现实而不断优化，本以为是农民的启蒙者反而被农民运动所启蒙，并发现中国革命目标的实现需要通过组织化方能达成。换言之，青年在农民运动中不断试错、调整与反思，最终完成了一场自我革命。在这场环环相扣的革命启蒙与被启蒙中，中共早期知识分子、青年与农民，他们都是传播者，也都是接受者。

结　语

　　本书旨在探讨 1919 年至 1927 年间青年在马克思主义传播与接受之间的复杂历史图景。尽管马克思主义在此一时期未得到系统译介，但其基本理论与核心观念都已呈现。在传播与接受的过程中，马克思主义可以被理解为一系列概念群，如共产主义、阶级与阶级斗争、暴力革命，劳工专政、唯物史观、剩余价值等。值得注意的是，这些概念的传播与接受是不均衡的，即便是李大钊这样的早期马克思主义者，亦各有侧重。鉴于此，青年群体在面对马克思主义的时候，其认知将会更加多元。本书以中国社会主义青年团机关刊物《中国青年》和商务印书馆教育刊物《学生杂志》为主体材料，考察阶级意识、世界与地方、农民与革命等马克思主义重要概念如何进入青年的世界，重在展现这些概念在传播与接受之间的中间态，及其所呈现的理解或误解、坚信或犹疑、拒绝或接受，或可加深我们对马克思主义早期传播互动性、反复性与多元性的理解。

马克思主义概念群

　　戊戌变法失败以后，流亡海外以及赴海外留学的中国人骤增，这使得近代中国的思想资源更加多元化。^①1899 年，马克思第一次被介绍到了中国。最初，马克思主义是作为社会主义思潮的一部分被介绍到中国，它的译介主体是传教士，其目标也不在于传播马克思主义。其后，日本与巴黎的两个中国无政府主义团体也开始译介马克思主义，然其重心也不在传播马克思主义。据统计，1901—1912 年间，出版介绍马克思主义的日译文章有 42 篇、日译书籍有 16 本。^② 可见，此时期马克思主义的介绍还处于一个起步阶段。

五四运动期间，马克思主义译介的规模开始增大。据统计，1915—1920 年间，关于俄国革命及马克思主义相关学说的文章约有 117 篇、书籍为 7 本。^③ 特别是 1919 年后，译介马克思主义唯物史观成为一个重心，经济学思想也越来越得到关注。1920—1927 年间，是马克思主义译介与传播的一个高峰期，《马克思主义在中国早期传播著作丛编（1920—1927）》研究团队收集了 250 余种该时期原始著作文本。^④

1921 年 7 月，中共一大召开，正式确立中国共产党以建立无产阶级专政为政治目标，并开始中国的无产阶级革命实践，这使得 20 世纪 20 年代中共早期在传播马克思主义的时候，呈现理论与实践并重的特点，其宣传重心亦随着时局的变化而调整。知识青年作为中共早期发展的重要对象，由于青年本身所具有的特性，中共早期针对青年的理论宣传，

① 王汎森：《戊戌前后思想资源的变化：以日本因素为例》，《二十一世纪》（香港）第 45 期，1998 年 2 月。
② 方红：《马克思主义在中国的早期翻译与传播：从 19 世纪晚期至 1920 年》，上海三联书店 2016 年版，第 80 页。
③ 同上书，第 109 页。
④ 王千迁、田子渝：《〈马克思主义在中国早期传播著作丛编（1920—1927）〉述论》，《党史研究与教学》2022 年第 1 期。

在内容与语言上都较为浅显，以鼓动青年对照理论参与实践为核心。

今天，我们熟知马克思主义理论包含三大块内容，即马克思主义哲学、政治经济学和科学社会主义，并能充分获取资源，阅读各种分析、阐释马克思主义的著述。这也造成一种误区，即认为中共早期党员作为知识分子，应该都能系统地掌握马克思主义理论。实际上，陈独秀、恽代英等人经常承认自己的理论能力有限，亦无时间读书，毛泽东则是到陕北之后才开始系统阅读马克思主义著作。基于此，我们在讨论马克思主义在中国早期传播的时候，应该仔细地分梳哪些内容是传播的重点。通过考察《中国青年》和《学生杂志》，可以看到国际工人联合、阶级革命，世界主义与国际主义，世界与地方，农民与革命、组织与革命，等等，是中共早期传播马克思主义的关键词，构成了青年接受马克思主义的概念群。

本书选取阶级意识、世界与地方、农民与革命三组观念来考察，分析它们在马列理论中的地位，与中国传统观念的冲突与融合，在大革命前后、大革命不同阶段当中侧重的变化，兼顾"古今中外"，[①] 从而使得对该时期马克思主义在中国传播的理解能够具体化、语境化与历史化。

以现实激活理论

青年运动是中共早期工作的重要内容。青年群体非常广泛，因此中共早期将目标定位于知识青年，尤其中等学历的青年，这是由于后者因现实经济困境，能够更容易理解与接受马克思主义的核心观念。辛亥革

---

① 毛泽东：《如何研究中共党史》，中共中央文献研究室编：《毛泽东文集》第二卷，人民出版社 1993 年版，第 399 页。

命后，新式学校进一步推行与扩大。在"初等—中等—高等"三级教育体系里，中等学历的学生数量越来越庞大，但是他们进入大学的比例却不高，《学生杂志》统计的升学数据是百分之二十。[①] 这就意味着在大小城市中，大量青年在毕业后即面临着就业难或失业，成为社会边缘人。乡村回不去，城市留不下，在当时成为许多中等学历青年的困境。

《中国青年》和《学生杂志》都以这一批青年作为主要读者。《中国青年》是团中央机关报，自然以宣传马克思主义为重心，风格更加直截了当。《学生杂志》从 1914 年创刊后，整个 20 世纪 20 年代都在青年中销量稳居第一，虽然是商业报纸，力图保持政治中立，但是它的编辑杨贤江是中共党员，其作者也有大量的马克思主义者或左派知识分子，其中不乏马克思主义关怀的文章，但相对比较温和。因此，这两个刊物成为马克思主义传播中互补性平台，它们之间的主题有交叉、有错开，也有相同主题但呈现方式不同。在马克思主义的概念群中，阶级意识、世界与地方、农民与革命等核心概念，以不同的方式呈现在两本刊物上，并引起青年们的注意。青年进而根据自己的理解，热情地回应这些问题。

以第三章青年阶级意识觉醒为例。阶级与阶级斗争是马列主义的重要概念，以阶级来分析中国社会，是中国共产党分析中国问题的基本框架。让青年接受阶级与阶级斗争，是一个不小的挑战。在《中国青年》和《学生杂志》的回应中，可以看到青年更容易在头脑里接受中国存在阶级，认可中国的历史是阶级斗争的历史，但是一落到现实就会产生偏

---

① 　陈东原：《十三年度中学毕业生升学调查》，《学生杂志》第 12 卷第 6 号，1925 年 6 月 5 日。

差。这些偏差主要包含四种，第一种是对阶级的内涵与外延的看法存在差异。有青年认为马列对经济的界定过于依赖经济，中国的阶级形成首先是来自权力，金钱则是权力的衍生物。第二种是将身边的矛盾混同于阶级与阶级斗争。如他们常常将高年级对低年级霸凌视为"阶级压迫"，把低年级的反抗视为"阶级反抗"。第三种是自称"我是一个无产阶级的青年"，这是当时青年写信常用的格式。他们将自己无法继续升学，被迫到社会谋生，视为无产阶级，实际上他们能够接受中等教育，已经表明他们的家庭是有产之家，这与马列主义的阶级界定存在一定的差距。第四种是认为阶级斗争与阶级联合不可共存。有些青年认为，中国共产党在国民革命中，既要合作又要独立，既要联合又要斗争，鱼与熊掌兼得，是存在问题的，应该要注意阶级斗争的分寸。

由此可见，这些青年往往从自身的经验出发，去理解这些颇为抽象的概念。他们对阶级的理解存在着一定的误读，但是他们又非常自觉地用阶级来分析自己与现实生活。青年对于世界与地方、农民与革命等问题，也存在类似的逻辑。《中国青年》和《学生杂志》的中共党员编辑耐心地回答他们的疑问，甚至用棒喝的方式来纠正他们的偏差，鼓励他们用社会调查的方式发现社会经济制度的弊病，进而获得对马克思主义的确切认识，并走上马克思主义之路。

在20世纪20年代，多数青年不是在系统阅读和学习了马克思主义理论之后，接受马克思主义，而是被马克思主义的某个概念打动，因其自身和现实的困境被完美解释了，从而促使他们对马克思主义产生兴趣。在进一步的接触中，他们发现马克思主义不仅揭示了社会不平等的根源，而且给出了反抗压迫的方向，即在击中青年个人痛点的同时，帮助青年融入社会大变革当中，从而使得这部分青年迅速转化成革命行动的马克思主义者。这便是以现实激活理论，在任何时代都有一定的适用性。同时，还有些青年接受马克思主义部分观点，但最终因为无法接受马克思主义的某些观点而拒绝马克思主义，如本书第四章所谈到的部分无政府工团主义青年，他们认可"阶级战争与革命行动"，因而一度与马克思主义携手，但是最终因无法接受无产阶级专政，而与马克思主义分道扬镳。不可忽略的是，选择性接受与拒绝都是思想传播与接受不可忽视的部分。

简言之，任何人都不是一张白纸，等待"思想先进们"来描画，或者只要"思想先进"，就必然引来信仰者。真实的思想传播往往都是一个选择的过程，关乎接受者的生命体验、想象力与现实感知力。正是在这些具体的历史情境中，我们能更清晰地看到哪些内容被接受或拒绝，哪些人在接受或拒绝，这些构成马克思主义嵌入近代中国社会最容易被忽视但却最鲜活的部分。

在传播与接受之间

"在传播与接受之间"是一个看似清晰，但是一推敲，就有些模糊的表达。在过往关于马克思主义传播与接受的研究中，往往存在过度清晰的问题，特别是存在一种闭环式论证。

问：为什么马克思主义被接受？

答：因为马克思主义是先进的思想。

问：为什么以李大钊为代表的知识分子接受马克思主义？

答：因为他们是先进的知识分子。

问：为什么青年接受马克思主义？

答：因为先进的知识分子传播先进的思想。

从整体层面来讲，这些回答没有太大问题，但是却将"传播与接受之间"的互动性、反复性与多元性大大地简化了，而这正是本书选择这一模糊性表达的原因，旨在呈现其内在的丰富性。在本书中，"传播与接受之间"所蕴含的复杂性至少体现在三个层面。

第一个层面是传播者与接受者的复杂性。在本书的范围内，最容易理解的传播者是中共早期知识分子，接受者是青年。然而，在研究具体展开之后，可以发现传播者与接受者的界限并非泾渭分明。中共早期知识分子与青年往往兼具传播者与接受者的角色，随着互动的内容与对象的变化，身份还会发生转移。如在本书第五章中，中共早期知识分子在对青年进行宣传的时候，无疑是传播者，但是他们同时亦是学习者，他们动员青年参与农民运动，其中一个重要原因在于期望通过青年的调查与实践，为中共提供更多的农村资料，以补自身对农民及农民运动了解之不足。在青年的多元反馈中，中共早期知识分子不断调整与优化农民运动策略。在这种互动中，传播者与接受者的角色被弱化。更为明显的体现在"中共—青年—农民"三者的关系中，中共以青年为中介去动员农民接受革命。在这个链条里，青年既是中介者又是传播者，农民是接受者，但是在农民运动的过程当中，青年发现自己反而被农民所教育，并认识到中共与青年知识分子都必须脱下"长衫"，[1]与农民一起融入革命组织才能完成社会革命。在这场环环相扣的传播者与接受者链条中，中共早期知识分子、青年与农民，他们都是传播者，都

---

[1] 小卒：《农民运动之一得》，《中国青年》第48期，1924年10月11日。

是接受者，都有其主体性与创造性，他们共同完成了马克思主义在中国的落地。

第二个层面是"传播与接受"内容的不对等性。没有百分百的传播，更没有百分百的接受。在面对马克思主义的观念时，不可避免会出现理解或误解、坚信或犹疑、拒绝或接受，即使是李大钊与恽代英这样的早期马克思主义接受者，也不例外。李大钊接受较多的是马克思的唯物史观、阶级斗争学说和剩余价值学说，恽代英在经过犹疑后才接受阶级斗争学说与暴力革命。青年更是如此，他们会选择与自己切身相关的概念予以阐发，如无政府工团主义世界语者，他们偏重国际工人阶级的联合，这使得他们易于接受马克思主义无产阶级革命，同时批评中共早期忽视国际工人的联合，并认为这是中国工人运动受挫的原因之一，因为世界革命的成功不是每一个地方孤立的成功，而是各地方同声相求、彼此呼应。正是在这个意义上，马克思主义的国际联合达成消解"世界—地方"对立的目标，让那些渴望走向世界又遭遇挫折的青年，通过地方革命成为世界革命的一部分。当然，如前文所述，其中有一部分工团主义世界语青年最终拒绝马克思主义。无论如何，这些无政府工团主义世界语背景的青年，在马克思主义的接受或拒绝中，都被打上了"国际联合"与超越"世界—地方"的双重烙印。以此类推，其他群体在接受马克思主义时，亦会有其独特性。

最后一个层面是"传播与接受"中间态的复杂性。传播与接受不是一个线性与封闭的系统。传播不等于接受，接受也不等于传播的结束。即使在某个阶段有一个明显的"接受"式转折，但是并不意味着一劳永逸，因为接受亦是一个暂时状态。在真实的思想传播与接受中，接受只是一个起点，而非终点，它始终是一个过程，且常常在特殊的历史情境下，呈现不稳定的状态，特别是在 20 世纪 20 年代革命尚未成型的时代。这就不难理解，何以大革命失败之后，会有青年再次陷入怀疑与烦闷，甚至放弃马克思主义。因此，欲让"接受"其达到稳定并扎根状态，则需要通过不间断地学习与实践，予以巩固。从这个意义上来讲，如果将"传播与接受"皆视为一个"起点"，一个"时刻"，那么"在传播与接受之间"就是一个永恒的过程。

参考文献

一、文献资料

1.《马克思恩格斯选集》，人民出版社 2012 年版。

2.《列宁选集》，人民出版社 2012 年版。

3.《毛泽东早期文稿 1912.6—1920.11》，湖南出版社 1990 年版。

4.《建党以来重要文献选编（1921—1949）》第 1 册，中央文献出版社 2011 年版。

5.《中共中央文件选集》第 1 册，中共中央党校出版社 1989 年版。

6.《中国共产党第一次全国代表大会档案文献选编》，中共中央党史出版社 2015 年版。

7.《中国共产党第二次至第六次全国代表大会文件汇编》，人民出版社 1981 年版。

8.《中国共产党第三次全国代表大会档案文献选编》，中共党史出版社 2014 年版。

9.《中共文书档案工作文件选编 1923 至 1949 年》，档案出版社 1991 年版。

10. 中共一大会址纪念馆编：《中共一大代表早期文稿选编 1917.11—

1923.7》上，上海人民出版社 2011 年版。

11. 中央档案馆编：《革命烈士传记资料》，中共中央党校出版社 1983 年版。

12. 中国第二历史档案馆、海峡两岸出版交流中心编：《中国国民党历次全国代表大会暨中央全会文献汇编》第 1 册，九州出版社 2012 年版。

13.《第一次国内革命战争时期的农民运动资料》，人民出版社 1983 年版。

14. 海隅孤客：《解放别录》，载沈云龙主编：《近代中国史料丛刊》第十九辑，文海出版社 1968 年版。

15. 万仕国、刘禾校注：《天义·衡报》，中国人民大学出版社 2016 年版。

16. 璩鑫圭、唐良炎编：《中国近代教育史资料汇编·学制演变》，上海教育出版社 1991 年版。

17. 葛懋春、蒋俊等：《无政府主义思想资料选》，北京大学出版社 1984 年版。

18. 福建省政协文史资料委员会编：《文史资料选编第 1 卷教育编》，福建人民出版社 2000 年版。

19. 中共广东省委党史研究委员会办公室、广东省档案馆编：《"一大"前后广东的党组织》，内部资料，1981 年版。

20. 中国人民政治协商会议广东省委员会、文史资料研究委员会编：《广东文史资料》第 52 辑，广东人民出版社 1987 年版。

21. 中共萧山县党史资料征集研究委员会办公室编：《衙前农民运

动》，中共党史出版社 1985 年版。

22. 萧山县志编纂委员会编:《萧山县志》，浙江人民出版社 1987 年版。

23. 程钧鸿主编:《临渭红色印记》，三秦出版社 2016 年版。

24. 瞿秋白:《饿乡纪程》，《瞿秋白文集》第 1 卷，人民文学出版社 1953 年版。

25.《回忆恽代英》，人民出版社 1982 年版。

26. 恽代英:《恽代英全集》，人民出版社 2014 年版。

27. 恽代英:《恽代英日记》，中共中央党校出版社 1981 年版。

28. 包惠僧:《包惠僧回忆录》，人民出版社 1983 年版。

29. 蔡和森:《蔡和森的十二篇文章》，人民出版社 1980 年版。

30. 胡愈之:《我的回忆》，江苏人民出版社 1990 年版。

31. 茅盾、韦韬:《茅盾回忆录》，华文出版社 2013 年版。

32. 茅盾:《商务印书馆编译所生活之二》，载孙中田、查国华编:《茅盾研究资料》(上)，知识产权出版社 2010 年版。

33. 邹韬奋:《经历》，《韬奋文集》第 3 卷，生活·读书·新知三联书店 1955 年版。

34. 康有为:《大同书》，上海古籍出版社 2019 年版。

35. 梁启超:《梁启超全集》，北京出版社 1999 年版。

36. 梁启超:《欧游心影录》，商务印书馆 2014 年版。

37. 孙中山:《三民主义》，广东人民出版社 2012 年版。

38. 王仲鸣编译:《中国农民问题与农民运动》，平凡书局 1929 年版。

39. 傅斯年:《傅斯年全集》第 5 卷，湖南教育出版社 2003 年版。

40. 钱穆：《从认识自己到回归自己》，《历史与文化论丛》，九州出版社 2012 年版。

41. 何炳棣：《读史阅世六十年》，广西师范大学出版社 2009 年版。

42. 宋韵声：《叶君健年谱简编》，《跨文化的彩虹——叶君健传纪念叶君健诞辰 100 周年》，辽宁大学出版社 2014 年版。

43. 杨贤江：《杨贤江全集》，河南教育出版社 1995 年版。

44. 中央教育科学研究所、厦门大学编：《杨贤江教育文集》，教育科学出版社 1982 年版。

45. 叶籁士：《〈学生杂志〉给我的影响》，载上海教育出版社编：《开卷有益——给我影响最大的一本书》，上海教育出版社 1990 年版。

46. 叶籁士：《叶籁士文集》，中国世界语出版社 1995 年版。

47. 赵帝江、姚锡佩编：《柔石日记》，陕西教育出版社 1998 年版。

48. 周作人：《知堂回想录》，三育图书有限公司 1980 年。

49. 后觉：《世界语概论》，商务印书馆 1930 年版。

50. 萧红：《我之读世界语》，载章海宁主编：《萧红全集》散文卷，燕山出版社 2014 年版。

51. 乐美素主编：《世界语者乐嘉煊纪念文集》，中国文史出版社 2007 年版。

52. 叶君健：《我和世界语》，载叶君健：《从秋天飞向春天》，中国社会出版社 1991 年版。

53. 刘心武：《爱斯不难读》，载邓九平编：《文化名人：忆学生时代》（下），同心出版社 2004 年版。

54. 郭长传：《镇江早期的世界语运动》，《镇江文史资料》第 21 辑，

1991 年。

55. 钟宪民：《读书法：世界语及其学习法》，《读书顾问》第 1 期，
1934 年。

56. 周尧：《我和世界语》，载黄石市世界语协会编：《世界语者们》，
1983 年。

二、报刊资料

1.《天义报》（1907—1908）

2.《新世纪》（1907—1910）

3.《衡报》（1908）

4.《新教育》（1911—1925）

5.《晦鸣录》/《民声》（1913—1916，1921）

6.《学生》《学生杂志》（1914—1931）

7.《新青年》（1915—1926）

8.《晨报》（1918—1928）

9.《新生活》（1919—1921）

10.《新潮》（1919—1922）

11.《曙光》（1919—1920）

12.《建设》（1919—1920）

13.《教育杂志》（1919—1930）

14.《解放与改造》（1919—1922）

15.《民国日报·觉悟》（1919—1931）

16.《北京大学学生周刊》（1920）

17.《劳动者》（1920—1921）

18.《先驱》（1922—1923）

19.《向导》（1922—1929）

20.《中国青年》（1923—1927）

21.《黄埔潮》（1926—1927）

三、研究著作

1.［美］阿里夫·德里克：《中国革命中的无政府主义》，孙宜学译，广西师范大学出版社 2006 年版。

2.［美］埃德加·斯诺：《西行漫记》，董乐山译，生活·读书·新知三联书店 2005 年版。

3.［瑞士］埃德蒙·普里瓦特：《柴门霍夫的一生》，龚佩康译，世界知识出版社 1983 年版。

4.［日］安井伸介：《中国无政府主义的思想基础》，五南图书出版公司 2013 年版。

5.［美］丛小平：《师范学校与中国的现代化：民族国家的形成与社会转型 1897—1937》，商务印书馆 2014 年版。

6.［美］杜赞奇：《从民族国家拯救历史——民族主义话语与民族主义话语与中国现代史研究》，王宪明译，社会科学文献出版社 2010 年版。

7.［美］杜赞奇：《文化、权力与国家：1900—1942 年的华北农村》，王福明译，江苏人民出版社 2018 年版。

8.［俄］E. 德雷仁：《世界共通语史——三个世纪的探索》，徐沫译，商务印书馆 1997 年版。

9. ［瑞］E. 普里瓦：《世界语史》，张闳凡译，知识出版社 1983 年版。

10. 方红：《马克思主义在中国的早期翻译与传播：从 19 世纪晚期至 1920 年》，上海三联书店 2016 年版。

11. 耿春亮：《〈晨报副刊〉与马克思主义在中国的传播》，清华大学出版社 2020 年版。

12. ［德］H.R. 姚斯、［美］R.C. 霍拉勃：《接受美学与接受理论》，周宁、金元浦译，辽宁人民出版社 1987 年版。

13. 侯志平主编：《世界语在中国一百年》，中国世界语出版社 1999 年版。

14. 黄宗智：《明清以来的乡村社会经济变迁：历史、理论与现实》，法律出版社 2014 年版。

15. ［加］玛格丽特·麦克米伦：《1919 巴黎和会及其开启的战后世界》，邓峰译，中信出版社 2018 年版。

16. 姜平：《邓中夏的一生》，南京大学出版社 1986 年版。

17. 金观涛、刘青峰：《观念史研究：中国现代重要政治术语的形成》，法律出版社 2009 年版。

18. 梁漱溟：《中国文化要义》，上海人民出版社 2005 年版。

19. 吕芳上：《从学生运动到运动学生》，台湾"中央研究院"近代史研究所，1994 年版。

20. 马先睿：《〈星期评论〉与马克思主义在中国的早期传播》，人民出版社 2019 年版。

21. 潘光哲：《晚清士人的西学阅读史（一八三三——一八九八）》，

凤凰出版社 2019 年版。

22. ［美］裴宜理：《华北的叛乱者与革命者（1845—1945）》，池子华、刘平译，商务印书馆 2017 年版。

23. 钱穆：《宋史研究集》（七），中华丛书编审委员会 1974 年版。

24. 钱穆：《中国历代政治得失》，生活·读书·新知三联出版社 2001 年版。

25. 瞿骏：《大风起兮：地方视野和政治变迁中的"五四"：1911—1927》，社会科学文献出版社 2024 年版。

26. 瞿骏、靳帅、武小力：《播种"主义"：上海报刊与江南红色文化的塑造与传播（1919—1927）》，上海书店出版社 2023 年版。

27. ［美］施坚雅：《中国农村的市场与社会结构》，史建云、徐秀丽译，中国社会科学出版社 1998 年版。

28. ［日］石川祯浩：《中国共产党成立史》，袁广泉译，中国社会科学出版社 2006 年版。

29. 孙中田、查国华：《茅盾研究资料》，知识产权出版社 2010 年版。

30. ［美］汪一驹：《中国知识分子与西方》，台湾枫城出版社 1978 年版。

31. 王鹏程：《〈中国青年〉周刊研究》，人民出版社 2013 年版。

32. ［美］西达·斯考切波：《国家与社会革命——对法国、俄国和中国的比较分析》，何俊志、王学东译，上海人民出版社 2007 年版。

33. ［美］萧邦奇：《血路：革命中国的沈定一传奇》，周武彪译，江苏人民出版社 2010 年版。

34. 许纪霖：《家国天下：现代中国的个人、国家与世界认同》，上海人民出版社 2017 年版。

35. 曾华鹏、蒋明玳编：《王鲁彦研究资料》，知识产权出版社 2010 年版。

36. 曾庆榴：《国民革命与广州》，广州出版社 2011 年版。

37. 张东刚：《总需求的变动趋势与近代中国经济发展》，高等教育出版社 1997 年版。

38. 张灏：《幽暗意识与民主传统》，新星出版社 2006 年版。

39. 张仲民：《种瓜得豆：清末民初的阅读文化与接受政治》，社会科学文献出版社 2016 年版。

40. 中国中共党史人物研究会编：《中共党史人物传》第 18 卷，中国人民大学出版社 2017 年版。

41. 钟桂松：《茅盾评传》，南京大学出版社 2013 年版。

42. ［美］周策纵：《五四运动史：现代中国的知识革命》，陈永明、张静译，四川人民出版社 2019 年版。

43. ［美］周锡瑞：《意外的圣地：陕甘革命的起源》，石岩译，香港中文大学出版社 2021 年版。

44. ［德］兹科·范·德克：《国际世界语协会史》，孙明孝译，山东大学出版社 2016 年版。

45. Alberto Manguel, *A History of Reading*, Toronto: Alfred A. Knopf, 1997.

46. Benjamin I. Schwartz, *Chinese Communism and the Rise of Mao*, Cambridge: Harvard University Press, 1951.

47. Chenshan Tian, *Chinese Dialectics: From Yijing to Marxism*, Lanham,

Md. : Lexington Books, 2005.

48. D.R. Woolf, *Reading History in Early Modern England*, Cambridge: Cambridge University Press, 2000.

49. Evelyn S. Rawski, *Education and Popular Literacy in Ch'ing China*. Ann Arbor: University of Michigan Press, 1979.

50. Frederic Wakeman, Jr., *History and Will: Philosophical Perspectives of Mao Tse-Tung's Thought*, Berkeley: University of California Press, 1973.

51. Herrlee Glessner Creel, *Chinese Thought, From Confucius to Mao Tsê-Tung*, Chicago: University of Chicago Press, 1953.

52. Herrlee G. Creel, *Confucius and the Chinese Way*, New York: Harper Torchbook, 1960.

53. Jacqueline Pearson, *Women' Readingin Britain, 1750—1835: A Dangerous Recreation*, Cambridge: Cambridge University Press, 1999.

54. Jane P. Tompkins, *Reader-Response Criticism: From Formalism to Post-Structuralism*, Maryland: The Johns Hopkins University Press, 1980.

55. John King Fairbank, *The United States and China*, Cambridge: Harvard University Press, 1948.

56. Joseph R. Levenson, *Revolution and Cosmopolitanism: the Western Stage and the Chinese Stages*, Berkeley and Los Angeles: University of California Press, 1971.

57. Maurice Meisner, *Li Ta-chao and the origins of Chinese Marxism*, Cambridge: Harvard University Press, 1967.

58. Sidney D. Gamble, *How Chinese Families Live in Peking*, New York:

Funk and Wagnalls Company, 1933.

59. Stuart R. Schram, *The Political Thought of Mao Tse-tung*, New York and London: Frederick A. Praeger, 1963.

60. Ulrich Lins, *Dangerous Language: Esperanto under Hitler and Stalin*, New York: Palgrave Macmillan, 2017.

四、研究论文

1.［波］艾萨克·多伊彻：《国际和国际主义》，张苹摘译，《国际共运史研究》1990 年第 3 期。

2. 安雅琴：《陈溥贤〈马克思的唯物史观〉与李大钊〈我的马克思主义观〉文本关系考——基于唯物史观的相关论述》，《中共党史研究》2016 年第 2 期。

3. 白占群：《〈社会主义从空想到科学的发展〉一书在中国的传播》，《社会主义研究》1985 年第 6 期。

4. 蔡拓：《世界主义的类型分析》，《国际观察》2018 年第 1 期。

5. 陈麒如：《〈牡丹亭〉三妇评本的接受史研究——以臧懋循评本、〈长生殿〉吴人本为例》，《理论界》2021 年第 12 期。

6. 程诚：《清末民初世界语中国世界语运动研究》，安徽大学硕士学位论文，2015 年。

7. 董增刚：《试析国民革命时期中共领导的农民协会》，《首都师范大学学报》（社会科学版）2009 年第 3 期。

8. 段本洛：《知识分子与马克思主义在中国的早期传播》，《苏州大学学报》1983 年第 1 期。

9. 方卫平：《媒介中的课艺：一个变革时代的文化现象及其历史解读——以早期〈学生杂志〉(1914—1918)为例》，《浙江社会科学》2008年第6期。

10. 冯天瑜：《唯物史观在中国的早期传播及其遭遇》，《中国社会科学》2008年第1期。

11. 高放：《从〈共产党宣言〉到〈中国共产党宣言〉——兼考证〈中国共产党宣言〉的作者和译者》，《中国人民大学学报》2011年第3期。

12. 高放：《列宁主义再认识》，《探索》2008年第4期。

13. 耿春亮：《马克思主义在中国早期传播的典型文本研析——以〈晨报副刊〉为中心》，《高校马克思主义理论研究》2015年第1期。

14. 郭丽兰：《朱执信对马克思主义著述的翻译和传播——以〈共产党宣言〉、〈资本论〉为例》，《中共中央党校学报》2011年第2期。

15. 郭思文：《屠格涅夫小说〈父与子〉在中国的接受史研究》，《西伯利亚研究》2023年第5期。

16. 何怀宏：《1905年废除科举的社会涵义》，《东方》1996年第5期。

17. 何建华：《列宁文本中国阅读的三重维度——基于〈国家与革命〉早期传播的考察》，《马克思主义与现实》2020年第6期。

18. 侯庆斌：《旅法期间蔡和森革命观的形塑与表达》，《中共党史研究》2023年第2期。

19. 黄冬娅：《对阶级理论传入中国的历史考察》，《二十一世纪》(香港)2003年6月号。

20. 黄茂文：《三种悲剧理论及其内涵接受刍议——叔本华、尼采与马克思主义悲剧理论的中国化接受比较研究》,《马克思主义美学研究》2021 年第 2 期。

21. 黄雅丽、李良明:《〈中国青年〉"苏俄革命纪念特刊"浅论》,《党史文苑》2010 年第 16 期。

22. 黄自立:《〈反杜林论〉的汉译传播及其对中国革命的哲学治思》,中共中央党校(国家行政学院)博士论文,2019 年。

23. 贾钢涛、赵玮:《大革命时期毛泽东农民观略探》,《毛泽东思想研究》2015 年第 1 期。

24. 姜涛:《革命动员中的文学和青年——从 1920 年代〈中国青年〉的文学批判谈起》,《中国现代文学研究丛刊》2009 年第 4 期。

25. 蒋含平、薛相峰:《革命运动与青年动员——1927 年前后〈中国青年〉新闻报道研究》,《党史研究与教学》2018 年第 1 期。

26. 金伯文:《阅读的力量:探索中共革命理论的阅读与接受史》,《党史研究与教学》2022 年第 5 期。

27. 金冲及:《从迅猛兴起到跌入低谷——大革命时期湖南农民运动的前前后后》,载中国社会科学院近代史研究所中华民国史研究室等编:《"1920 年代的中国"国际学术研讨会论文集》,2004 年。

28. 金钰:《时代·文学·革命三重奏——以〈中国青年〉的栏目〈寸铁〉为例》,《南京师范大学文学院学报》2019 年第 1 期。

29. 李爱军:《马克思主义在两湖地区的早期传播研究(1912—1927)》,武汉大学博士论文,2014 年。

30. 李存光:《巴金与上海〈学生杂志〉"学生世界语栏"——巴金佚文寻探 & 李存光》,陈思和、李存光主编:《你是谁》,上海三联书店,

2013 年。

31. 李丹阳、刘建一：《〈上海俄文生活报〉与布尔什维克早期在华活动》，《近代史研究》2003 年第 2 期。

32. 李丹阳、刘建一：《一个 "安其那布尔什维克的悲剧" ——斯托帕尼在上海》，《百年潮》2003 年第 3 期。

33. 李良明、黄雅丽：《大革命时期共产国际、联共（布）关于中国农民问题的理论与实践》，《甘肃理论学刊》2010 年第 4 期。

34. 李延华、王纳：《女星社与马克思主义在天津的早期传播》，《党史博采》2020 年第 10 期。

35. 李志毓：《中国革命中的小资产阶级》，《南京大学学报》（哲学·人文科学·社会科学）2015 年第 3 期。

36. 梁大伟、茹亚辉：《〈共产党〉月刊对无政府主义的批判——基于马克思主义在中国早期传播的视角》，《思想教育研究》2022 年第 2 期。

37. 梁尚贤：《湖南农民运动中 "左" 的错误及其影响》，《近代史研究》2006 年第 4 期。

38. 林分份：《求为 "有学问的实行家" —— "五四" 时期邓中夏的文化选择及其历史意义》，《东南学术》2010 年第 3 期。

39. 刘昶：《革命的普罗米修斯：民国时期的乡村教师》，载黄宗智主编：《中国乡村研究》，福建教育出版社 2008 年版。

40. 刘辉：《〈爱尔福特纲领〉及考茨基的 "解说" 在华早期传播与中共的关系》，《中共党史研究》2015 年第 10 期。

41. 刘辉：《恽代英与中国共产党阶级分析的兴起》，《人文杂志》2018 年第 6 期。

42. 刘宗灵：《媒介与学生：思想、文化与社会变迁中的〈学生杂志〉（1914—1931）》，复旦大学博士论文，2011 年。

43. 刘宗灵：《早期〈学生杂志〉与学生自我意识的呈现——以"论说"栏为中心的讨论》，《江苏社会科学》2009 年第 3 期。

44. 陆浩斌：《心灵的反讽：诺瓦利斯诗学接受史》，《今日世界文学》2023 年第 1 期。

45. 罗志田：《"六个月乐观"的幻灭——"五四"前夕士人心态与政治》，《历史研究》2006 年第 4 期。

46. 齐卫平：《唯物史观在中国的早期传播》，《探索与争鸣》1987 年第 6 期。

47. 钱守云、董琳：《大革命时期共产国际对中国共产党认识农民问题的帮助》，《毛泽东思想研究》2013 年第 3 期。

48. 庆祝：《李大钊对马克思主义传播的贡献——以〈新青年〉〈晨报副刊〉〈每周评论〉为中心的考察》，《学术交流》2021 年第 7 期。

49. 瞿骏：《钱穆与〈学灯〉》，《读书》2018 年第 10 期。

50. 瞿骏：《助产"主义时代"：〈中国青年〉的定位、推广与阅读（1923—1927）》，《中共党史研究》2020 年第 6 期。

51. 三浦国雄、李若愚：《从〈四本堂家礼〉看琉球对〈朱子家礼〉的接受史》，《朱子学研究》2023 年第 1 期。

52. 沙鹤闻：《关于〈中国社会各阶级的分析〉的最初版本》，《党的文献》1989 年第 1 期。

53. 沈平平：《马克思主义在中国传播的比较研究》，《史学月刊》1991 年第 6 期。

54. 沈志刚：《杨匏安在马克思主义传播史上的地位再探讨》，《党史研究与教学》2018 年第 6 期。

55. 史舒扬：《马克思主义与中国优秀传统文化融合路径研究——基于 H.R. 尧斯的接受理论视角》，《黑龙江省社会主义学院学报》2019 年第 2 期。

56. 孙建昌：《〈民报〉译介社会主义学说述评》，《理论学刊》2012 年第 9 期。

57. 孙美：《世界语者孙国璋》，王金中、倪渝宝、王金昌主编：《无锡状元》，黑龙江人民出版社 2005 年版。

58. 孙微：《陈子昂的接受史——"解密陈子昂"之二》，《博览群书》2024 年第 1 期。

59. 孙伟杰：《星历、星命与星神：南北朝至五代宋初道教对七曜、九曜、十一曜的接受史考察》，《世界宗教研究》2022 年第 4 期。

60. 唐小兵：《后五四时代的家庭革命与社会改造思潮——以〈中国青年〉〈生活周刊〉〈申报〉为中心》，《天津社会科学》2022 年第 2 期。

61. 田子渝：《〈共产主义的 ABC〉最初中译本的出版及历史价值》，《中共创建史研究》2021 年第 6 辑。

62. 田子渝：《李汉俊在马克思主义早期传播中的杰出贡献》，《甘肃理论学刊》2011 年第 4 期。

63. 汪志国：《近代安徽自然灾害与乡村秩序的崩坏》，《中国农史》2007 年第 2 期。

64. 王汎森：《"烦闷"的本质是什么——"主义"与中国近代私人领域的政治化》，载许纪霖、刘擎主编：《新天下主义》（《知识分子论丛》第

13 辑），上海人民出版社 2015 年版。

65. 王汎森：《戊戌前后思想资源的变化：以日本因素为例》，《二十一世纪》（香港）第 45 期，1998 年 2 月。

66. 王飞仙：《期刊、出版与社会文化变迁——五四运动的商务印书馆与〈学生杂志〉》，台湾政治大学博士论文，2004 年。

67. 王刚、范琳：《正面与负面：民本思想对中国早期知识分子接受马克思主义的影响》，《马克思主义与现实》2021 年第 1 期。

68. 王刚、范霞：《论知行观对中国早期知识分子接受马克思主义的促进作用》，《马克思主义与现实》2023 年第 1 期。

69. 王宁：《世界主义》，《外国文学》2014 年第 1 期。

70. 王奇生：《从"容共"到"容国"——1924—1927 年国共党际关系再考察》，《近代史研究》2001 年第 4 期。

71. 王奇生：《革命的底层动员：中共早期农民运动的动员参与机制》，《新史学》2013 年第 7 期。

72. 王奇生：《取径东洋　转道入内——留日学生与马克思主义在中国的传播》，《中共党史研究》1989 年第 6 期。

73. 王千迁、田子渝：《〈马克思主义在中国早期传播著作丛编（1920—1927）〉述论》，《党史研究与教学》2022 年第 1 期。

74. 王淑梅：《1919—1926 年留法勤工俭学群体对马克思主义的接受研究》，安徽师范大学硕士论文，2021 年。

75. 王文昌：《20 世纪 30 年代前期农民离村问题》，《历史研究》1993 年第 2 期。

76. 王宪明、杨琥：《五四时期李大钊传播马克思主义的第二阵地——〈晨报副刊〉传播马克思主义的贡献与意义》，《安徽大学学报》（哲学社会科学版）2011 年第 4 期。

77. 王印焕：《试论民国时期青年恋爱的舆论导向》，《北京科技大学学报》（社会科学版）2007 年第 1 期。

78. 魏法谱：《〈少年先锋〉与马克思主义在广东的早期传播研究》，《中共创建史研究》2020 年第 5 辑。

79. 文碧方、李宝达：《论金岳霖接受马克思主义实践观的内在理路》，《马克思主义哲学研究》2021 年第 2 期。

80. ［德］乌尔里希·贝克：《什么是世界主义》，章国锋译，《马克思主义与现实》2008 年第 2 期。

81. 邬国义：《成裕里 7 号：〈共产党宣言〉中文全译本的诞生地新考》，《学术月刊》2023 年第 10 期。

82. 邬国义：《〈国际歌〉最早的译者"列悲"考释》，载汤勤福主编：《历史文献整理研究与史学方法论》，黄山书社 2008 年版。

83. 夏娟：《历史、文本与问题——再论〈资本论〉在中国的早期传播》，《马克思主义哲学论丛》2017 年第 2 期。

84. 肖甡：《俄共党员柏烈伟在中共建党时的一些活动》，《北京党史》2002 年第 1 期。

85. 邢科：《左翼人际传播网与马克思主义史学的扩散——以 20 世纪二三十年代的上海为中心》，《北京师范大学学报》（社会科学版）2018 年第 1 期。

86. 徐国普：《大革命时期毛泽东对农民地位的认识》，《广西社会科学》2002 年第 2 期。

87. 徐佳贵:《"民"以群分——五四后江苏省教育会的文教革新实践》,《史林》2023 年第 2 期。

88. 徐立波:《中国共产党早期报刊研究的主要问题与思考》,《长白学刊》2020 年第 1 期。

89. 许加彪、宋静:《从"同人"到"同志":〈新青年〉的编辑机制与媒介功能》,《山西大学学报》(哲学社会科学版)2019 年第 2 期。

90. 杨宏雨:《〈星期评论〉对马克思恩格斯及其学说的介绍》,《学术界》2019 年第 6 期。

91. 杨奎松:《李大钊与河上肇》,《党史研究》1985 年第 2 期。

92. 杨荣、田子渝:《马列主义著作文本在中国的早期传播》,《马克思主义研究》2018 年第 6 期。

93. 姚曙光:《国民革命失败的民粹主义因素分析——以湖南农民运动为个案的探讨》,《南京大学学报》(哲学人文科学社会科学版)2003 年第 3 期。

94. 叶君:《一个时代的"怕"与"逃"——〈马伯乐〉的成书过程及形象接受史》,《海南师范大学学报》(社会科学版)2024 年第 1 期。

95. [美]叶文心:《保守与激进——试论五四运动在杭州》,载汪熙、[美]魏斐德主编:《中国现代化问题——一个多方位的历史探索》,复旦大学出版社 1994 年版。

96. 易国喜:《我国早期马克思主义传播的共性和特性研究——李大钊、陈独秀、李达早期传播马克思主义之比较》,《山东社会科学》1997 年第 5 期。

97. 余伟民:《十月革命后共产国际的东方战略及东方革命的展开》,

《俄罗斯研究》2021 年第 1 期。

98. 袁朗：《接受史视域下〈抱朴子内篇〉版本流变及时代特征》，《诸子学刊》2023 年第 2 期。

99. 岳亮：《〈觉悟〉与社会主义在中国的早期传播》，《科学社会主义》2014 年第 6 期。

100. 张丰清：《1920 年代〈中国青年〉对民众运动的宣传》，《史学月刊》2011 年第 7 期。

101. 张继才：《二十世纪 20 年代"学生自治"图景——〈学生〉杂志所反映的"学生自治"》，《教育研究与实验》2013 年第 5 期。

102. 张剑：《略论袁昶对陆游的评价和接受——兼谈日记对接受史研究的启发》，《华南师范大学学报》（社会科学版）2023 年第 5 期。

103. 张金超：《〈广东群报〉与马克思主义早期传播再研究》，《红广角》2018 年第 5 期。

104. 张麟瑞：《列宁·斯大林·世界语》，《世界》1999 年第 Z3 期。

105. 张朋园：《劳著"清代教育及大众识字能力"》，《近史所集刊》1980 年第 9 期。

106. 张勤、柏桦：《论陈独秀对农民问题的理论贡献》，《理论建设》2007 年第 3 期。

107. 张文涛：《自觉与觉他——后五四时代革命知识分子自我认同的转变》，《政治思想史》2020 年第 2 期。

108. 张玉菡：《从组织推动到亮相共产国际舞台——苏俄、共产国际远东工作与中国共产党的创建》，《上海师范大学学报》（哲学社会科学版）2021 年第 2 期。

109. 张仲民：《世界语与近代中国知识分子的世界主义想象——以刘师培为中心》，《学术月刊》2016 年第 4 期。

110. 章清：《五四思想界：中心与边缘——〈新青年〉及新文化运动的阅读个案》，《近代史研究》2010 年第 3 期。

111. 赵付科、季正聚：《中共早期报刊视域下马克思主义的传播路径及启示》，《社会主义研究》2013 年第 2 期。

112. 赵惠霞、贾辰飞：《留日学生与马克思主义文论的传播及影响——以创造社为例》，《南京工业大学学报》（社会科学版）2015 年第 4 期。

113. 赵毅衡：《胡愈之与世界语乌托邦》，载赵毅衡：《对岸的诱惑：中西文化交流记》，四川文艺出版社 2013 年版。

114. 郑依梅：《鲁迅的易卜生接受史新论——由日文批评译介"重启"的易卜生纪念》，《中国比较文学》2024 年第 2 期。

115. 钟晨音、冯虹：《民国初期学生精神世界的别样解读——以早期〈学生杂志〉课艺为媒介》，《鲁东大学学报》（哲学社会科学版）2011 年第 3 期。

116. 周凯：《马克思主义在中国早期传播的主要特点——以〈新青年〉月刊为主的文本分析》，《中共党史研究》2013 年第 4 期。

117. 周武：《商务印书馆与共产主义思潮的早期传播》，《档案春秋》2016 年第 8、9 期。

118. 周月峰：《"列宁时刻"：苏俄第一次对华宣言的传入与五四后思想界的转变》，《清华大学学报》（哲学社会科学版）2017 年第 5 期。

119. 朱家梅、张乃什：《中国共产党成立前夕列宁学说在中国的传播论析——基于对 1917—1920 年中国主要政论报刊的研究》，《马克思主义与现实》2021 年第 1 期。

120. 朱文哲：《塑造"新学生"：民初启蒙与商业中的〈学生杂志〉》，《安徽大学学报》（哲学社会科学版）2015 年第 4 期。

121. 朱政：《外国语学社学员与世界语学者斯托比尼》，《上海革命史资料与研究》1992 年。

122. 祝贺：《曹禺〈蜕变〉接受史考论——以历史档案为依托》，《戏剧艺术》2023 年第 6 期。

123. 邹俊娟：《〈民报〉与马克思主义在中国的早期传播》，《人文论丛》2010 年第 13 辑。

124. Gotelind Müller-Saini, Gregor Benton, Esperanto and Chinese anarchism in the 1920s and 1930s, *Language problems & language planning*, no.2（2006）.

125. Gotelind Müller-Saini, Gregor Benton, Esperanto and Chinese anarchism, 1907—1920: The translation from diaspora to home land, *Language Problems & Language Planning*, no.30（2006）.

126. Ian Rapley, A Language for Asia? Transnational Encounters in the Japanese Esperanto Movement, 1906—28, Iacobelli P., Leary D., Takahashi S.（eds）. *Transnational Japan as History*. New York: Palgrave Macmillan, 2016.

127. Robert Darnton. What is the History of Books? *Daedalus*, no.3（1982）.

后 记

　　本书是上海市哲学社会科学规划青年项目"二十世纪二十年代马克思主义在中国传播过程中的青年接受史研究"的结项书稿。这个主题源于我自身的一种困惑，在一个怀疑的时代如何去信仰，在近代很多知识分子身上，可以看到以怀疑为底色的信仰与为着信仰的怀疑，彼此交织着，因此对于近代史上"接受信仰"的时刻、时代与人物都分外关注。在博士论文中，我讨论了陈独秀、恽代英与朱谦之"疑与信"的历程，但是他们并不普通的知识人身份，总让我怀疑我所得出的结论有几分有效性。于是，开始想要了解普通人面对一种思想或信仰，如何去接受或拒绝。受限于自身的兴趣与学术训练，最终将研究的对象聚焦于二十世纪二十年代的知识青年，特别是中等学历的青年身上。他们年龄、阅历与知识限度所带来的不确定性，与二十世纪时代转型时期的不确定性，在气质上极为契合，能最大限度地呈现出把一种思想作为"信仰"来接受的"确定性与不确定性"。

　　在研究的过程中，本来模糊一片的普通知识青年，逐渐呈现出他们的个性与特点。他们面对"主义"，有人将其视为方法，有人将其视为武器，亦有人将其视为信仰。而将其视为信仰者，所接受的内容又各有侧重、各有诠释。同时，亦可发现，在此不确定的时代，接受信仰并非完成时，它会随着信仰者个体生命与经验的转变，或加固，或坍塌。因此，本书逐渐将信仰"接受史"这个相对封闭、单向度的预设，调整为讨论"传播与接受"之间的动态过程，也试图突破思想或信仰由传播者单向流向接受者分析框架，展现传播者与接受者的互动、反馈乃至身份转化，从而使得这一场信仰拉锯战更符合现实世界与人的复杂性。不可否认，本书虽然暂告一段落，但又产生出新的疑问，以怀疑为底色的信仰与为着信仰的怀疑是否更多发生在知识群体？不同地区的青年在"传播与接受"的动态过程中存在何种差异？青年在多重选择下如何处理排他性和兼容性？

本书已有部分内容作为论文发表，包括：《从"良心"到"主义"：五四时期恽代英的社团组织困境》(《中共党史研究》2016 年第 4 期)、《制造希望：1920 年代中等生的世界语想象》(《学术月刊》2017 年 9 月)与《近代中国世界语与"无根"的世界主义初探》(《知识分子论丛》第 16 辑，2021 年)。在发表前，这几篇论文都在许纪霖师主办的学术论坛上报告过，并得到众多师友的建议，在此特别感谢这个学术共同体（宋宏、王晓渔、瞿骏、段炼、唐小兵、成庆、沈洁、李志毓、裴自余、胡悦晗、张洪彬、王瑶、周游、韩戍、侯庆斌、于海冰等）的批评与砥砺。

在成书过程中，魏海洋参与撰写第一章《中国青年》期刊介绍与第五章部分内容、董梦婷参与撰写第一章《学生杂志》期刊介绍，在此表示感谢，但文责皆由本人负责。感谢上海交通大学文科建设处，将书稿推荐给上海市社会科学界联合会，并获得"望道计划"资助出版；感谢本书责任编辑李莹为书稿提出诸多宝贵建议，在精心校对的同时，力图提升本书的可读性。所不及之处，皆受限于个人能力，亦期待未来能有所提升。

最后，感谢我的家人，在历史的世界里，他们为我撑起了现实的世界；在现实的世界里，他们又为我撑起了理想的世界。

邓　军

2025 年 3 月 1 日于老闵行沧源小区

图书在版编目(CIP)数据

青年的选择 ：在传播与接受之间 / 邓军著.
上海 ： 上海人民出版社，2025. -- ISBN 978-7-208
-19587-5

Ⅰ. D432.62

中国国家版本馆 CIP 数据核字第 20252MZ671 号

责任编辑　李　莹
封面设计　今亮后声

青年的选择：在传播与接受之间
邓　军　著

出　　版　上海人民出版社
　　　　　（201101　上海市闵行区号景路 159 弄 C 座）
发　　行　上海人民出版社发行中心
印　　刷　上海商务联西印刷有限公司
开　　本　720×1000　1/16
印　　张　16.5
插　　页　2
字　　数　183,000
版　　次　2025 年 7 月第 1 版
印　　次　2025 年 7 月第 1 次印刷
ISBN 978 - 7 - 208 - 19587 - 5/A · 172
定　　价　80.00 元